国家安全学系列丛书

总主编：叶青
执行主编：李翔

Introduction to
ECONOMIC
Security Law

经济安全法治概论

主　编　党东升
副主编　窦鹏娟　费秀艳

北京大学出版社
PEKING UNIVERSITY PRESS

图书在版编目(CIP)数据

经济安全法治概论/党东升主编. —北京：北京大学出版社，2022.6
国家安全学系列丛书
ISBN 978-7-301-33268-9

Ⅰ. ①经… Ⅱ. ①党… Ⅲ. ①经济安全—法规—中国—教材 Ⅳ. ①D922.14

中国版本图书馆 CIP 数据核字(2022)第 144695 号

书　　　名	经济安全法治概论 JINGJI ANQUAN FAZHI GAILUN
著作责任者	党东升　主编
责 任 编 辑	徐　音　姚沁钰
标 准 书 号	ISBN 978-7-301-33268-9
出 版 发 行	北京大学出版社
地　　　址	北京市海淀区成府路 205 号　100871
网　　　址	http://www.pup.cn　新浪微博：@北京大学出版社
电 子 信 箱	sdyy_2005@126.com
电　　　话	邮购部 010-62752015　发行部 010-62750672 编辑部 021-62071998
印 刷 者	河北滦县鑫华书刊印刷厂
经 销 者	新华书店 730 毫米×980 毫米　16 开本　18.5 印张　313 千字 2022 年 6 月第 1 版　2022 年 6 月第 1 次印刷
定　　　价	68.00 元

未经许可，不得以任何方式复制或抄袭本书之部分或全部内容。
版权所有，侵权必究
举报电话：010-62752024　电子信箱：fd@pup.pku.edu.cn
图书如有印装质量问题，请与出版部联系，电话：010-62756370

总　序

国家安全学系列丛书由华东政法大学与北京大学出版社联合推出。系列丛书坚持总体国家安全观，注重体现新时代国家安全特点，注重反映国家安全理论与实践最新动态，包括教材、专著、论文集等多种形式，旨在为高校院所国家安全相关专业学生、研究人员和国家安全实务工作者提供可资学习、研究和工作指导的专业读物。

国家安全是指国家政权、主权、统一和领土完整、人民福祉、经济社会可持续发展和国家其他重大利益相对处于没有危险和不受内外威胁的状态，以及保障持续安全状态的能力。习近平总书记在2014年4月15日召开的中央国家安全委员会第一次会议上强调指出："当前我国国家安全内涵和外延比历史上任何时候都要丰富，时空领域比历史上任何时候都要宽广，内外因素比历史上任何时候都要复杂，必须坚持总体国家安全观，以人民安全为宗旨，以政治安全为根本，以经济安全为基础，以军事、文化、社会安全为保障，以促进国际安全为依托，走出一条中国特色国家安全道路。"习近平总书记明确提出了总体国家安全观，为我国国家安全工作提供强大思想武器。坚持总体国家安全观，统筹发展和安全，增强忧患意识，做到居安思危，已经成为我们党治国理政的一项重大原则。在总体国家安全观指引下，我国不断完善国家安全战略体系、政策体系和法治体系，持续推进国家安全治理体系和治理能力现代化，取得了前所未有的成果。

我国具有悠久历史，也曾多次经历治乱循环和兴衰更替，国家安全和社会安定是全体人民的共同期待，历代仁人志士为之不断探索奋斗，形成了非常丰富的国家安全经验和智慧。中国共产党诞生于国家内忧外患、民族危难之时，对国家安全的重要性有着刻骨铭心的认识。中华人民共和国成立后，党和国家高度重视国家安全工作，通过一系列重大举措巩固新生政权，巩固国防，不断推进社会主义改造和工业化、现代化建设，有力捍卫国家安全。改革开放以来，党和国家把维护国家安全和社会安定作为一项基础性工作来抓，为改革开放和社会主义现代化建设营造了良好安全环境。进入新时代，我国面临更为严峻的国家安全形势,外部压力前所未有,传统安全威胁和非传统安全威胁相互交织,"黑天鹅"事件和"灰犀牛"事件时有发生,国家安全工作在党和国家事业全局中的重要性进一步提升。习近平总书记指出,党的十八届三中全会决定成立国家安全委员会,是推进国家治理体系和治理能力现代化、实现国家长治久安的迫切要求,是全面建成小康社会、实现中华民族伟大复兴中国梦的重要保障,目的就是更好地适应我国国家安全面临的新形势、新任务,建立集中统一、高效权威的国家安全体制,加强对国家安全工作的领导。

国家安全工作在中央国家安全委员会统一部署下,坚决贯彻落实总体国家安全观。我国对内对外国家安全工作实践的突飞猛进对国家安全学术研究和学科发展提出迫切要求。与法学、政治学、经济学、社会学等传统学科相比,国家安全学学科发展相对滞后,相关研究长期分散在其他学科领域,未能形成独立的理论体系、话语体系和学科体系。全面贯彻落实总体国家安全观,要求建立与之相匹配的国家安全理论体系、话语体系和学科体系。2018年以来,教育部在试点基础上不断推进国家安全学学科建设。2021年,国务院学位委员会、教育部在交叉学科门类下正式设立国家安全学一级学科,标志着我国国家安全理论研究和学科建设迈入新的历史阶段。

一般认为,国家安全研究起源于二十世纪六七十年代,是在反思"一战""二战"和思考"冷战"的基础上逐渐形成的一个特定研究领域,是对战略研究的延续和拓展。早期的国家安全研究受战略研究影响比较明显,研究议题较为狭窄,主要局限于政治安全、军事安全、国土安全等传统安全领域,相关研究成果也主要分布于政治学、军事学、国际关系学等传统学科之中。随着国家安全环境和形势变化,人们对国家安全的认识也不断深入,新兴安全领域如经济安全、金融安全、社会安全、文化安全、生态安全、生物安全、科技安全、网络安全、数字安全、人工智能安全、资源安全、粮食安全、核安全、海外利益安全、太空安全、深海安全、极地安全、公共卫生安全等不断出现。当前,在总体国家安全观指引下,我国国家安全体系日益扩大,国家安全领域不断拓展,国家安全任务日益复杂化和专业化,新时代呼唤新的国家安全学。

在2017年2月17日召开的国家安全工作座谈会上,习近平总书记明确要求:"要加大对维护国家安全所需的物质、技术、装备、人才、法律、机制等保障方面的能力建设,更好适应国家安全工作需要。"国家安全工作特别是维护国家安全的专门工作，是对抗性、专业性、机密性极强的工作，从事这项专门工作的人员除具有坚定的政治立场、爱国主义精神外，还必须具备一定的专业知识和较强的专业能力。为此，《中华人民共和国国家安全法》规定，国家采取必要措施，招录、培养和管理国家安全工作专门人才和特殊人才。华东政法大学是中华人民共和国成立后创办的第一批社会主义高等政法院校。建校70年来，华政人遵循"笃行致知，明德崇法"的校训，发扬"逆境中崛起，忧患中奋进，辉煌中卓越"的精神，把学校建设成为一所以法学学科为主，兼有经济学、管理学、文学、工学等学科的办学特色鲜明的多科性应用研究型大学，被誉为"法学教育的东方明珠"。

依托法学、政治学等学科优势，华东政法大学多年来为我国政法战线、国家安全战线培养了一大批讲政治、懂法律、精外语的国家安全专业人才。进入新时代，华东政法大学在国家安全学术研究、智库研究、学科建设和人才培养上不断探索。2016年，华东政法大学整合校内多学科资源，组建成立中国法治战略研究中心。六年来，中心围绕法治中国、平安中国、美丽中国、科技强国、长三角一体化等国家重大战略持续开展学术与智库研究，积极发挥咨政建言和社会服务作用，取得了丰硕成果，先后获评"上海高校二类智库"和"上海市重点培育智库"。中心多位老师长期从事国家安全研究，发表了一系列高质量研究成果，为国家相关决策部门提供了许多有价值的智库专报。2020年，由我担任首席专家、上海市国家安全机关专门研究团队和我校中国法治战略研究中心的专门研究人员共同参与的国家社科基金重大项目"新时代国家安全法治的体系建设与实施措施研究"获批立项，阶段性成果已分别在《光明日报》《中国社会科学报》《法学》《政治与法律》等核心报刊公开发表。同年，在上海市法学会的领导与支持下，上海市法学会国家安全法律研究会成立，并有组织地开展国家安全法律理论与实务研究活动，编辑出版了《国家安全比较研究》会刊。2021年，我校"十四五"规划将国家安全学一级学科列为"十四五"时期学科建设重点任务，明确由中国法治战略研究中心具体承担国家安全学一级学科培育任务。2022年2月，我校自主设置交叉学科"国家安全法学"获教育部备案通过。未来，我校将不断拓展国家安全学二级学科布局，不断丰富国家安全学一级学科内涵，逐渐形成本硕博一体化人才培养体系，努力打造以国家安全法治为特色、覆盖各重点安全领域的国家安全科研智库品牌和人才培养高地。

长期以来，由于缺乏独立的国家安全学学科，我国从事国家安全教学科研的人员力量较为分散，研究成果相对也比较薄弱，很多领域缺少高质量的专著、译著和教材。鉴于此，我校联合北京大学出版社推出国家安全学系列丛书，希望对国家安全学理论创新、学科发展、人才培养起到一定推动作用。系列丛书由我担任总主编，我校发展规划处处长、学科建设办公室主任李翔教授担任执行主编，撰稿人均为我校长期研究国家安全理论的优秀中青年学者。系列丛书以习近平新时代中国特色社会主义思想为根本遵循，坚持总体国家安全观，着力阐述习近平法治思想，内容涉及国家安全学基础理论、国家安全战略、国家安全法治以及各重点安全领域等。目前，该系列丛书已有多部定稿，有的还在写作之中，之后将陆续出版面世。

"安而不忘危，存而不忘亡，治而不忘乱。"当今世界正经历百年未有之大变局，新一轮科技革命和产业变革深入发展，国际力量对比深刻调整，国际经济政治格局复杂多变，单边主义、保护主义、霸权主义对世界和平与发展构成威胁，我国所面临的国家安全风险挑战日益严峻复杂。必须坚持总体国家安全观，坚持统筹发展和安全，深入推进国家安全理论研究和学科建设，夯实国家安全的理论基础、制度基础、人才基础。"不积跬步，无以至千里。"华东政法大学将以系列丛书的编著为依托，扎实推进国家安全学一级学科建设，大力培养能够胜任各安全领域工作的专门人才。由于我国国家安全学学科建设刚刚起步，相关研究成果较少，又缺少成熟的建设经验作为参考，加之作者研究能力与写作水平有限，系列丛书难免存在诸多不足之处，希望各位方家不吝赐教，我们将虚心听取，并逐步完善和努力提升系列丛书质量，为我国国家安全事业和国家安全学学科发展添砖加瓦。

是为序。

华东政法大学校长、教授　叶青
2022 年 6 月 19 日于华政园

目　　录

第一章　国家安全:理论、战略与法治 …………………………… (1)
　第一节　国家安全基本概念 …………………………………… (2)
　第二节　总体国家安全观 ……………………………………… (7)
　第三节　国家安全法 …………………………………………… (13)

第二章　经济安全及其法治 ………………………………………… (27)
　第一节　经济安全概述 ………………………………………… (27)
　第二节　经济安全治理 ………………………………………… (40)
　第三节　经济安全法治 ………………………………………… (46)

第三章　经济安全合规 ……………………………………………… (59)
　第一节　经济安全合规的目标 ………………………………… (59)
　第二节　经济安全合规的具体路径 …………………………… (60)
　第三节　经济安全合规的域外比较:以美国的外资安全审查
　　　　　为例 …………………………………………………… (70)

第四章　经济制度安全法治 ………………………………………… (75)
　第一节　经济制度与经济制度安全概论 ……………………… (75)
　第二节　经济危机、金融危机与经济制度的内在逻辑 ……… (81)
　第三节　经济制度安全的法治保障 …………………………… (86)

第五章　货币安全法治 ……………………………………………… (95)
　第一节　货币的基本概念 ……………………………………… (95)
　第二节　货币与金融 …………………………………………… (100)
　第三节　货币安全 ……………………………………………… (106)
　第四节　货币安全法治问题 …………………………………… (111)

第六章　资本市场安全法治 ………………………………………… (114)
　第一节　资本市场与资本市场安全的重要意义 ……………… (114)
　第二节　我国资本市场建设发展的安全法治问题 …………… (119)

第三节　我国资本市场风险来源与重大风险事件 …………… (125)
　　第四节　我国资本市场安全问题的法治应对 ………………… (133)

第七章　产业安全法治 ……………………………………………… (139)
　　第一节　产业安全 ……………………………………………… (139)
　　第二节　产业安全法治的三个维度 …………………………… (143)
　　第三节　产业安全法治面临的挑战 …………………………… (149)
　　第四节　产业安全法治的建设与完善 ………………………… (152)

第八章　安全生产法治 ……………………………………………… (157)
　　第一节　安全生产法治概述 …………………………………… (157)
　　第二节　生产经营单位的安全生产保障 ……………………… (161)
　　第三节　从业人员的安全生产权利义务 ……………………… (167)
　　第四节　安全生产行政管理制度 ……………………………… (170)

第九章　科技安全法治 ……………………………………………… (175)
　　第一节　科技安全法治概述 …………………………………… (175)
　　第二节　国家战略科技力量培育制度 ………………………… (179)
　　第三节　人工智能技术安全监管制度 ………………………… (183)
　　第四节　科技伦理治理制度 …………………………………… (189)

第十章　数据安全法治 ……………………………………………… (193)
　　第一节　数据安全基本概念 …………………………………… (193)
　　第二节　数据安全立法 ………………………………………… (199)
　　第三节　中国的数据安全治理法律制度 ……………………… (203)
　　第四节　重点行业的数据安全治理 …………………………… (209)

第十一章　投资安全法治 …………………………………………… (215)
　　第一节　投资安全 ……………………………………………… (215)
　　第二节　投资安全法治的三个维度 …………………………… (217)
　　第三节　投资安全法治面临的挑战 …………………………… (221)
　　第四节　投资安全法治建设与完善 …………………………… (225)

第十二章　贸易安全法治 …………………………………………… (233)
　　第一节　贸易安全 ……………………………………………… (233)

第二节　贸易安全法治的双重维度 …………………………（236）
　　第三节　贸易安全法治面临的挑战 …………………………（240）
　　第四节　贸易安全法治的建设与完善 ………………………（244）

第十三章　国际金融安全法治 ………………………………（251）
　　第一节　国际金融安全及其法治的内涵 ……………………（251）
　　第二节　国际金融安全存在的挑战 …………………………（255）
　　第三节　近年来国际金融安全法治的发展 …………………（260）
　　第四节　晚近国际金融安全法治演进的特征 ………………（262）
　　第五节　国际金融安全法治的演进趋势 ……………………（265）

第十四章　海外利益保护法治 ………………………………（268）
　　第一节　国家海外利益保护的概念辨析与界定 ……………（268）
　　第二节　国家海外利益保护产生的国际法理论基础和现实
　　　　　　需求 …………………………………………………（273）
　　第三节　国家海外利益保护的有关措施建议 ………………（282）

后　记 …………………………………………………………（287）

第一章　国家安全：理论、战略与法治

安全是一个内涵非常丰富的概念，包括从个体安全到公共安全再到国家安全、国际安全的各个层次和主客观维度。安全是一种基本需求、底线价值、终极目标和永恒主题，人类的大量活动都围绕安全而展开。在广义的安全研究中，国家安全是一个重要议题。

国家安全具有历史性、实践性、战略性、动态性等特点，不同国家、社会和民族对国家安全的认识有所不同。中华民族曾多次经历国家内忧外患、民族危在旦夕的艰难时刻，因此对国家安全的重要性有着刻骨铭心的认识，并在长期实践中形成了丰富而独特的国家安全经验和理论。

进入新时代，在以往经验和理论基础上，针对新形势、新挑战、新任务、新需求，习近平总书记于2014年4月15日正式提出"总体国家安全观"，作为我国国家安全工作的指导思想。2017年，党的十九大把坚持总体国家安全观确立为新时代坚持和发展中国特色社会主义基本方略。2020年，党的十九届五中全会首次把"统筹发展和安全"纳入经济社会发展的指导思想。2021年，《中共中央关于党的百年奋斗重大成就和历史经验决议》高度评价党的十八大以来在维护国家安全上取得的重大成就。

总体国家安全观体现出鲜明的系统思维、底线思维、辩证思维、战略思维、历史思维、创新思维、法治思维等思维方法。党的十八大以来，在国家安全风险挑战显著增加背景下，我国积极贯彻落实总体国家安全观，有力回应了政治、经济、社会、文化、网络、生态、公共卫生等重点领域的风险挑战，牢牢掌握了国家安全工作的主动权，有效维护了重点领域安全和国家总体安全。

总体国家安全观是我国国家安全经验、智慧的集大成者，是做好各重点安全领域工作的指导思想，随着实践变化不断发展完善。在百年未有之大变局加速演变背景下，全面贯彻落实总体国家安全观具有重要意义。基于全面依法治国基本方略和习近平法治思想的要求，应坚持在法治轨道内维护和塑造国家安全，善于运用法律武器维护国家主权、安全和发展利益。

经济安全是国家安全体系的重要组成部分，是做好各安全领域工作的重要基础。经济安全作为国家安全的子领域和子系统,应放在国家安全体系之中来认识和理解。经济安全法治体系作为国家安全法治体系的子体系,同样也应在国家安全法治体系的整体框架下来认识和理解。因此,在进行经济安全、经济安全法治的学习之前,应对国家安全理论、国家安全战略、国家安全体系、国家安全法治等基础性知识有所了解,本章将对此作概述性介绍。

第一节 国家安全基本概念

概念是认识事物的基本工具。在国家安全领域,人们经常使用的概念很多,其中一些概念对于认识国家安全发挥着重要作用,例如国家、社会、权力、实力、认同、斗争、合作、安全、风险、威胁、国家利益、国家能力、国家安全等。这些概念之间具有千丝万缕的联系,在相互映衬中才能被更好地理解,这里主要介绍三个基本概念。

一、安全

相对于国家安全,安全是一个更加基础性的概念。由于立场和角度不同,人们对安全概念的认识既有共识,也存在一些差异和分歧。在有关安全的规范研究中,人们常常把安全与发展、风险、秩序、自由、平等、正义、人权等放在一起讨论。有研究者提出,世界政治的终极目标包括安全、财富、信仰、公正、自由五个方面,安全居于首位,但不是唯一目标。[1] 安全固然是一种善,是可欲的,但也不能过度追求。"如果对安全的欲求变得无所不包,那么就会产生这样一种危险,即人类的发展会受到抑制和妨碍,因为某种程度的压力、风险和不确定性往往是作为一种激励成功的因素而起作用的。"[2]

在以往的安全研究中,主要采取两种方法来定义安全。一种是从反面来定义安全,认为安全就是免于恐惧、免于匮乏、没有危险、不受威胁等主客观状态。这种方法在法学、政治学、公共安全、国家安全等研究中以及各类政策本文中都能够见到,是一种主流方法,具有悠久历史。比如,在古代中国,先贤们就经常在"安危""治乱"的关系框架中思考安全问题。

---

[1] 王缉思:《世界政治的终极目标》,中信出版社2018年版,第3—8章。
[2] 〔美〕E.博登海默:《法理学:法律哲学与法律方法》,邓正来译,中国政法大学出版社2017年版,第323页。

另一种方法是从正面来定义安全,认为安全就是指安全主体具有承受一定程度风险挑战的韧性,具备防范应对某些风险威胁的能力,能够使自身在面对各种风险威胁时处于相对安全的状态。这种方法虽然仍然需要借助安全的反面概念来定义安全,但它把重心放在了安全主体的韧性和能力上。这两种定义方法各有侧重、各有优势,近年来往往是综合运用两者来定义安全的,我国国家安全法就采取了正反两方面综合性定义方法。

现实中,安全的主体类型较多,包括个体、家庭、社群、团体、地方、国家、地区、国际等,并根据主体不同形成了个体安全、家庭安全、社群安全、团体安全、地方安全、国家安全、地区安全、国际安全等概念。在广义的安全研究中,不同学科的研究者对这些不同的安全主体和安全议题分别进行了大量研究,形成了不同的研究视角和理论脉络。不过,由于风险的普遍性、贯通性、联动性、传导性,这些安全主体和安全议题之间相互交织、相互影响的特征也很显著。比如,当国家安全遭遇严峻挑战时,个体安全必将面临威胁;反之,当个体安全普遍得不到保障时,国家安全也将岌岌可危。

根据安全事项之属性和内容的不同,人们把安全分为不同的领域,如政治安全、军事安全、经济安全、社会安全、文化安全、科技安全、网络安全、生态安全、生物安全、公共卫生安全等。这些不同的安全领域所涉及的利益、所指涉的主体、所面临的风险挑战以及维护安全的任务、资源、手段等都是不同的。安全领域是由安全实践包括安全的话语实践所塑造的,并随着安全实践的变化处于变动之中。安全领域的不断分化是一个客观的历史事实,在百年未有之大变局加速演变下,新的安全议题和安全领域可能不断出现。

鉴于安全概念的复杂性,从事国际安全研究的学者提出,仅靠"安全"这一概念无法全面认识安全,还需要引入三组相关概念作为支撑:一是要引入一组补充性概念来揭示安全问题的具体含义,如战略、威慑、遏制、人道主义等;二是要引入一组平行性概念来揭示广义的、政治层面的安全含义,如权力、主权、认同等;三是需要引入一组竞争性概念来替代安全概念,如和平、风险、意外等。[1]

总的来看,以往的安全研究主要从六个方面对安全概念进行了探索:一是把安全看作一种基本价值、实体善、终极目标;二是把安全看作一种基本需

---

[1] 〔英〕巴里·布赞、〔丹麦〕琳娜·汉森:《国际安全研究的演化》,余潇枫译,浙江大学出版社2011年版,第15页。

求、底线需求;三是把安全看作一种客观状态;四是把安全看作一种主观感受;五是把安全看作一种符号和话语;六是把安全看作一种应对风险的能力。这些看法各有道理,揭示了安全概念的不同侧面,丰富和深化了对安全概念的认识,对深入理解国家安全概念具有基础性意义。

二、安全关系

从对安全概念的粗略梳理中可以看到,安全是一个典型的关系范畴。当我们谈起某个安全议题时,总会把它置于某种关系框架中来理解。"没有来自他方的威胁,没有围绕这种威胁的互动,就无所谓安全不安全。"[①]根据安全主体的性质以及安全主体所面对的风险威胁的性质,可以区分出大量的具体安全关系,其中一些是需要引起特别重视的。

安全关系是围绕某种重要利益而形成的主体间关系。这种利益受到一方主体的珍视,同时又面临他方的威胁,由此形成以利益博弈为特征的特定安全关系。在很多时候,由于利益博弈具有零和特点,由此形成的安全关系也带有冲突性、竞争性、对抗性特征。

当安全主体是个人时,涉及的利益因素很多,所面临的风险威胁因素也极广,可能形成各式各样的安全关系。生命安全、财产安全是个人的核心利益,而可能危及生命安全和财产安全的风险因素非常多,所形成的安全关系必然会非常庞杂,为了处理好这些安全关系,需要政治、法律、政策、伦理、习俗、文化等共同发挥作用。

当安全主体是国家时,情况又大有不同。不同于国内政治,国际政治在根本上是一种无政府政治。自马基雅维利以来,现实主义一直是国际关系的主导思想。国与国之间的互动,很大程度上是基于实力的博弈。古典现实主义甚至认为,国家实力决定着国家利益。在国际社会这一无政府体系中,每个国家都有不同程度上的不安全感,都面临一些现实的安全问题。在国家安全研究中,传统安全研究主要关注的就是国与国之间的安全关系,以此形成军事安全、政治安全等研究领域。对于国家安全研究而言,国与国之间的安全关系是一组最重要的安全关系,其他层面的安全关系都要与之发生关联。国与国之间的安全关系具有丰富内涵,国家利益是理解这种关系的一个核心

---

① 李少军、李开盛等:《国际安全新论》,中国社会科学出版社2018年版,第29页。

概念,因为对任何一个国家而言,国家安全在根本上都是指国家利益安全。国家利益本身又是一个复杂概念和模糊概念,具有客观属性和主观属性,由此造成了安全关系的复杂性。

而这只是安全关系复杂性的一个方面,另一方面是,由于每一种安全关系中必然涉及多主体间的安全互动,而互动方式、互动过程本身又是极其复杂的,因此这进一步加剧了安全关系的复杂性。比如,在国与国之间的安全互动中,由于局势、实力、资源、文化等的差异,互动的方式区别极大,时而斗争、时而竞争、时而合作、时而需要第三方介入等,形成了各式各样的互动模式和复杂关系网络。再如,当需要处理的是生态安全这种人类、国家、个人与自然生态系统的长时段、全球性的互动关系时,复杂性又有特殊表现。可以说,复杂性是安全关系的基本属性,安全问题很少有简单的解决方案。

三、国家安全

与安全概念类似,对于国家安全这一概念,人们也是众说纷纭、莫衷一是。不过,我国法律对国家安全概念已有明确界定,为深入剖析国家安全概念提供了基本依据。

1983年,国务院组建成立国家安全部,之后我国就开始着手研究国家安全立法。1987年成立起草小组,1990年12月形成法律送审稿上报国务院,此后经过两年修改,于1992年12月8日获国务院常务会议审议通过。1993年2月22日,七届全国人大常委会三十次会议审议通过《中华人民共和国国家安全法》(简称《国家安全法》)。不过,从内容上看,这部国家安全法实为反间谍法。2014年习近平总书记提出总体国家安全观后,该法已不能适应现实需求。2014年11月1日,十二届全国人大常委会十一次会议审议通过《中华人民共和国反间谍法》,来取代1993年《国家安全法》。2015年7月1日,十二届全国人大常委会十五次会议审议通过新的国家安全法,作为国家安全领域的综合性、基础性法律。

2015年《国家安全法》首次对国家安全概念进行了界定。该法第二条规定,国家安全是指国家政权、主权、统一和领土完整、人民福祉、经济社会可持续发展和国家其他重大利益相对处于没有危险和不受内外威胁的状态,以及保障持续安全状态的能力。对于这一法律定义,可以从以下几个重点方面来理解:

第一,国家利益。国家安全的本质是国家利益安全。《国家安全法》对国家利益的界定具有两个特点:一是把需要在国家安全层面维护的国家利益限定于国家核心利益和重大利益;二是采取列举方式来呈现国家核心利益和重大利益的主要内容,同时保持开放性,即"国家政权、主权、统一和领土完整、人民福祉、经济社会可持续发展和国家其他重大利益"。在法律中对国家利益作出限定,对于防止国家安全概念泛化具有重要意义。

第二,相对安全。《国家安全法》规定,维护国家安全只追求"相对安全",不追求"绝对安全"。原因在于,由于价值和需求的多元性,过度追求安全必将损害和压制其他价值和需求;由于实现安全的资源和手段具有有限性,过于追求安全很多时候是不理性、不经济的;由于安全关系的主体间性,一方过度追求安全必将引起对方的不安全和反抗,最终使所有人都陷入"安全困境"。在法律上设定相对安全的目标,对我国国家安全工作具有重要指导意义。相对安全的另一层含义在于,把国家安全的主观维度引入了我国国家安全法。因为对于何谓"相对安全"的判断,必然涉及主观认知,需要通过国家安全形势研判、风险评估、决策、政策调适等工作来实现。

第三,安全状态和安全能力。《国家安全法》对国家安全的定义突出强调了客观安全维度,即"处于没有危险和不受内外威胁的状态,以及保障持续安全状态的能力"。在国家安全实践和学术研究中,客观安全是国家安全的重要维度,只有客观上安全了,才是真正的安全。客观安全可分为两种具体情形,一种是客观上没有危险和不受威胁,另一种是虽然存在危险和威胁,但是国家具备应对这些危险和威胁的能力,或者说,危险和威胁处于可控水平,不至于给国家核心利益和重大利益造成危害。

第四,内外安全。《国家安全法》强调,国家安全意义上的威胁包括内部威胁和外部威胁两个方面,维护国家安全,要同时实现内部安全和外部安全。在相当长的历史实践中,国家安全工作主要针对外部军事、政治威胁而展开,形成军事安全、政治安全等传统安全领域。20世纪70年代以后,尤其是"冷战"结束后,随着工业化、全球化、科学技术、国际局势的不断发展变化,经济、社会、文化、网络、环境、传染病、恐怖主义等非传统威胁日益突显,内部安全问题成为国家安全工作的重要内容。目前,我国面临的内外威胁因素很多并且相互交织和影响,必须坚持内外安全并重,统筹做好内外安全工作,才能有效维护国家安全。

第五,持续安全。《国家安全法》对国家安全的定义突出强调了持续安全,把时间因素引入了国家安全概念中。持续安全是一种既着眼当下也面向未来的安全观,甚至主要是一种面向未来的安全观。这种安全观的形成立足于对国家安全风险的深刻认识。"风险的核心不在当下,而在未来。在风险社会里,'过去'丧失了它决定'现在'的权力,取而代之的是'未来'。"[①]对《国家安全法》所规定的持续安全,可以从四个方面进行解读:一是国家核心利益和重大利益事关国家尊严和生死存亡,需要持之以恒予以保护;二是可能危害国家利益的风险因素不可能彻底消除,各种可预期和不可预期的风险在未来必将出现,因此需要预先做好准备;三是维护国家安全的可动员资源是有限的,不能只顾眼前不顾将来,必须保存一定实力和资源,同时注重涵养新的实力和资源,以应将来之需;四是为了实现国家安全的可持续性,必须从当下就注重国家安全能力建设,尤其是要加强应对未知威胁、"黑天鹅事件"的能力。

综上,《国家安全法》对国家安全的定义涵盖了国家安全的主客观维度、内外安全、相对安全、可持续安全等重要方面,对全面深入认识国家安全概念具有重要意义。除了这些方面之外,国家安全研究还提出国家安全的话语安全维度,以及传统安全与非传统安全、领域安全等重要概念。

第二节　总体国家安全观

总体国家安全观是我国国家安全思想的集大成者,是习近平新时代中国特色社会主义思想的重要组成部分,是新时代中国特色社会主义基本方略,是我国国家安全工作应长期坚持的指导思想。

一、总体国家安全观的形成

总体国家安全观是习近平总书记在 2014 年 4 月 15 日举行的中央国家安全委员会第一次会议上正式提出的。在这次会议上,习近平总书记对总体国家安全观进行了系统阐述,要求准确把握国家安全形势变化和新特点新趋势,坚持总体国家安全观,走出一条中国特色国家安全道路。总体国家安

---

① 〔德〕乌尔里希·贝克:《风险社会:新的现代性之路》,张文杰、何博闻译,译林出版社 2018 年版,第 24 页。

观的主要内容包括：

(一) 国家安全的定位

这次会议明确提出国家安全是"头等大事"，必须高度重视。习近平总书记指出，"增强忧患意识，做到居安思危，是我们治党治国必须始终坚持的一个重大原则。我们党要巩固执政地位，要团结带领人民坚持和发展中国特色社会主义，保证国家安全是头等大事。"

(二) 加强国家安全领导

2013年，党的十八届三中全会决定成立中央国家安全委员会(简称"国安委")。2014年1月，中共中央政治局召开会议，研究决定中央国安委设置。会议决定，中央国安委由习近平任主席，李克强、张德江任副主席，下设常务委员和委员若干名。中央国安委作为中共中央关于国家安全工作的决策和议事协调机构，向中央政治局、中央政治局常务委员会负责，统筹协调涉及国家安全的重大事项和重要工作。

在2014年4月15日举行的中央国安委第一次会议上，习近平总书记从三个方面论述成立中央国安委的重要意义：是推进国家治理体系和治理能力现代化、实现国家长治久安的迫切要求；是全面建成小康社会、实现中华民族伟大复兴中国梦的重要保障；有利于更好适应我国国家安全面临的新形势新任务，建立集中统一、高效权威的国家安全体制，加强对国家安全工作的领导。

(三) 国家安全形势判断

习近平总书记用三个"任何时候"对我国国家安全形势作出总体判断，即"当前我国国家安全内涵和外延比历史上任何时候都要丰富，时空领域比历史上任何时候都要宽广，内外因素比历史上任何时候都要复杂"。

(四) 总体布局和主要内容

在中央国安委第一次会议上，习近平总书记系统阐述了总体国家安全观的主要内容，提出一些重要命题和任务。具体包括：

1. 基本内涵：习近平总书记指出，坚持总体国家安全观，就是要"以人民安全为宗旨，以政治安全为根本，以经济安全为基础，以军事、文化、社会安全为保障，以促进国际安全为依托，走出一条中国特色国家安全道路"。

2. 五个统筹：习近平总书记指出，贯彻落实总体国家安全观，应做到"五个统筹"，即：既重视外部安全，又重视内部安全；既重视国土安全，又重视国民安全；既重视传统安全，又重视非传统安全；既重视发展问题，又重视安全问题;既重视自身安全,又重视共同安全。2018年,习近平总书记又提出统筹维护和塑造国家安全的重要命题。2020年,党的十九届五中全会把统筹发展和安全确立为"十四五"时期经济社会发展的指导思想。

3. 国家安全体系:在这次会议上,习近平总书记明确提出由11个重点安全领域构成的国家安全体系,即"构建集政治安全、国土安全、军事安全、经济安全、文化安全、社会安全、科技安全、信息安全、生态安全、资源安全、核安全等于一体的国家安全体系"。需要说明的是,国家安全具有动态性特点,国家安全领域、国家安全体系处于不断变动之中,随着新的国家安全风险因素凸显,新的国家安全领域也会相应形成,国家安全体系也会随之发生变化。因此,习近平总书记在列举11个重点安全领域之后,还加了"等"字,来体现国家安全体系的动态性、延展性。2020年新冠疫情暴发后,习近平总书记明确提出,要把生物安全纳入国家安全体系。随着国家安全领域不断扩展和分化,我国国家安全体系总体呈扩大趋势。

二、总体国家安全观的发展完善

自2014年提出总体国家安全观之后,习近平总书记先后在2017年国家安全工作座谈会、2019年省部级主要领导干部坚持底线思维着力防范化解重大风险专题研讨班、2020年中共中央政治局就切实做好国家安全工作举行的第二十六次集体学习,以及中央经济工作会议、中央全面依法治国工作会议等重要场合,进一步对国家安全工作作出系列重要论述,不断发展和完善总体国家安全观。其中,2020年在中央政治局第二十六次集体学习时提出的"十个坚持",是对总体国家安全观的一次重要系统论述,主要内容如下:

一是坚持党对国家安全工作的绝对领导,坚持党中央对国家安全工作的集中统一领导,加强统筹协调,把党的领导贯穿到国家安全工作各方面全过程,推动各级党委(党组)把国家安全责任制落到实处。

二是坚持中国特色国家安全道路,贯彻总体国家安全观,坚持政治安全、人民安全、国家利益至上有机统一,以人民安全为宗旨,以政治安全为根本,以经济安全为基础,捍卫国家主权和领土完整,防范化解重大安全风险,为实现中华民族伟大复兴提供坚强安全保障。

三是坚持以人民安全为宗旨,国家安全一切为了人民、一切依靠人民,充分发挥广大人民群众积极性、主动性、创造性,切实维护广大人民群众安全权益,始终把人民作为国家安全的基础性力量,汇聚起维护国家安全的强大力量。

四是坚持统筹发展和安全,坚持发展和安全并重,实现高质量发展和高水平安全的良性互动,既通过发展提升国家安全实力,又深入推进国家安全思路、体制、手段创新,营造有利于经济社会发展的安全环境,在发展中更多考虑安全因素,努力实现发展和安全的动态平衡,全面提高国家安全工作能力和水平。

五是坚持把政治安全放在首要位置,维护政权安全和制度安全,更加积极主动做好各方面工作。

六是坚持统筹推进各领域安全,统筹应对传统安全和非传统安全,发挥国家安全工作协调机制作用,用好国家安全政策工具箱。

七是坚持把防范化解国家安全风险摆在突出位置,提高风险预见、预判能力,力争把可能带来重大风险的隐患发现和处置于萌芽状态。

八是坚持推进国际共同安全,高举合作、创新、法治、共赢的旗帜,推动树立共同、综合、合作、可持续的全球安全观,加强国际安全合作,完善全球安全治理体系,共同构建普遍安全的人类命运共同体。

九是坚持推进国家安全体系和能力现代化,坚持以改革创新为动力,加强法治思维,构建系统完备、科学规范、运行有效的国家安全制度体系,提高运用科学技术维护国家安全的能力,不断增强塑造国家安全态势的能力。

十是坚持加强国家安全干部队伍建设,加强国家安全战线党的建设,坚持以政治建设为统领,打造坚不可摧的国家安全干部队伍。

三、总体国家安全观的思维方法

总体国家安全观体现出鲜明的系统思维、底线思维、辩证思维、战略思维、历史思维、创新思维、法治思维。通过对多种思维方法的综合运用,把对国家安全工作规律性的认识和把握提升到新的高度。

(一)系统思维

总体国家安全观具有鲜明的系统思维,这种思维方法体现在方方面面。比如,关于风险演化,习近平总书记曾指出,"各种矛盾风险挑战源、各类矛盾风险挑战点是相互交织、相互作用的。如果防范不及、应对不力,就会传导、叠加、演变、升级,使小的矛盾风险挑战发展成大的矛盾风险挑战,局部的矛盾风险挑战发展成系统的矛盾风险挑战,国际上的矛盾风险挑战演变为国内的矛盾风险挑战,经济、社会、文化、生态领域的矛盾风险挑战转化为政治矛盾风险挑战,最终危及党的执政地位、危及国家安全。"再如,关于国家安全体系、国家安全领域、各安全领域之间关系等方面的论述,也带有鲜明的系统思维特点。

（二）底线思维

所谓底线思维,就是"凡事从坏处准备,努力争取最好的结果"。习近平总书记在论述国家安全工作时,特别强调底线思维方法。例如,他在多种场合指出,"我们既要善于补齐短板,更要注重加固底板。防范和化解各种重大风险,就是加固底板。""各种风险我们都要防控,但重点要防控那些可能迟滞或中断中华民族伟大复兴进程的全局性风险,这是我一直强调底线思维的根本含义。""新形势下我国国家安全和社会安定面临的威胁和挑战增多,特别是各种威胁和挑战联动效应明显。我们必须保持清醒头脑、强化底线思维,有效防范、管理、处理国家安全风险,有力应对、处置、化解社会安定挑战。""我们捍卫和平、维护安全、慑止战争的手段和选择有多种多样,但军事手段始终是保底手段。""维护金融安全,要坚持底线思维,坚持问题导向,在全面做好金融工作基础上,着力深化金融改革,加强金融监管,科学防范风险,强化安全能力建设,不断提高金融业竞争能力、抗风险能力、可持续发展能力,坚决守住不发生系统性金融风险底线。"

（三）辩证思维

辩证思维是驾驭复杂局面、处理复杂问题的基本思维方法。总体国家安全观具有鲜明的辩证思维特点,这种特点集中体现在处理五组重要关系上,既重视发展问题,又重视安全问题;既重视外部安全,又重视内部安全;既重视国土安全,又重视国民安全;既重视传统安全,又重视非传统安全;既重视自身安全,又重视共同安全。其中,最宏大、最基础、最重要的是发展和安全两大主题。习近平总书记强调,统筹发展和安全,增强忧患意识,做到居安思危,是我们党治国理政的一个重大原则。"十四五"规划和2035年远景目标纲要设置统筹发展和安全专篇,对做好重点安全领域工作进行周密规划设计。

（四）战略思维

总体国家安全观是中国特色社会主义基本方略,也是我国国家安全领域的"大战略",处处蕴含着鲜明的战略思维。比如,对于国家安全局势判断和战略部署,习近平总书记明确提出"三个立足",即"立足国际秩序大变局来把握规律,立足防范风险的大前提来统筹,立足我国发展重要战略机遇期大背景来谋划"。又如,对于维护国家安全的战略举措,习近平总书记明确提出"既要有防范风险的先手,也要有应对和化解风险挑战的高招;既要打好防范和抵御风险的有准备之战,也要打好化险为夷、转危为机的战略主动战。"再如,在关于国家安全体系和各重点安全领域的有关论述中,通篇体现着正确处理战略全局和战略重点之间关系的洞见和智慧。此外,在经济、文化、科技、生态、网络、公共卫生等新兴安全领域,分别制定不同的子战略,注重战略体系的构建和战略力量、战略资源的培育。

(五)历史思维

总体国家安全观具有鲜明的历史思维。比如,在研判国家安全总体态势时,习近平总书记指出,"当前我国国家安全内涵和外延比历史上任何时候都要丰富,时空领域比历史上任何时候都要宽广,内外因素比历史上任何时候都要复杂"。又如,在维护政治安全问题上,习近平总书记指出,"过去不能搞全盘苏化,现在也不能搞全盘西化或者其他什么化。冷战结束后,不少发展中国家被迫采纳了西方模式,结果党争纷起、社会动荡、人民流离失所,至今都难以稳定下来"。再如,在维护经济安全问题上,习近平总书记指出,"我国正处于跨越'中等收入陷阱'并向高收入国家迈进的历史阶段,矛盾和风险比从低收入国家迈向中等收入国家时更多更复杂。"此外,在维护文化安全问题上,习近平总书记指出,"历史和现实反复证明,能否做好意识形态工作,事关党的前途命运,事关国家长治久安,事关民族凝聚力和向心力。"

(六)创新思维

总体国家安全观体现了鲜明的创新思维。比如,2014年习近平总书记首次正式提出总体国家安全观时,就强调指出要准确把握国家安全形势变化和新特点、新趋势。又如,在2017年中共十九届中央政治局民主生活会上,习近平总书记指出,"国内外环境发生了深刻变化,面对的矛盾和问题发生了深刻变化,发展阶段和发展任务发生了深刻变化,工作对象和工作条件发生了深刻变化,对我们党长期执政能力和领导水平的要求也发生了深刻变化。中央政治局的同志尤其要增强忧患意识、居安思危,时刻准备进行具有许多新的历史特点的伟大斗争"。再如,在维护科技安全问题上,习近平总书记指出,"科技领域安全是国家安全的重要组成部分。要加强体系建设和能力建设,完善国家创新体系,解决资源配置重复、科研力量分散、创新主体功能定位不清晰等突出问题,提高创新体系整体效能"。

（七）法治思维

总体国家安全观体现了鲜明的法治思维。例如,习近平多次强调要求"坚持依法应对重大挑战、抵御重大风险、克服重大阻力、解决重大矛盾""各级党组织和党员、干部要强化依法治国、依法执政观念,提高运用法治思维和法治方式深化改革、推动发展、化解矛盾、维护稳定、应对风险的能力"。又如,在国家安全保障方面,习近平总书记强调,"加大对维护国家安全所需的物质、技术、装备、人才、法律、机制等保障方面的能力建设"。再如,在习近平法治思想中,也明确提出要"积极推进国家安全、科技创新、公共卫生、生物安全、生态文明、防范风险、涉外法治等重要领域立法"。此外,在2020年提出的"十个坚持"中,明确要求"加强法治思维,构建系统完备、科学规范、运行有效的国家安全制度体系"。

第三节　国家安全法

在传统的法学研究中,长期以来对国家安全形成一种特有的偏见,认为国家安全属于特殊权力或紧急状况,因此更多的是在法治轨道之外运行。这种论断在一些特定的国家安全领域是成立的,但是,随着国家安全体系的不断扩大和国家安全治理链条的不断延伸,这种国家安全特殊论逐渐失去了现实基础。在我国,全面依法治国基本方略、国家安全战略纲要、习近平法治思想等都对国家安全法治建设提出明确要求。2015年制定实施的《国家安全法》在我国国家安全法治建设进程中具有标志性意义,是我国国家安全领域的第一部基础性、综合性法律。《国家安全法》明确了总体国家安全观的指导地位,对我国国家安全原则、体制、制度、任务、职责、保障、权利、义务等内容作出全面规定,带有战略、政策、法律三位一体的特点,现将其重点内容概述如下:

一、总则部分

（一）立法目的

《国家安全法》第一条明确规定了该法的五个立法目的:一是维护国家安

全,二是保卫政治安全,三是保护人民根本利益,四是保障改革开放和社会主义现代化建设的顺利进行,五是实现中华民族伟大复兴。这五个目标各有其内涵,又有交叉重叠之处,综合起来就是要维护国家总体安全,维护重点领域安全,统筹发展与安全。

（二）确立总体国家安全观的指导地位

《国家安全法》第三条明确规定,国家安全工作应当坚持总体国家安全观,以人民安全为宗旨,以政治安全为根本,以经济安全为基础,以军事、文化、社会安全为保障,以促进国际安全为依托,维护各领域国家安全,构建国家安全体系,走中国特色国家安全道路。《国家安全法》第八条规定,维护国家安全,应当与经济社会发展相协调。国家安全工作应当统筹内部安全和外部安全、国土安全和国民安全、传统安全和非传统安全、自身安全和共同安全。在法律上确立总体国家安全观对我国国家安全工作的指导地位,对贯彻落实总体国家安全观具有重要意义。它使得贯彻落实总体国家安全观不再只是一项政治任务,而且还是一项法律任务,并获得了法律强制力的保障。

（三）明确中央国安委的法定职责

《国家安全法》第五条规定了中央国安委的四项法定职责：一是负责国家安全工作的决策和议事协调；二是负责研究制定、指导实施国家安全战略和有关重大方针政策；三是负责统筹协调国家安全重大事项和重要工作；四是负责推动国家安全法治建设。这四项职责是根据中央国安委的性质来确定的。首先,中央国安委是党中央的决策和议事协调机构,自然要承担国家安全工作方面的决策和议事协调；其次,中央国安委是我国国家安全工作的领导机构,理应负责国家安全领域的重大任务和事项,包括负责研究制定、指导实施国家安全战略和有关重大方针政策；统筹协调国家安全重大事项和重要工作；推动国家安全法治建设等。

（四）确立国家安全法治原则

在我国全面依法治国背景下,国家安全工作不能游离于法治之外。为此,《国家安全法》第七条规定,维护国家安全,应当遵守宪法和法律,坚持社会主义法治原则,尊重和保障人权,依法保护公民的权利和自由。

（五）确立国家安全整体性治理模式

总体国家安全观之"总体",在治理意义上体现为国家安全的整体性治理模式,这种治理模式是对国家安全风险之复杂性、综合性、联动性的回应。

"风险穿过了过度专业化的筛子,它处在各种专业化之间。处置风险要求人们具备全局观和协作精神,这种协作越过了一切精心设置和维护的边界。"[1] 在《国家安全法》中,整体性治理模式主要体现在两个条文上:一是关于综合治理的规定,"维护国家安全,应当坚持预防为主、标本兼治,专门工作与群众路线相结合,充分发挥专门机关和其他有关机关维护国家安全的职能作用,广泛动员公民和组织,防范、制止和依法惩治危害国家安全的行为";二是关于全员参与的规定,"中华人民共和国公民、一切国家机关和武装力量、各政党和各人民团体、企业事业组织和其他社会组织,都有维护国家安全的责任和义务。"

(六) 确立全民国家安全教育日

国家安全教育对维护和塑造国家安全具有重要意义。很多重点安全领域风险挑战不断出现,都与国家安全教育不到位有关。国家安全动员要想取得预期效果,也需要国家安全教育发挥基础性作用。国家安全教育既要面向重点群体,如领导干部、大中小学生等,也要面向其他全体国民。为了加强国家安全教育,《国家安全法》第十四条规定,每年4月15日为全民国家安全教育日。

二、国家安全任务

《国家安全法》围绕总体国家安全观确定的重点安全领域,明确规定了维护国家安全的主要任务,具体包括:

(一) 维护政治安全

在总体国家安全观中,政治安全居于根本地位。《国家安全法》除了在立法目的条款中对维护政治安全提出原则性要求之外,还对维护政治安全的任务从正反两方面作出具体规定:一是,国家要坚持中国共产党的领导,维护中国特色社会主义制度,发展社会主义民主政治,健全社会主义法治,强化权力运行制约和监督机制,保障人民当家作主的各项权利。二是,国家要防范、制止和依法惩治任何叛国、分裂国家、煽动叛乱、颠覆或者煽动颠覆人民民主专政政权的行为;防范、制止和依法惩治窃取、泄露国家秘密等危害国家安全的行为;防范、制止和依法惩治境外势力的渗透、破坏、颠覆、分裂活动。

---

[1] 〔德〕乌尔里希·贝克:《风险社会:新的现代性之路》,张文杰、何博闻译,译林出版社2018年版,第77页。

（二）维护人民安全

总体国家安全观提出，维护国家安全要以人民安全为宗旨。在《国家安全法》中，这一宗旨也得到体现。《国家安全法》第十六条规定，国家维护和发展最广大人民的根本利益，保卫人民安全，创造良好生存发展条件和安定工作生活环境，保障公民的生命财产安全和其他合法权益。

（三）维护国土安全

习近平总书记首次提出国家安全体系包括 11 个重点安全领域，其中就有国土安全。同时，总体国家安全观还提出统筹国土安全和国民安全的基本原则。对此，《国家安全法》明确规定，国家加强边防、海防和空防建设，采取一切必要的防卫和管控措施，保卫领陆、内水、领海和领空安全，维护国家领土主权和海洋权益。

（四）维护军事安全

军事安全是传统安全的核心议题，也是国家安全体系的重要组成部分。我国历来重视维护军事安全，制定了一系列国防军事方面的法律法规。在《国家安全法》中，对维护军事安全的任务也作出原则性规定，国家加强武装力量革命化、现代化、正规化建设，建设与保卫国家安全和发展利益需要相适应的武装力量；实施积极防御军事战略方针，防备和抵御侵略，制止武装颠覆和分裂；开展国际军事安全合作，实施联合国维和、国际救援、海上护航和维护国家海外利益的军事行动，维护国家主权、安全、领土完整、发展利益和世界和平。

（五）维护经济安全

在总体国家安全观中，经济安全居于基础地位，是国家安全工作的重中之重，也是维护各领域安全的重要基础。"十四五"规划和 2035 年远景目标纲要对经济安全作出部署。《国家安全法》总共用了四个条文对维护经济安全的任务作出规定，分别是：第十九条规定"国家维护国家基本经济制度和社会主义市场经济秩序，健全预防和化解经济安全风险的制度机制，保障关系国民经济命脉的重要行业和关键领域、重点产业、重大基础设施和重大建设项目以及其他重大经济利益安全"；第二十条规定"国家健全金融宏观审慎管理和金融风险防范、处置机制，加强金融基础设施和基础能力建设，防范和化解系统性、区域性金融风险，防范和抵御外部金融风险的冲击"；第二十一条规定"国家合理利用和保护资源能源，有效管控战略资源能源的开发，加强战略资源能源储备,完善资源能源运输战略通道建设和安全保护措施,加强国际资源能源合作,全面提升应急保障能力,保障经济社会发展所需的资源能源持续、可靠和有效供给";第二十二条规定"国家健全粮食安全保障体系,保护和提高粮食综合生产能力,完善粮食储备制度、流通体系和市场调控机制,健全粮食安全预警制度,保障粮食供给和质量安全"。

(六)维护文化安全

习近平总书记指出,"坚定中国特色社会主义道路自信、理论自信、制度自信,说到底是要坚定文化自信。文化自信是更基本、更深沉、更持久的力量。历史和现实都表明,一个抛弃了或者背叛了自己历史文化的民族,不仅不可能发展起来,而且很可能上演一场历史悲剧"。国家安全离不开文化安全的保障作用。针对我国文化安全面临的现实风险挑战,《国家安全法》对维护文化安全作出原则性规定:国家坚持社会主义先进文化前进方向,继承和弘扬中华民族优秀传统文化,培育和践行社会主义核心价值观,防范和抵制不良文化的影响,掌握意识形态领域主导权,增强文化整体实力和竞争力。

(七)维护科技安全

在新一轮科技革命和产业革命深入发展,中美科技博弈不断深化背景下,科技安全在国家安全体系中的地位日益凸显。针对我国科技安全领域的突出问题,《国家安全法》规定,国家加强自主创新能力建设,加快发展自主可控的战略高新技术和重要领域核心关键技术,加强知识产权的运用、保护和科技保密能力建设,保障重大技术和工程的安全。

(八)维护网络安全

截至2021年底,我国网民数量已经超过10亿,网络疆域不断拓展,形成"第五疆域",越来越多的政治、经济、社会、文化等活动在互联网空间进行。当前,网络空间安全风险日益凸显,网络安全犯罪已经成为影响政治安全、经济安全、社会安全、文化安全的重要因素。习近平总书记多次强调,"过不了互联网这一关,就过不了长期执政这一关。"在网络安全领域,我国已经制定实施了《中华人民共和国网络安全法》等一大批法律法规,《国家安全法》对维护网络安全的任务也作出原则性规定,为网络安全领域立法提供重要指引。《国家安全法》第二十五条规定,"国家建设网络与信息安全保障体系,提升网络与信息安全保护能力,加强网络和信息技术的创新研究和开发应用,实现网络和信息核心技术、关键基础设施和重要领域信息系统及数据的安全可控；加强网络管理，防范、制止和依法惩治网络攻击、网络入侵、网络窃密、散布违法有害信息等网络违法犯罪行为，维护国家网络空间主权、安全和发展利益。"

（九）维护民族团结

民族问题是影响人民安全、政治安全、经济安全、社会安全、文化安全、国土安全的重要因素。我国历来重视民族工作，把维护各民族大团结看作事关国家安全和社会稳定的重大工作。《国家安全法》规定，国家坚持和完善民族区域自治制度，巩固和发展平等团结互助和谐的社会主义民族关系。坚持各民族一律平等，加强民族交往、交流、交融，防范、制止和依法惩治民族分裂活动，维护国家统一、民族团结和社会和谐，实现各民族共同团结奋斗、共同繁荣发展。

（十）维护宗教自由和秩序

宗教问题同样是影响人民安全、政治安全、经济安全、社会安全、文化安全、国土安全等的重要因素。我国历来重视宗教工作，把维护宗教自由和秩序看作事关国家安全和社会稳定的重大工作。《国家安全法》规定，国家依法保护公民宗教信仰自由和正常宗教活动，坚持宗教独立自主自办的原则，防范、制止和依法惩治利用宗教名义进行危害国家安全的违法犯罪活动，反对境外势力干涉境内宗教事务，维护正常宗教活动秩序。国家依法取缔邪教组织，防范、制止和依法惩治邪教违法犯罪活动。

（十一）反对恐怖主义

恐怖主义已成全球公害，没有哪个国家能够独善其身，我国也深受恐怖主义、极端主义的危害和困扰。在反恐领域，我国已经制定专门的反恐怖主义法以及相关配套法律法规。《国家安全法》也对反恐任务作出原则性规定，国家反对一切形式的恐怖主义和极端主义，加强防范和处置恐怖主义的能力建设，依法开展情报、调查、防范、处置以及资金监管等工作，依法取缔恐怖活动组织和严厉惩治暴力恐怖活动。

（十二）维护社会安全

改革开放以来，正确处理改革、发展和稳定的关系是我国的一个重要治国理政经验，这里所说的"稳定"，其中就包括社会稳定，也即社会安全。实践中，社会安全涉及的事项较为宽泛，一些事项看起来似乎和国家安全关联不大，但其实对国家安全发挥着重要基础性作用。从风险演化角度来说，如果社会安全层面的问题不能及时得到解决,就有可能演化为国家安全问题。为此,《国家安全法》对维护社会安全的任务也作出规定,国家健全有效预防和化解社会矛盾的体制机制,健全公共安全体系,积极预防、减少和化解社会矛盾,妥善处置公共卫生、社会安全等影响国家安全和社会稳定的突发事件,促进社会和谐,维护公共安全和社会安定。

(十三)维护生态安全

气候变化、生物多样性减少、污染是全球三大自然环境危机,事关人类安全、国际安全和国家安全。我国作为负责任大国,秉持人类命运共同体理念,高度重视维护生态安全,制定实施了"美丽中国"战略。《国家安全法》对维护生态安全的任务作出原则性规定:国家完善生态环境保护制度体系,加大生态建设和环境保护力度,划定生态保护红线,强化生态风险的预警和防控,妥善处置突发环境事件,保障人民赖以生存发展的大气、水、土壤等自然环境和条件不受威胁和破坏,促进人与自然和谐发展。

(十四)维护核安全

核战争是"冷战"时期国家安全领域的核心议题,核武器是维护国家安全的战略性威慑力量,核能发展也给人类安全带来根本性挑战。习近平总书记强调,"加强核安全是一个持续进程""对核材料和核设施安保要实现立法全覆盖,对于新风险要加紧弥补相关法律空白"。《国家安全法》对维护核安全作出原则性规定:国家坚持和平利用核能和核技术,加强国际合作,防止核扩散,完善防扩散机制,加强对核设施、核材料、核活动和核废料处置的安全管理、监管和保护,加强核事故应急体系和应急能力建设,防止、控制和消除核事故对公民生命健康和生态环境的危害,不断增强有效应对和防范核威胁、核攻击的能力。

(十五)维护外层空间、国际海底区域和极地安全

外层空间、国际海底区域和极地属于"全球公域",涉及国家安全利益、发展利益,同时也蕴含很多安全风险,是新兴安全领域。对此,《国家安全法》也作出原则性规定:国家坚持和平探索和利用外层空间、国际海底区域和极地,增强安全进出、科学考察、开发利用的能力,加强国际合作,维护我国在外层空间、国际海底区域和极地的活动、资产和其他利益的安全。

(十六)维护海外利益安全

随着我国开放程度不断深化,我国资本、企业和人员不断"走出去",尤其

是随着"一带一路"倡议实施，我国海外利益越来越大。2015年12月，习近平总书记在中央经济工作会议上指出，我国海外资产总量已达6.4万亿美元，在境外设立企业约2.97万家，对外直接投资存量8826.4亿美元，我国公民年出境旅游人数达1亿人次左右。对此，《国家安全法》对维护海外利益安全作出原则性规定，国家依法采取必要措施，保护海外中国公民、组织和机构的安全和正当权益，保护国家的海外利益不受威胁和侵害。

（十七）国家安全任务的扩展

国家安全具有动态性特点。原本不属于国家安全议题的事项，通过哥本哈根学派所说的"安全化"过程，就可以成为一项新的国家安全事项。新的重大风险的凸显、新的重大利益的出现是安全化的重要动力。当今世界处于动荡变革期，不确定性显著增加，新的国家安全问题随时可能出现，需要不断完善国家安全体系，维护国家安全。为此，《国家安全法》规定，国家根据经济社会发展和国家发展利益的需要，不断完善维护国家安全的任务。

三、维护国家安全的职责分工

（一）全国人民代表大会及其常务委员会

国内外经验表明，立法机构在维护国家安全中发挥着极其重要的作用。例如，在中美战略博弈中，美国立法机构非常积极，频频制定各种反华法案，是谋划和实施法律战的关键主体。针对这种情势，我国立法机构也应以更加积极和主动的姿态进行回应。我国《国家安全法》对立法机构维护国家安全的职责进行了明确规定，与立法机构实际发挥的作用相比，《国家安全法》的规定相对较为狭窄，主要局限于传统安全领域。《国家安全法》第三十五条规定，"全国人民代表大会依照宪法规定，决定战争和和平的问题，行使宪法规定的涉及国家安全的其他职权。全国人民代表大会常务委员会依照宪法规定，决定战争状态的宣布，决定全国总动员或者局部动员，决定全国或者个别省、自治区、直辖市进入紧急状态，行使宪法规定的和全国人民代表大会授予的涉及国家安全的其他职权。"

（二）国家主席

国家主席是我国宪法确立的国家机构，在维护国家安全中发挥重要作用。《国家安全法》第三十六条规定，"中华人民共和国主席根据全国人民代表大会的决定和全国人民代表大会常务委员会的决定，宣布进入紧急状态，宣布战争状态,发布动员令,行使宪法规定的涉及国家安全的其他职权。"

（三）国务院

国务院是我国最高行政机关,维护国家安全的大量任务需要国务院实施。《国家安全法》第三十七条规定,"国务院根据宪法和法律,制定涉及国家安全的行政法规,规定有关行政措施,发布有关决定和命令;实施国家安全法律法规和政策;依照法律规定决定省、自治区、直辖市的范围内部分地区进入紧急状态;行使宪法法律规定的和全国人民代表大会及其常务委员会授予的涉及国家安全的其他职权。"

（四）中央军委

军队是维护国家安全的坚强力量。《国家安全法》第三十八条规定,"中央军事委员会领导全国武装力量,决定军事战略和武装力量的作战方针,统一指挥维护国家安全的军事行动,制定涉及国家安全的军事法规,发布有关决定和命令。"

（五）中央国家机关各部门

国家安全很多任务需要各部门具体落实。《国家安全法》第三十九条规定,"中央国家机关各部门按照职责分工,贯彻执行国家安全方针政策和法律法规,管理指导本系统、本领域国家安全工作。"

（六）地方人大和政府

维护国家安全要调动中央和地方两方面积极性,用好中央和地方两方面资源。国家安全的大量任务需要由地方承担。《国家安全法》第四十条规定,"地方各级人民代表大会和县级以上地方各级人民代表大会常务委员会在本行政区域内,保证国家安全法律法规的遵守和执行。地方各级人民政府依照法律法规规定管理本行政区域内的国家安全工作。香港特别行政区、澳门特别行政区应当履行维护国家安全的责任。"

（七）司法机构

司法机构是维护国家安全的骨干力量。《国家安全法》第四十一条规定,"人民法院依照法律规定行使审判权,人民检察院依照法律规定行使检察权,惩治危害国家安全的犯罪。"

（八）国家安全专门机构

国家安全机关、公安机关、军事机关是维护国家安全的专门机构。《国家安全法》第四十二条规定,"国家安全机关、公安机关依法搜集涉及国家安全的情报信息,在国家安全工作中依法行使侦查、拘留、预审和执行逮捕以及法律规定的其他职权。有关军事机关在国家安全工作中依法行使相关职权。"

(九) 兜底性规定

为了强化国家机关及其工作人员维护国家安全的意识,更好履行维护国家安全的职责,《国家安全法》还对所有国家机关及其工作人员在履行各种职责时提出了维护国家安全的原则性要求。《国家安全法》第四十三条规定,"国家机关及其工作人员在履行职责时,应当贯彻维护国家安全的原则。国家机关及其工作人员在国家安全工作和涉及国家安全活动中,应当严格依法履行职责,不得超越职权、滥用职权,不得侵犯个人和组织的合法权益。"

四、国家安全制度

(一)"六大机制"

《国家安全法》明确规定要建立"六大机制",来加强对国家安全工作的领导、协调和统筹,推动国家安全职责落实和任务完成。具体包括:该法第四十四条规定,"中央国家安全领导机构实行统分结合、协调高效的国家安全制度与工作机制";第四十五条规定,"国家建立国家安全重点领域工作协调机制,统筹协调中央有关职能部门推进相关工作";第四十六条规定,"国家建立国家安全工作督促检查和责任追究机制,确保国家安全战略和重大部署贯彻落实";第四十八条规定,"国家根据维护国家安全工作需要,建立跨部门会商工作机制,就维护国家安全工作的重大事项进行会商研判,提出意见和建议";第四十九条规定,"国家建立中央与地方之间、部门之间、军地之间以及地区之间关于国家安全的协同联动机制";第五十条规定,"国家建立国家安全决策咨询机制,组织专家和有关方面开展对国家安全形势的分析研判,推进国家安全的科学决策"。

(二) 情报信息制度

情报信息是维护国家安全的核心要素和基础工作。我国已经制定专门的国家情报法。《国家安全法》对情报信息制度作出了原则性规定。《国家安全法》第五十一条规定,"国家健全统一归口、反应灵敏、准确高效、运转顺畅的情报信息收集、研判和使用制度,建立情报信息工作协调机制,实现情报信息的及时收集、准确研判、有效使用和共享";第五十二条规定,"国家安全机关、公安机关、有关军事机关根据职责分工,依法搜集涉及国家安全的情报信息。国家机关各部门在履行职责过程中,对于获取的涉及国家安全的有关信息应当及时上报";第五十三条规定,"开展情报信息工作,应当充分运用现代科学技术手段,加强对情报信息的鉴别、筛选、综合和研判分析";第五十四条规定,"情报信息的报送应当及时、准确、客观,不得迟报、漏报、瞒报和谎报"。

(三) 风险预防、评估和预警制度

传统的国家安全治理侧重于关注危机环节,主要涉及战争、内乱等紧急事项。在风险社会背景下,国家安全治理必须从危机治理的末端向风险治理的前端不断延伸。对此,《国家安全法》明确规定了风险预防、评估和预警制度。具体包括:该法第五十五条规定,"国家制定完善应对各领域国家安全风险预案";第五十六条规定,"国家建立国家安全风险评估机制,定期开展各领域国家安全风险调查评估。有关部门应当定期向中央国家安全领导机构提交国家安全风险评估报告";第五十七条规定,"国家健全国家安全风险监测预警制度,根据国家安全风险程度,及时发布相应风险预警";第五十八条规定,"对可能即将发生或者已经发生的危害国家安全的事件,县级以上地方人民政府及其有关主管部门应当立即按照规定向上一级人民政府及其有关主管部门报告,必要时可以越级上报"。

(四) 审查监管制度

除了对前端的风险治理作出规定外,《国家安全法》还对审查监管制度作出明确规定。该法第五十九条规定,"国家建立国家安全审查和监管的制度和机制,对影响或者可能影响国家安全的外商投资、特定物项和关键技术、网络信息技术产品和服务、涉及国家安全事项的建设项目,以及其他重大事项和活动,进行国家安全审查,有效预防和化解国家安全风险";第六十条规定,"中央国家机关各部门依照法律、行政法规行使国家安全审查职责,依法作出国家安全审查决定或者提出安全审查意见并监督执行";第六十一条规定,"省、自治区、直辖市依法负责本行政区域内有关国家安全审查和监管工作"。

(五) 危机管控

国家安全的复杂性决定了不可能通过风险防范和加强监管杜绝一切风险挑战。相反,"黑天鹅事件"和"灰犀牛事件"在很多国家都曾反复出现。当国家安全形势遇到危机,将全面考验维护国家安全的危机应对能力。对于危机状态的国家安全工作,《国家安全法》也作出原则性规定。具体内容包括:该法第六十二条规定,"国家建立统一领导、协同联动、有序高效的国家安全危机管控制度";第六十三条规定,"发生危及国家安全的重大事件,中央有关部门和有关地方根据中央国家安全领导机构的统一部署,依法启动应急预案,采取管控处置措施";第六十四条规定,"发生危及国家安全的特别重大事件,需要进入紧急状态、战争状态或者进行全国总动员、局部动员的,由全国人民代表大会、全国人民代表大会常务委员会或者国务院依照宪法和有关法律规定的权限和程序决定";第六十五条规定,"国家决定进入紧急状态、战争状态或者实施国防动员后,履行国家安全危机管控职责的有关机关依照法律规定或者全国人民代表大会常务委员会规定,有权采取限制公民和组织权利、增加公民和组织义务的特别措施";第六十六条规定,"履行国家安全危机管控职责的有关机关依法采取处置国家安全危机的管控措施,应当与国家安全危机可能造成的危害的性质、程度和范围相适应;有多种措施可供选择的,应当选择有利于最大程度保护公民、组织权益的措施";第六十七条规定,"国家健全国家安全危机的信息报告和发布机制。国家安全危机事件发生后,履行国家安全危机管控职责的有关机关,应当按照规定准确、及时报告,并依法将有关国家安全危机事件发生、发展、管控处置及善后情况统一向社会发布";第六十八条规定,"国家安全威胁和危害得到控制或者消除后,应当及时解除管控处置措施,做好善后工作"。

五、国家安全保障

(一)能力取向的保障体系建设

国家安全能力是防范应对国家安全风险的基本要素,也是决定国家安全与否的关键因素。鉴于国家安全风险的不确定性,尤其是未知威胁的广泛存在,加强国家安全工作的一个重要方面就是强化国家安全能力建设。为此,需要以能力建设为基本取向,不断健全国家安全保障体系。《国家安全法》把国家安全能力纳入国家安全概念,体现出对国家安全能力建设的高度重视。《国家安全法》第六十九条规定,"国家健全国家安全保障体系,增强维护国家安全的能力。"

(二)国家保障体系的基本要素

1. 法律制度保障。《国家安全法》第七十条规定,"国家健全国家安全法律制度体系,推动国家安全法治建设。"

2. 经费装备保障。《国家安全法》第七十一条规定,"国家加大对国家安全各项建设的投入,保障国家安全工作所需经费和装备。"

3. 战略物资保障。《国家安全法》第七十二条规定,"承担国家安全战略物资储备任务的单位,应当按照国家有关规定和标准对国家安全物资进行收储、保管和维护,定期调整更换,保证储备物资的使用效能和安全。"

4. 科技保障。《国家安全法》第七十三条规定,"鼓励国家安全领域科技创新,发挥科技在维护国家安全中的作用。"

5. 人才保障。《国家安全法》第七十四条规定,"国家采取必要措施,招录、培养和管理国家安全工作专门人才和特殊人才。根据维护国家安全工作的需要,国家依法保护有关机关专门从事国家安全工作人员的身份和合法权益,加大人身保护和安置保障力度。"

6. 工作方式保障。《国家安全法》第七十五条规定,"国家安全机关、公安机关、有关军事机关开展国家安全专门工作,可以依法采取必要手段和方式,有关部门和地方应当在职责范围内提供支持和配合。"

7. 宣传教育保障。《国家安全法》第七十六条规定,"国家加强国家安全新闻宣传和舆论引导,通过多种形式开展国家安全宣传教育活动,将国家安全教育纳入国民教育体系和公务员教育培训体系,增强全民国家安全意识。"

六、国家安全义务和权利

(一)对国家安全义务的一般规定

《国家安全法》第七十七条规定,公民和组织应当履行下列维护国家安全的义务:遵守宪法、法律法规关于国家安全的有关规定;及时报告危害国家安全活动的线索;如实提供所知悉的涉及危害国家安全活动的证据;为国家安全工作提供便利条件或者其他协助;向国家安全机关、公安机关和有关军事机关提供必要的支持和协助;保守所知悉的国家秘密;法律、行政法规规定的其他义务;任何个人和组织不得有危害国家安全的行为,不得向危害国家安全的个人或者组织提供任何资助或者协助。

(二)单位义务

《国家安全法》第七十八条规定,机关、人民团体、企业事业组织和其他社会组织应当对本单位的人员进行维护国家安全的教育,动员、组织本单位的人员防范、制止危害国家安全的行为。第七十九条规定,企业事业组织根据国家安全工作的要求,应当配合有关部门采取相关安全措施。

（三）相关权利

1. 受保护权。《国家安全法》第八十条规定，公民和组织支持、协助国家安全工作的行为受法律保护。因支持、协助国家安全工作，本人或者其近亲属的人身安全面临危险的，可以向公安机关、国家安全机关请求予以保护。公安机关、国家安全机关应当会同有关部门依法采取保护措施。

2. 补偿抚恤权。《国家安全法》第八十一条规定，公民和组织因支持、协助国家安全工作导致财产损失的，按照国家有关规定给予补偿；造成人身伤害或者死亡的，按照国家有关规定给予抚恤优待。

3. 批评建议、申诉、控告、检举权。《国家安全法》第八十二条规定，公民和组织对国家安全工作有向国家机关提出批评建议的权利，对国家机关及其工作人员在国家安全工作中的违法失职行为有提出申诉、控告和检举的权利。

4. 比例原则。《国家安全法》第八十三条规定，在国家安全工作中，需要采取限制公民权利和自由的特别措施时，应当依法进行，并以维护国家安全的实际需要为限度。

第二章　经济安全及其法治

在国家安全研究中,经济安全属于非传统安全,区别于军事安全、政治安全等传统安全,成为一个特定的安全领域。20 世纪 70 年代以来,军事、政治斗争趋于缓和,但国家间经济竞争和国内分配冲突、社会抗议等问题日益凸显,以军事安全、政治安全为核心的国家安全概念越来越难以反映现实,并逐渐开始进行内涵上的拓展。尤其是 1973 年石油危机及其引发的资本主义世界的经济危机,使很多国家认识到经济安全的重要性。在此背景下,经济安全、环境安全、人的安全等非传统安全议题不断出现,成为国家安全的新兴领域。与军事安全、政治安全不同,在经济全球化深入发展的背景下,各国经济你中有我、我中有你,这使得经济安全的维护和塑造变得更为复杂。

在我国国家安全体系中,经济安全的地位重要而特殊,对国家总体安全发挥着基础性作用。经济安全一旦出现大的问题,党和国家事业全局都将陷入被动。在不同历史时期,党和国家都高度重视经济安全工作,不断完善体制机制,形成很多宝贵经验。伴随着法治建设的不断推进,党和国家越来越注重运用法治思维和法治方式维护和塑造经济安全,积极发挥法治对国家经济安全的保障作用。在百年未有之大变局下,大国战略竞争和经济博弈越来越多地以"法律战"的形式展开,这对我国经济安全法治建设提出了更高要求,我国需要进一步完善经济安全法治体系,提升经济安全治理法治化水平。

第一节　经济安全概述

一、经济安全的定义

经济安全有广义和狭义之分。广义的经济安全指涉对象非常丰富,包括个人、阶级、国家、全球市场等,这些指涉对象往往是彼此交织的。[①] 狭义的经

[①] 〔英〕巴瑞·布赞等:《新安全论》,朱宁译,浙江人民出版社 2003 年版,第 135 页。

济安全特指国家经济安全,即国家作为指涉对象的经济安全。本书主要从狭义视角来界定经济安全,同时也涉及一些广义内容。

关于经济安全的定义,学界尚未形成统一认识,分歧表现在方方面面。比如,关于经济安全的主体,重商主义、自由主义、社会主义、现实主义、建构主义等存在不同看法,有的认为应侧重关注国家,有的认为应侧重关注个人、企业或群体,有的认为还应关注地区和国际。对于经济安全的本质,也存在着"状态说""能力说""主观说"等不同观点。目前,我国国家安全战略、政策和法律法规等也尚未明确给定经济安全的定义。不过,《国家安全法》对"国家安全"的定义已经触及国家经济安全的核心要素。

在我国,由于缺少一个独立的国家安全学学科,因此国家安全研究较为薄弱,有关国家经济安全的研究主要来自经济学、管理学等领域,其中一些领域的研究对国家经济安全的定义进行了探讨。例如,一种观点认为,"从最狭义上说,国家经济安全是指在开放条件下一国如何防止金融乃至整个经济受到来自外部的冲击引发动荡并导致国民财富的大量流失。从较广义上说,是国家对来自外部的冲击和由此带来的国民经济重大利益损失的防范,是一国维护本国经济免受各种非军事政治因素严重损害的战略部署。"[①]又如,一种观点认为,"国家经济安全指一国作为一个主权独立的经济体,其最为根本的经济利益不受伤害,即一国经济在整体上主权独立、基础稳固、健康运行、稳健增长、持续发展。具体即一国在国际经济生活中具有一定的自主性、自卫力和竞争力;不至于因为某些问题的演化而使整个经济受到过大的打击和(或)损失过多的国民经济利益;能够避免或化解可能发生的局部性或全局性经济危机。"[②]

基于以往研究成果和我国国家安全战略、政策、法律法规等,本书认为,国家经济安全是指国家经济主权、基本经济制度、经济可持续发展和其他重大经济利益相对处于没有危险和不受内外威胁的状态,以及有保障持续安全状态的能力。具体包括:经济主权安全、经济制度安全、经济秩序安全、经济要素安全、海外经济利益安全等。教育部2020年印发的《大中小学国家安全教育指导纲要》提出,经济安全包括经济制度安全、经济秩序安全、经济主权安全、经济发展安全等方面,是国家安全与发展的基础。

---

① 张幼文:《国家经济安全问题的性质和研究要点》,载《世界经济研究》1999年第3期。
② 雷家骕:《关于国家经济安全研究的基本问题》,载《管理评论》2006年第7期。

二、经济安全的属性和特征

经济安全作为国家安全的特定领域，本质上仍然属于国家安全。这就意味着，经济安全的第一属性是政治属性，第二属性才是经济属性。经济安全问题不是经济领域中各种具体问题的简单累积，不能将一般经济问题和国家安全层面的经济问题混淆。实践中，经济安全工作的主体、所面对的问题、所动用的资源、所采取的举措等，都与一般经济工作存在较大差异。从功能角度来说，国家经济安全工作所要应对的是经济领域的重大风险、重大危机、国与国之间的经济斗争等，这与一般经济工作具有明显差别。通常来说，一般经济工作的主题词是"发展"，而经济安全工作的主题词是"安全"。

不过，也应当注意到，经济安全工作和一般经济工作之间并没有明确的断裂线，两者之间不是泾渭分明的关系，而是相互交织、相互影响、相互作用。国家经济安全工作离不开一般经济工作的基础保障作用。只有在经济结构合理、经济秩序稳定、经济要素完备、经济资源丰富、经济实力雄厚的条件下，国家经济体系才具有更高韧性，国家才拥有更多经济权力，才能有效维护和塑造经济安全。在我国国家安全战略中，这种关系被表述为"发展是安全的基础"。反过来，国家经济安全工作对于一般经济工作同样具有重要意义，因为只有在相对安全的环境下，一般经济工作才能正常推进和运行，才可能实现预期发展目标。

概言之，发展意义上的经济问题和国家安全意义上的经济问题具有本质不同，前者遵循经济逻辑、市场逻辑，后者遵循政治逻辑、安全逻辑。但由于两者之间很难完全分开，因此长期以来，很多人担忧经济安全概念的泛化，认为这种泛化会给正常的经济发展带来冲击和破坏。对此，总体国家安全观明确提出统筹发展和安全，十九届五中全会把统筹发展和安全作为"十四五"时期经济社会发展的指导思想，其中就蕴含了统筹经济发展和经济安全的重要理念。

作为国家安全之特定领域的经济安全，既带有国家安全的共性或一般特征，也具有自身的鲜明特点。共性方面，与其他国家安全领域一样，经济安全同样具有高政治性、复杂性、系统性、模糊性、动态性等特征。所谓高政治性，是指经济安全与其他安全领域一样，关系到国家重大利益乃至生死存亡，在政治价值序列中居于优先位置。所谓复杂性，是指经济安全的主体、事项、风险源、主体间关系、关联因素等都极为复杂。所谓系统性,是指经济安全作为国家安全的子体系,本身又由若干子体系构成,形成相互交织的复杂层次结构。所谓模糊性,是指经济安全在概念、内容等方面具有一定程度的模糊性。所谓动态性,是指随着环境、局势、认知、利益关系等的变化,经济安全始终处于动态变化之中。

除了这些共性之外,经济安全还有一些较为显著的个性特征。比如,在经济全球化背景下,由于各国在经济上的相互依赖普遍超过政治、军事等领域,经济安全风险的来源具有更加显著的内外交织特点,很多时候外部风险高于内部风险。[①] 又如,由于现代经济体系极为庞大,经济要素繁多,分工日益精细,产业链极为复杂,经济运行环环相扣,一些环节出现问题,可能带来"牵一发而动全身"的结果,由此导致经济安全的内涵不断扩大,涉及的任务事项在类型、范围、复杂性、专业性等方面均超出其他安全领域。

三、经济安全风险

安全是相对风险、危险、威胁、危机而言的,没有风险、危险、威胁、危机,也就没有所谓安全或不安全。从风险角度来说,国家经济安全工作就是要防范和应对经济安全风险。在经济安全领域,主要的风险类型包括以下几类:

(一)外部风险与内部风险

根据风险因素来自国(境)外还是国(境)内,可以把经济安全风险分为外部风险和内部风险。在国家经济体系相互孤立的早期社会,经济安全风险主要来源于一国的内部。随着经济全球化的不断发展,各国经济体之间的联系越来越紧密,经济相互依存的广度和深度不断提高,外部经济安全风险也越来越突出。就我国而言,改革开放前后,经济安全风险的来源发生了显著变化。改革开放之前,我国经济安全风险以内部风险为主,改革开放之后,我国经济安全风险兼有内部风险和外部风险。1992年以后,随着我国改革开放步伐不断加大,越来越多的研究者认为我国经济安全风险主要来自外部,包括外资进入导致的安全风险、国际金融动荡带来的风险等。[②]

[①] 叶卫平:《国家经济安全的三个重要特性及其对我国的启示》,载《马克思主义研究》2008年第11期。

[②] 李海舰:《外资进入与国家经济安全》,载《中国工业经济》1997年第8期;江涌:《经济全球化背景下的国家经济安全》,载《求是》2007年第6期;顾海兵等:《国家经济安全的战略性审视》,载《南京社会科学》2014年第5期。

(二) 经济风险与非经济风险

根据风险因素的性质,可以把经济安全风险分为经济风险和非经济风险。经济风险是指来自经济系统的风险,例如经济危机、金融危机、战略物资供需失衡等;非经济风险是指来自政治、军事、生态、公共卫生等领域的风险,例如战争、大国竞争、国内政治斗争、生态危机、传染病等都可能给国家经济安全带来严重冲击和破坏。《中国经济安全展望报告 2021》中提到,2021 年影响中国经济的内外因素包括国际经济形势、地缘政治风险、中美贸易谈判、新冠疫情、汇率波动、重要国际组织与国际合作变动等。[①] 其中既包括经济风险,也包括很多非经济风险。

(三) 突发性风险与演化性风险

根据风险因素的表现形式,可以把经济安全风险分为突发性风险和演化性风险。突发性风险是指突然发生、造成或可能造成严重危害的即时性、紧迫性风险,演化性风险是指暂时潜伏、缓慢演化、未来可能造成严重危害的风险。突发性风险往往表现为重大突发事件、危机事件,能够给国家经济安全带来即时性的冲击。演化性风险往往潜伏在经济体制、制度、结构之中,能够给经济体系造成缓慢而持续性的伤害,如果不能有效解决,最终将危及国家经济安全。例如,制度主义经济学的研究指出,特殊利益组织或分利联盟会降低社会效率或总收入、减缓社会采用新技术的能力、减缓为回应不断变化的条件而对资源的再分配、加剧政治生活的分歧,最终导致国家的衰落。[②]

(四) 系统性风险和局部风险

根据风险因素的影响范围和程度,可以把经济安全风险分为系统性风险和局部风险。系统性风险是指在广度和深度上都达到一定程度,能够给国家经济安全全局造成系统性危害的风险。局部风险是指能够在局部范围内给国家经济安全造成严重危害的风险。系统性风险也可以被称为颠覆性风险,这种风险一旦成为现实,所产生的危害将是全方位的,往往容易造成颠覆性后果。局部风险虽然达不到系统性风险的破坏力,但是也能够给国家利益造成严重危害,而且在得不到有效控制的情况下,也可能转化为系统性风险。

(五) 自生风险与外方风险

根据风险因素的来源,可以把经济安全风险分为自生风险与外方风险。

---

① 刘伟、苏剑主编:《中国经济安全展望报告 2021》,中国经济出版社 2021 年版,第 34—43 页。
② 〔美〕曼瑟·奥尔森:《国家的兴衰》,李增刚译,上海人民出版社 2018 年版,第 47—92 页。

自生风险是指由于安全主体的错误认知、错误行动等造成的风险,如果安全主体不具备纠错能力,这些错误可能造成严重后果,危害国家利益和社会公共利益。例如,2021年9月,针对地方政府运动式减碳导致的"一刀切"限电等突出问题,中共中央、国务院《关于完整准确全面贯彻新发展理念做好碳达峰碳中和工作的意见》明确提出防范风险的工作原则,要求处理好减污降碳与能源安全、产业链供应链安全、粮食安全、群众正常生活的关系,防止过度反应,确保安全减碳。外方风险是指在特定的安全关系中,安全主体的对手、竞争者、敌对方以作为或不作为方式给安全主体带来的风险。例如,近年来引起广泛关注的"美式制裁"或"美国陷阱";"十几年来,美国在反腐败的伪装下,成功瓦解了欧洲的许多大型跨国公司,特别是法国的跨国公司。美国司法部追诉这些跨国公司的高管,甚至会把他们送进监狱,强迫他们认罪,从而迫使他们的公司向美国支付巨额罚款"[1]。

(六)各具体领域风险

根据风险因素所属的具体领域,可以把经济安全风险分为金融安全风险、投资安全风险、货币安全风险、产业安全风险、能源安全风险、粮食安全风险、数据安全风险、科技安全风险、关键信息基础设施安全风险,等等。这些风险来自国家经济安全的子领域,这些关键领域和战略要素的安全直接关系到国家经济安全,每个子领域的风险都具有特殊形式和内容,必须区别应对。

四、经济安全的内容

经济安全的具体内容包括经济主权安全、经济制度安全、经济要素安全、经济秩序安全、海外经济利益安全。

(一)经济主权安全

经济主权是国家主权在经济领域的延伸,经济主权原则是国际法的基本原则之一。经济主权安全是指国家能自主选择经济制度、自主决定本国经济发展政策、有效控制本国经济资源、平等参与国际经济活动、自由利用国际市场、抵御外国的经济干涉等。[2] 我国坚持独立自主的和平外交政策,坚持互相

---

[1] 〔法〕弗雷德里克·皮耶鲁齐、〔法〕马修·阿伦:《美国陷阱》,法意译,中信出版社2019年版,第1页。

[2] 顾海兵、张一弓:《后30年:中国国家经济安全战略的总体研究》,载《经济学动态》2010年第1期。

尊重主权和领土完整、互不侵犯、互不干涉内政、平等互利、和平共处五项原则，维护以联合国为核心的国际体系和以国际法为基础的国际秩序，反对霸权主义和强权政治，反对任何国家以任何借口、任何方式干涉中国内政，包括中国的经济内政。针对某些西方国家近年来频频对我国实施的经济制裁霸权主义行径，2021年6月10日，十三届全国人大常委会二十九次会议表决通过《中华人民共和国反外国制裁法》，为维护我国经济主权安全提供了有力的法治保障。

（二）经济制度安全

基本经济制度是我国社会主义制度的重要组成部分，是实现中华民族伟大复兴的重要制度保证。十九届四中全会通过的《中共中央关于坚持和完善中国特色社会主义制度推进国家治理体系和治理能力现代化若干重大问题的决定》指出，公有制为主体、多种所有制经济共同发展，按劳分配为主体、多种分配方式并存，社会主义市场经济体制等社会主义基本经济制度，既体现了社会主义制度优越性，又同我国社会主义初级阶段社会生产力发展水平相适应，是党和人民的伟大创造。必须坚持社会主义基本经济制度，充分发挥市场在资源配置中的决定性作用，更好发挥政府作用，全面贯彻新发展理念，坚持以供给侧结构性改革为主线，加快建设现代化经济体系。当前，我国基本经济制度总体上是安全的，但也存一些风险因素。比如，在国内，资本无序扩张给社会主义市场经济体制带来挑战；在国外，一些国家千方百计试图侵蚀和改变我国基本经济制度。《国家安全法》把维护国家基本经济制度安全作为国家安全工作的重要任务之一。

（三）经济要素安全

在经济体系中，一些战略性要素的安全至关重要，关系到整个经济体系的安全。这些战略性要素并非固定不变的，常见者包括土地、粮食、能源、资源、金融、数据、科技、重大基础设施等。维护战略性要素的安全是经济安全工作的重要任务，我国国家安全战略、国家安全法律法规等对此都有相关内容。例如，《国家安全法》第二十二条规定，"国家健全粮食安全保障体系，保护和提高粮食综合生产能力，完善粮食储备制度、流通体系和市场调控机制，健全粮食安全预警制度，保障粮食供给和质量安全。"又如，2021年9月1日起施行的《中华人民共和国数据安全法》对维护数据安全作出了系统性规定。

党的十九届五中全会通过的《中共中央关于制定国民经济和社会发展第

十四个五年规划和二〇三五年远景目标的建议》明确提出"确保国家经济安全",要求实现重要产业、基础设施、战略资源、重大科技等关键领域安全可控,增强产业体系抗冲击能力,确保粮食安全,保障能源和战略性矿产资源安全,维护水利、电力、供水、油气、交通、通信、网络、金融等重要基础设施安全,构建海外利益保护和风险预警防范体系等。

(四)经济秩序安全

经济秩序安全是指经济运行基本稳定,不存在出现大的经济动荡或经济危机的危险,以及国家具备维持经济秩序稳定的能力。经济秩序不安全的典型形式是发生重大经济危机。在经济危机期间,正常的经济秩序被彻底打乱,进而容易引发社会动荡、政治动乱乃至大规模战争。例如,1929年起始于美国并迅速席卷全世界的经济危机,给国际贸易和各国经济带来沉重打击,很多国家的重工业、轻工业、农业全面倒退,失业率飙升,这也成为第二次世界大战爆发的因素之一。

(五)海外经济利益安全

海外利益是我国国家利益的重要组成部分,是国家利益在海外的延伸。海外国家利益包括海外政治利益、海外安全利益、海外经济利益、海外文化利益、海外生态利益等,其中海外经济利益是重中之重。改革开放以来,伴随着我国经济的不断发展和开放程度不断深化,我国海外利益尤其是海外经济利益在广度和深度上不断扩展,成为国家安全工作的重要任务。随着我国"走出去"战略和"一带一路"倡议的继续推进,我国海外经济利益规模将进一步扩大,亟须完善安全保护体系。

五、经济安全的案例

为了更生动地阐释经济安全的具体内容,下文将介绍和分析近年来涉及经济安全的几个案例。

案例一:力拓案

【主要案情】

力拓案是一起由于力拓集团驻上海办事处员工涉嫌为境外刺探和窃取中国国家机密,被中国国家安全机关依法刑事拘留,引起中国和澳大利亚两国政界介入的司法案件。

2009年7月5日,中国方面经调查发现力拓集团驻上海办事处的首席代表胡士泰及经理刘才魁,员工王勇、葛民强四人因涉嫌在进出口铁矿石贸易谈判期间,通过拉拢、收买中国内部人员为境外刺探和窃取中国国家机密。之后,该四人被中国国家安全机关依法刑事拘留。

2009年7月13日,警方在力拓集团驻上海办事处办公室的办公电脑内发现数十家与力拓签有长协合同的钢企资料。这些资料涉及企业详细的采购计划、原料库存以及生产安排等数据,包括大型钢企每月的钢铁产量以及销售情况等。河北某钢企的相关负责人表示,了解原料库存、生产安排、销售情况等细节的不超过10名员工。力拓能掌握的这些资料,均属企业机密,可能是通过买通相关企业负责生产经营的员工而获得的。

2009年8月11日,胡士泰等四人被正式批捕时的罪名被降格为"涉嫌侵犯商业秘密罪和非国家工作人员受贿罪"。2010年2月10日,上海市人民检察院第一分院对力拓公司胡士泰等四人涉嫌侵犯商业秘密罪、非国家工作人员受贿一案,向上海市第一中级人民法院提起公诉。2010年3月22日,四名因侵犯商业秘密罪及受贿被起诉的力拓员工承认受贿行为。2010年3月29日下午,上海市第一中级人民法院对力拓案作出一审判决,认定胡士泰、王勇、葛民强、刘才魁四人犯非国家工作人员受贿罪、侵犯商业秘密罪,分别判处有期徒刑十四年到七年不等。

【分析】

力拓案为经济安全的重要性提供了一个鲜活的例子。以往,谈及国家安全,大多想到的是政治安全、军事安全、技术安全等,鲜少强调经济安全的重要性。当一国经济规模还有限时,经济安全的重要性很难被意识到。但当一国经济规模增大,特别是在全球化的背景下,经济安全就十分重要了,某种程度上甚至比一般的国防机密对国家和社会造成的影响更大。以钢铁业为例,作为工业经济的基础性原料,其价格的波动将对整个社会经济产生巨大影响。过去的十多年里,中国房价的上涨,与钢铁等建材价格的上涨不无关系。而钢价的上涨,固然有需求因素的影响,但亦是与进口铁矿石的高价格分不开的。中国是铁矿石的需求大国,然而由于种种因素,在与国际矿业巨头的谈判中,中国这个需求大国的因素几乎无法发挥议价作用,甚至连"首发价"都无法获得。据悉,世界几大铁矿石巨头近几年从与中国的贸易中获取的溢价高达千亿人民币。中国钢企自然要把这庞大的成本转嫁给其他行业,并最终转嫁给消费者。因此,就钢铁业在中国经济中的重要性而言,力拓案不能被当作一般的商业贿赂罪来看待,它实质上对中国钢铁产业和经济安全构成了威胁。

案例二:"WannaCry"勒索软件蔓延
【案情】

2017年5月,一种名为"WannaCry"的勒索病毒在全球范围内大规模暴发,并不断蔓延,对全球互联网安全构成了严重威胁。在我国,自2017年5月12日起,该勒索软件开始在教育、企业、医疗、电力、能源、银行、交通等多个行业蔓延,互联网个人用户也受到影响。受病毒波及,中石油在其官网中发布公告称,5月12日晚该公司所属部分加油站运行受到影响,出现了加油站加油卡、银行卡、第三方支付等网络支付功能无法使用等情况。14日下午,中石油表示,根据现场验证过的技术解决方案,开始逐站实施恢复工作。80%以上加油站已经恢复网络连接,受病毒感染的加油站正在陆续恢复加油卡、银行卡、第三方支付功能。乌鲁木齐市公安局出入境管理支队在5月15日也发布公告称,由于Windows操作系统遭到病毒感染,暂停办理出入境证件业务。360互联网安全公司根据病毒网络活动特征的监测数据显示:仅2017年5月12日至5月13日期间,国内就有超过29000个IP感染勒索病毒。勒索病毒在国内蔓延过程中,许多生活服务行业、商业、交通运输、医疗和一些政府、事业单位的电脑都遭遇了病毒攻击。

"WannaCry"病毒属于蠕虫式勒索软件,通过利用编号为MS17-010的Windows漏洞(被称为"永恒之蓝")主动传播感染受害者。该病毒快速传播时正是周末,而业界原本预测在周一会有病毒大幅度爆发的情况。不过,在周一大量办公电脑重新开工这个节点前,我国公安、工信、教育、银行、网信等有关部门都对防范工作提出了要求,360、腾讯、安天、金山安全等相关企业也迅速开展研究,主动提供了安全服务和防范工具。

据网络安全专家介绍,事实上勒索病毒几年前就已出现,过去这个病毒主要是通过邮件传播,传播力度不大。但此次勒索病毒则同时具备了加密勒索功能和内网蠕虫传播能力,一台电脑感染后就会继续扫描内网和互联网上其他没有补丁的系统,通过连锁反应导致大规模的爆发感染。电脑被这种病毒感染后,照片、图片、文档、压缩包、音频、视频等类型的文件都会被加密锁住,支付黑客所要求赎金后才能解密恢复,并且赎金全额还会随着时间的推移而增加。

【分析】

随着互联网时代信息资产价值的提升,近些年对网络安全漏洞的利用已经从原先以兴趣研究为主,越来越多地转向一些黑色产业链。民众和企业以往"网络安全离自己很远"的固化思维需要转变。业内专家认为,此次病毒的暴发,对企业、民生造成了巨大的影响,其损失难以估量。普通用户的信息安全也受到了严重威胁。

网络安全专家还进一步呼吁,由于网络安全已涉及社会民生各个方面,网络安全的投入问题、意识问题等也应引起各方的重视。我国网络安全市场占整个IT市场的投入与美国等发达国家相比还有一定差距,这样的投入差距与我国经济社会发展水平并不匹配。对一些单位、机构、企业来讲,尤其是在病毒传播过程中暴露出巨大风险的单位,更需要提高网络安全意识,加大网络安全方面的投入,提升相关系统管理技术人员能力,通过对相关硬件软件设施开展常态化的检查,及时修复漏洞,规避隐患。就个人用户而言,只有提高网络安全意识,及时安装安全防护软件,及时升级操作系统和各种应用的安全补丁,对特别重要的数据采取备份措施等,才能适应互联网时代的发展环境。

案例三:凯雷并购徐工集团案

【案情】

2005年10月25日,徐州工程机械集团有限公司(简称"徐工集团")、凯雷投资集团(简称"凯雷")签订股权买卖和股本认购协议与合资合同。据此,股权转让及增资完成后,凯雷将持有徐工集团旗下子公司徐工集团工程机械有限公司(简称"徐工机械")85%的股权,徐工集团仅拥有徐工机械15%的股权。凯雷针对中国机械行业龙头企业发动的"斩首"行动引起了中国财经界的警觉。

【分析】

此案引起巨大关注和讨论,其原因主要有以下几点:第一,凯雷并购的价格是否为最优价格,竞价高是否为最佳并购方案?第二,凯雷并购的价格是否有贱卖国有资产之嫌?第三,将徐工机械卖给财务投资者对徐工机械的未来发展是否有利?第四,装备制造业是为其他行业提供母机和装备的产业,在某种意义上,装备制造业的发展直接决定了国民经济其他行业的现代化水平。徐工机械作为我国工程机械的龙头企业,如果被凯雷控股,是否会威胁装备制造业的产业安全和国家经济安全?①

其中,该并购是否会触动国家经济安全的高压线,是当时争议最大的问题。在这一点上,无论是发达国家还是发展中国家,都倾向于建立规范透明的成文立法和移交严格的预先审查程序。②据徐工集团方面称,正是由于考虑到国家经济安全,才选择了凯雷这样的纯粹资本性投资者,而否决了卡特比勒等诸多海外产业竞争对手的求购。但问题在于作为财务投资专家,凯雷的目的就是获取投资回报,必然会在不久的将来再次出卖徐工机械的股份以求套现,这样的外资并购足以引发产业经济安全的疑虑,而没有明确的安全审查程序,又放大了人们的疑虑。外资并购中持股比例失衡,导致触动"国家经济安全高压线"成为并购的关键争议。③徐工集团在中国工程制造业拥有的特殊地位,及其所属的装备制造业是国家战略产业,体现国家防卫等综合竞争力。在我国整个工程机械的 136 个产品里,徐工机械占了一半以上,并有约 20 个产品的市场占有率在前 3 位,虽然美国凯雷集团凭借承诺"保留品牌,在中国注册,核心管理团队和职工队伍基本稳定"等条件,成为并购徐工集团的胜出者,但试想象把徐工机械 85% 的股份让给外资,相当于把中国工程制造行业主导权让给了外资,势必造成外资垄断中国工程机械行业的局面,威胁国家经济安全。④

实际上,类似凯雷并购徐工集团的这类案例在外资并购中并不少见,2003 年的"索尼收购成都索贝案"也与之类似。2003 年,商务部批准了索尼收购成都索贝的方案。该收购引起了行业内的质疑和担忧,因为这会给中国的广电产业带来实质上的威胁,涉及我国产业安全问题。⑤索尼收购索贝,显然是因为我国企业非线性技术的发展对其技术优势地位产生了巨大冲击。收购后索尼可以通过经营决策限制索贝发展该技术,同时也可以遏制拥有类似技术的其他中国企业的发展,维护自己的优势地位。广电产业关系到国家信息安全,如果这个领域的设备和集成服务完全被外国厂商垄断,那么中国

---

① 慕亚平、肖小月:《我国外资并购中的国家安全审查制度》,载《法学研究》2009 年第 5 期。
② 陈妹绮、龙霄利:《论我国外资法的重构——兼评"凯雷收购徐工案"》,载《当代法学论坛》2011 年第 3 辑。
③ 周国洪:《凯雷—徐工案独家调查》,载《瞭望新闻周刊》2006 年第 5 期。
④ 陈妹绮、龙霄利:《论我国外资法的重构——兼评"凯雷收购徐工案"》,载《当代法学论坛》2011 年第 3 辑。
⑤ 慕亚平、肖小月:《我国外资并购中的国家安全审查制度》,载《法学研究》2009 年第 5 期。

广电事业的健康发展将存在隐患。

上述均是由外资并购,引发产业安全隐忧,进而影响到国家经济安全的例子。事实上,为了填补外资并购安全审查的漏洞,我国已于2011年出台了《关于建立外国投资者并购境内企业安全审查制度的通知》,开始建立外国投资者并购境内企业安全审查制度。上海、广东、天津、福建自贸区于2015年开始试点实施与负面清单管理模式相适应的外商投资安全审查措施,国家也出台了《自由贸易试验区外商投资国家安全审查试行办法》。2015年公布的《外国投资法(草案征求意见稿)》中有相对比较详细的国家安全审查制度的规定,但在2018年公布的《外商投资法(草案)》以及2020年1月1日开始实施的《外商投资法》中,关于国家安全审查制度仅有非常原则性的规定。2020年12月19日,经国务院批准,国家发展改革委、商务部发布《外商投资安全审查办法》并于2021年1月18日正式施行。该办法共23条,规定了适用安全审查的外商投资类型、审查机构、审查范围、审查程序、审查决定、监督执行和违规处理等,是我国在规范外商投资安全审查,维护国家经济安全方面迈出的一大步。

案例四:"天天向上"平台跨境洗钱案

【案情】

2019年9月下旬,杭州市公安局西湖区分局在工作中发现一款名为"天天向上"的app平台,通过众多个人微信、支付宝二维码等进行收款转账,为境外赌博网站、电信诈骗团伙等黑灰产业的非法所得提供流转、结算服务,平台从中赚取大量的结算手续费。经杭州市西湖区公安分局初步侦查,仅2019年6月至9月,平台注册会员7万余人,流转资金流水量达到500余亿元,产生的结算能力近300亿元,平均每月向上游黑灰产业提供"洗白"资金近100亿元。通过对平台"人员链""资金链""技术链"和"利益链"的深入剖析,警方逐步摸清了犯罪组织的架构。经查,2019年初,境外不法人员华某遥控境内人员搭建"天天向上"平台,引入上游黑灰产业平台的资金支付需求,通过"分层代理、分级抽头"的方式,招揽大量"跑分客"会员开展"跑分"业务。

2019年下半年,为躲避风控资金监管,该团伙引入数字货币"跑分"模式尝试转型。非法资金被兑换为与美元1∶1锚定的泰达币(USDT),后进入"跑分平台"资金链。截至收网前,警方查明"天天向上"平台为1900余家跨境赌博、电信网络诈骗等上游黑灰产业提供资金支付渠道和结算服务，使300余亿元资金脱离监管流向境外，对金融安全造成危害。

【分析】

与传统的地下钱庄相比，"天天向上"平台融入了区块链技术，以锚定价格的虚拟货币作为洗钱通道，隐蔽性更强，社会危害更大。首先，平台严重破坏国内银行监管体系。平台收入兑换为数字货币后，难于追踪监管，"跑分平台"内的资金形成了隐蔽闭环，国家银行体系对交易资金的监管链失效。其次，平台严重破坏国家外汇管理制度。本案涉及的泰达币以数字货币的形式做了外币兑换、流转的业务，实质性影响了外汇兑换的平衡性，挑战了人民币作为国家信用货币的权威性和兑换外汇法币的唯一性。最后，这种平台还极大助长了跨境赌博及电信网络新型犯罪等上游黑灰产业的犯罪气焰。本案涉及的"漂白"资金流向及资金通道的输送出口方向基本上都在境外，造成了大量资金外流、助长上游犯罪的恶劣后果。

业内人士表示，打击地下钱庄工作事关国家金融和经济安全，事关国家经济社会发展大局。由于科技的快速发展，维护金融安全的手段应当不断完善，防止漏洞的出现。我国对于加密货币的监管也要不断升级，因为仅凭禁止交易无法阻止加密货币市场的运行。因此，可建立配套的资金监控体系，借助科技完善追踪机制，同时进行国际合作，形成威慑力，让洗钱的不法分子不再嚣张，让区块链不再成为法外之地。此外，还可以借鉴域外经验，将加密货币的反洗钱业务划归到专门的机构负责，将比特币等虚拟货币按照"货币服务业"进行反洗钱监管。美国就专设机构，对数字货币的监管覆盖了从持有到交易的所有环节，同时也覆盖了传统金融机构和数字货币交易所。[①]

第二节 经济安全治理

经济安全要素繁多、体系庞大、治理链条较长，为了实现有效治理，必须构建分类分层分阶段的治理体系。根据经济安全风险演化过程，可以把经济安全治理分为风险治理、应急管理和危机治理三个相互贯通的阶段。

---

① 方列：《"跑分平台"、虚拟货币竟成跨境洗钱新通道》，https://news.stcn.com/news/202102/t20210223_2848681.html，2021年11月30日访问。

一、经济安全风险演化过程

风险社会背景下,风险具有普遍意义,是安全的对立面。风险从隐含、潜伏到显露、爆发往往会经历一个演化过程,而不是从一开始就糟糕到不可收拾。"风险与危机之间存在着因果关系,风险是前期形态,危机是后期表现,风险与危机之间是一个'连续统'。"[1]对于风险演化过程,习近平曾有精辟论述。2016年1月18日,习近平总书记在省部级主要领导干部学习贯彻党的十八届五中全会精神专题培训班上,深刻阐述了一般风险演变为根本性危机的基本过程,即"各种矛盾风险挑战源、各类矛盾风险挑战点是相互交织、相互作用的。如果防范不及、应对不力,就会传导、叠加、演变、升级,使小的矛盾风险挑战发展成大的矛盾风险挑战,局部的矛盾风险挑战发展成系统的矛盾风险挑战,国际上的矛盾风险挑战演变为国内的矛盾风险挑战,经济、社会、文化、生态领域的矛盾风险挑战转化为政治矛盾风险挑战,最终危及党的执政地位、危及国家安全"[2]。这段话揭示了风险演化的四个层次:

第一,从一般风险演化为重大风险。一般风险是相对于重大风险而言的风险形态,是指对国家利益和社会公共利益危害较小或危害性暂未显现的风险。一般风险具有普遍性,存在于政治、社会、经济、文化、生态、网络等诸多领域,通过各种迹象表现出来。由于一般风险相互交织在一起且相互作用和影响,理论上就存在演化为重大风险的可能性,演化机制包括传导、叠加、演变、升级等。在我国国家安全话语体系中,重大风险很多时候特指国家安全风险。

第二,从局部风险演化为系统风险。风险的空间分布有局部和全局之分。局部风险是指在广度上较为有限的风险,全局风险或者系统风险是指在广度上全部或大部覆盖的风险。地理意义上的局部风险是指局限于部分地域的风险,如存在于一个或多个省的区域性金融风险;地理意义上的系统风险是指在一个国家全部或主要部分广泛存在的风险。体系意义上的局部风险是指局限于若干子体系或子体系的部分领域存在的风险,如产能过剩、地

---

[1] 张海波:《社会风险研究的范式》,载《南京大学学报(哲学·人文科学·社会科学)》2007年第2期。
[2] 《习近平在省部级主要领导干部学习贯彻党的十八届五中全会精神专题研讨班上的讲话》,http://www.xinhuanet.com/politics/2016-05/10/c_128972667.htm,2021年11月30日访问。

方债务等;体系意义上的系统性风险是指遍布整个经济体系或经济体系主要部分、对经济体系构成整体性挑战的风险。局部风险向系统性风险的演化在历次经济危机中都能够看到。

第三,从外部风险演化为内部风险。经济全球化背景下,外部风险与内部风险交织的特点原本就比较显著。在百年未有之大变局下,大国战略博弈不断深化,外部风险演化为内部风险的可能性进一步上升。习近平总书记指出,"我们今天开放发展的大环境总体上比以往任何时候都更为有利,同时面临的矛盾、风险、博弈也前所未有,稍不留神就可能掉入别人精心设置的陷阱。"①

第四,从非政治风险演化为政治风险。在总体国家安全观中,政治安全在整个安全体系中居于根本地位,是维系国家总体安全的根本所在。正因如此,政治安全所面临的风险挑战也是最多最复杂的,各种风险因素最终都可能转化为政治领域的重大风险。在现实实践中,从非政治风险演化为政治风险的现象随处可见,例如,我国在国家治理中出现的任何失误或问题,都可能被归因于政治体制问题,进而对我国政治制度进行攻击。

以上对风险演化过程的一般性论述,具体到经济安全风险领域也是适用的。

二、经济安全风险治理过程

风险社会理论作为风险研究的一般理论,已经广泛运用于自然风险、技术风险、经济风险、金融风险、社会风险、政治风险等研究领域。近年来,随着国内外局势深刻变化,防范化解重大风险越来越受到中央重视。2019年1月,中央举办省部级主要领导干部坚持底线思维着力防范化解重大风险专题研讨班,习近平总书记在开班式上强调:"防范化解重大风险,是各级党委、政府和领导干部的政治职责,大家要坚持守土有责、守土尽责,把防范化解重大风险工作做实做细做好"。

从治理角度来说,根据风险演化过程,可以把广义的风险治理分为风险治理、应急管理和危机治理三个相互贯通的治理阶段,其中风险治理是针对风险的源头、前端、早期阶段的治理;应急管理是针对风险已经显露、演化为

---

① 《习近平在省部级主要领导干部学习贯彻党的十八届五中全会精神专题培训班上的讲话》,http://www.xinhuanet.com/politics/2016-05/10/c_128972667.htm,2021年11月30日访问。

突发事件的治理;危机治理是针对风险已经恶化、演变、升级为重大危机的治理。在传统的国家安全研究中,风险的危机阶段如战争具有典型意义,是最受关注且得到充分讨论的议题。不过,从风险治理和积极预防主义的视角出发,危机之前的风险演化阶段同样具有重要意义,也应当被纳入国家安全视野,展开审慎而深入的讨论。

近年来,政治学、社会学、公共管理、应急管理、法学等不同领域的研究者都注意到风险演化的特点和规律,提倡建立涵盖风险治理、应急管理和危机治理的广义框架。比如,风险治理的广义理论立足于前端的风险治理,力图把中端的应急管理和末端的危机治理纳入理论框架;应急管理的广义理论立足于突发事件的应对,分别向前端和后端延伸,力图把风险治理和危机治理纳入理论框架;危机治理的广义理论则立足于末端的危机,不断向中端和前端延伸,力图把风险治理和应急管理纳入其中。公共安全治理作为一种新近提出的理论框架,试图把风险治理、应急管理和危机治理统合起来,形成一种以公共安全为目标,以风险治理、应急管理、危机治理为手段和过程的综合性理论框架。一种观点认为,"公共安全治理是一个整体性概念,它以公共安全为优先的政策目标,通过风险治理、应急管理和危机治理的协同推进,以实现社会秩序的良性运行。它强调目标引导和结果实现,而非风险治理、应急管理和危机治理的简单加和。"[1]相关研究认为,整合后的公共安全治理包括3大部分和9个环节,即:风险治理(包含风险识别、风险评估、预防减缓)、应急管理(包含应急准备、应急响应、善后恢复)和危机治理(包含调查、问责、改进)。[2]

在总体国家安全观指引下,风险治理的过程性框架在我国国家安全法律法规中已经被广泛接受。例如,《国家安全法》确立了"防范、制止、惩治"的过程性治理框架,并专章规定了涵盖风险治理、应急管理、危机治理的国家安全制度和机制。再如,《中华人民共和国生物安全法》专章规定了"生物安全风险防控体制",其中的"风险防控"概念,既包括风险治理也包括应急管理和危机治理;该法的其余各章也涵盖了风险治理、应急管理和危机治理的有关

---

[1] 张海波、童星:《广义应急管理的理论框架》,载童星、张海波主编:《风险灾害危机研究(第八辑)》,社会科学文献出版社2018年版,第1—27页。
[2] 童星:《公共安全治理关键概念辨析》,载杜志淳、张明军主编:《中国社会公共安全研究报告(第13辑)》,北京大学出版社2019年版,第17—30页。

内容。

（一）危机治理

这里所说的危机特指重大危机、国家安全危机。危机是风险演化的最后阶段，是风险的总爆发，如果不能有效应对将造成非常严重的后果，给国家和民族带来深重的灾难。在以往研究中，人们使用"最糟糕情形""紧急状态""非常时刻""根本性危机"等概念来描述这种危机状态。在我国国家安全体系中，政治安全危机属于根本性危机。危机治理立足于风险演化的末端，针对风险总爆发的巨大破坏力，采取国家级别的紧急措施，是一种具有特定内涵的治理模式。

在危机治理阶段，紧急措施是应对危机的必要手段。例如，《中华人民共和国戒严法》规定，在发生严重危及国家的统一、安全或者社会公共安全的动乱、暴乱或者严重骚乱，不采取非常措施不足以维护社会秩序、保护人民的生命和财产安全的紧急状态时，国家可以决定实行戒严。戒严期间，为保证戒严的实施和维护社会治安秩序，国家可以依法在戒严地区内，对宪法、法律规定的公民权利和自由的行使作出特别规定。再如，《国家安全法》规定，国家决定进入紧急状态、战争状态或者实施国防动员后，履行国家安全危机管控职责的有关机关依照法律规定或者全国人民代表大会常务委员会规定，有权采取限制公民和组织权利、增加公民和组织义务的特别措施。

由于紧急措施的实施意味着政府权力的扩张和公民权利的收缩，各国对此都较为谨慎，通过多种方式防止其弊端出现。一是对是否进入紧急状态采取程序性限制，例如《国家安全法》规定，发生危及国家安全的特别重大事件，需要进入紧急状态、战争状态或者进行全国总动员、局部动员的，由全国人民代表大会、全国人民代表大会常务委员会或者国务院依照宪法和有关法律规定的权限和程序决定。二是运用比例原则对紧急措施的实施进行限制，例如《国家安全法》规定，履行国家安全危机管控职责的有关机关依法采取处置国家安全危机的管控措施，应当与国家安全危机可能造成的危害的性质、程度和范围相适应；有多种措施可供选择的，应当选择有利于最大程度保护公民、组织权益的措施。三是通过事后问责的方式进行限制，例如《中国共产党问责条例》规定，履行管理、监督职责不力，职责范围内发生重特大生产安全事故、群体性事件、公共安全事件，或者发生其他严重事故、事件，造成重大损失或者恶劣影响的应当予以问责。四是通过行政伦理、社会舆论等柔性机制进行限制。

(二) 应急管理

应急管理是连接危机治理和风险治理的中间阶段,广义的应急管理涵盖了风险治理和危机治理,比如应急准备中的很多工作与风险治理存在重叠,应急响应的很多举措与紧急状态下的紧急措施也有一定重叠。不过,在制度和法律上,还是可以对应急管理与危机治理、风险治理作出区分。比如,危机治理的法律依据主要是宪法、国家安全法、戒严法、国防动员法等,而应急管理的法律依据主要是突发事件应对法。

2007年11月1日起施行的《中华人民共和国突发事件应对法》(简称《突发事件应对法》),是我国应急管理领域的基础性法律,也是国家安全领域的一部重要法律,对突发事件的预防与应急准备、监测与预警、应急处置与救援、事后恢复与重建、法律责任等作出全面规定。该法的立法目的是预防和减少突发事件的发生,控制、减轻和消除突发事件引起的严重社会危害,规范突发事件应对活动,保护人民生命财产安全,维护国家安全、公共安全、环境安全和社会秩序。该法所称的"突发事件"是指突然发生,造成或者可能造成严重社会危害,需要采取应急处置措施予以应对的自然灾害、事故灾难、公共卫生事件和社会安全事件。按照社会危害程度、影响范围等因素,该法将自然灾害、事故灾难、公共卫生事件分为特别重大、重大、较大和一般四级。从国家安全角度来说,特别重大的突发事件本身就可能被定性为国家安全事件,重大、较大和一般突发事件可能升级演变为国家安全事件或者含有国家安全风险,因此也可以被纳入国家安全治理的广义框架。

在应急管理的几个主要阶段中,"预防和应急准备"阶段带有较为显著的风险治理特点。例如,《突发事件应对法》第二十条规定,"县级人民政府应当对本行政区域内容易引发自然灾害、事故灾难和公共卫生事件的危险源、危险区域进行调查、登记、风险评估,定期进行检查、监控,并责令有关单位采取安全防范措施",这是一种典型的风险治理举措,反映出应急管理和风险治理的贯通性。

(三) 风险治理

如果把风险演化过程分为早期、中期和末期三个阶段,那么危机治理就属于末端治理,应急管理属于中端治理,风险治理则属于前端治理或源头治理。尽管危机治理和应急管理中也包含风险治理的相关内容,但在风险治理研究中,风险的内涵更加宽广、类型更加多样。例如,尚未引发突发事件或危机事件的新兴风险,也是风险治理研究的重要议题。

在风险社会理论的影响下,风险治理的理念已经被广泛接受。在国家安全领域,风险治理、源头治理也已经成为一项重要的原则。由于风险广泛存在,因此风险治理无法制定出一部专门的法律,而是散见于各种法律之中。国家安全法、网络安全法、生物安全法、数据安全法、食品安全法、突发事件应对法等法律法规中都有大量关于风险研判、风险评估、风险监测、风险预警等重要内容。除此之外,有关部门的规范性文件也包含很多风险治理内容,例如商务部公布的《对外投资合作境外安全风险预警和信息通报制度》就把境外安全风险分为政治风险、经济风险、政策风险、自然风险、其他风险五种类型,并建立预警和信息通报制度。

此外,很多常规治理工作也具有风险治理的功能。例如,对经济安全风险而言,风险往往在早期以经济纠纷的形式表现出来。我国在经济纠纷防范化解方面建立的各种体制机制和实际进行的工作(纠纷排查、调解、仲裁、审判、检察公益诉讼、信访、合规改革等),能够及时发现和化解纠纷,防止小的风险演变升级为大的风险,这也是经济安全治理的基础性工程。

综上,经济安全治理包含了危机治理、应急管理和风险治理三个阶段,分别对应于经济安全风险演化的末期、中期和早期,形成一种贯通性的治理框架。为了防止经济安全概念的泛化,应根据经济安全体系中不同子体系的具体情况和特点,对危机治理、应急管理和风险治理作出必要规范和限定,而这些都有赖于法治发挥作用。

第三节 经济安全法治

习近平总书记指出,"全面推进依法治国涉及很多方面,在实际工作中必须有一个总揽全局、牵引各方的总抓手,这个总抓手就是建设中国特色社会主义法治体系。"[①]建设中国特色社会主义法治体系,是指在中国共产党领导下,坚持中国特色社会主义制度,贯彻中国特色社会主义理论,形成完备的法律规范体系、高效的法治实施体系、严密的法治监督体系、有力的法治保障体

---

① 《〈中共中央关于全面推进依法治国若干重大问题的决定〉辅导读本》,人民出版社2014年版,第51页。

系,形成完善的党内法规体系。具体到经济安全领域,经济安全治理法治化的总抓手就是建设经济安全法治体系,即形成完备的经济安全法律规范体系、高效的经济安全法治实施体系、严密的经济安全法治监督体系、有力的经济安全法治保障体系,形成完善的经济安全党内法规体系。

经济安全法律规范体系由宪法、基础性综合性法、专门法和相关法组成。经济安全法治实施体系包括执法、司法、守法三个主要环节。经济安全法治监督体系由党内监督、人大监督、民主监督、行政监督、司法监督、审计监督、统计监督、群众监督、舆论监督等构成。经济安全法治保障体系包括经济安全工作的政治保障、制度保障、思想保障、组织保障、人才保障、运行保障、科技保障等。经济安全党内法规体系由党章以及与经济安全相关的其他党内法规构成。党的十八大以来,党和国家全面加强经济安全法治体系建设,并取得了丰硕成果。其中,在经济安全法律规范体系建设方面的成果尤为突出,本节重点介绍目前我国经济安全法律规范体系的主要内容。

一、宪法中的经济安全相关条款

宪法是国家的根本法,具有最高的法律效力。全国各族人民、一切国家机关和武装力量、各政党和各社会团体、各企业事业组织,都必须以宪法为根本的活动准则,并且负有维护宪法尊严、保证宪法实施的职责。《中共中央关于全面推进依法治国若干重大问题的决定》指出,宪法是党和人民意志的集中体现,是通过科学民主程序形成的根本法。坚持依法治国首先要坚持依宪治国,坚持依法执政首先要坚持依宪执政。在我国宪法中,有很多内容都涉及经济安全,例如:

《中华人民共和国宪法》(简称《宪法》)序言规定,国家的根本任务是,沿着中国特色社会主义道路,集中力量进行社会主义现代化建设。中国人民对敌视和破坏我国社会主义制度的国内外的敌对势力和敌对分子,必须进行斗争。中国革命、建设、改革的成就是同世界人民的支持分不开的。中国的前途是同世界的前途紧密地联系在一起的。中国坚持独立自主的对外政策,坚持互相尊重主权和领土完整、互不侵犯、互不干涉内政、平等互利、和平共处的五项原则,坚持和平发展道路,坚持互利共赢开放战略,发展同各国的外交关系和经济、文化交流,推动构建人类命运共同体;坚持反对帝国主义、霸权主义、殖民主义,加强同世界各国人民的团结,支持被压迫民族和发展中国家争取和维护民族独立、发展民族经济的正义斗争,为维护世界和平和促进人类进步事业而努力。

《宪法》第一条规定,中华人民共和国是工人阶级领导的、以工农联盟为基础的人民民主专政的社会主义国家。社会主义制度是中华人民共和国的根本制度。中国共产党领导是中国特色社会主义最本质的特征。禁止任何组织或者个人破坏社会主义制度。

《宪法》第五条规定,中华人民共和国实行依法治国,建设社会主义法治国家。国家维护社会主义法制的统一和尊严。一切法律、行政法规和地方性法规都不得同宪法相抵触。一切国家机关和武装力量、各政党和各社会团体、各企业事业组织都必须遵守宪法和法律。一切违反宪法和法律的行为,必须予以追究。任何组织或者个人都不得有超越宪法和法律的特权。

《宪法》第六条规定,中华人民共和国的社会主义经济制度的基础是生产资料的社会主义公有制,即全民所有制和劳动群众集体所有制。社会主义公有制消灭人剥削人的制度,实行各尽所能、按劳分配的原则。国家在社会主义初级阶段,坚持公有制为主体、多种所有制经济共同发展的基本经济制度,坚持按劳分配为主体、多种分配方式并存的分配制度。

《宪法》第七条规定,国有经济,即社会主义全民所有制经济,是国民经济中的主导力量。国家保障国有经济的巩固和发展。

《宪法》第二十八条规定,国家维护社会秩序,镇压叛国和其他危害国家安全的犯罪活动,制裁危害社会治安、破坏社会主义经济和其他犯罪的活动,惩办和改造犯罪分子。

《宪法》第三十三条规定,凡具有中华人民共和国国籍的人都是中华人民共和国公民。中华人民共和国公民在法律面前一律平等。国家尊重和保障人权。任何公民享有宪法和法律规定的权利,同时必须履行宪法和法律规定的义务。

《宪法》第四十条规定,中华人民共和国公民的通信自由和通信秘密受法律的保护。除因国家安全或者追查刑事犯罪的需要,由公安机关或者检察机关依照法律规定的程序对通信进行检查外,任何组织或者个人不得以任何理由侵犯公民的通信自由和通信秘密。

《宪法》第五十四条规定,中华人民共和国公民有维护祖国的安全、荣誉和利益的义务,不得有危害祖国的安全、荣誉和利益的行为。

二、国家安全法中有关经济安全的基础性规定

2015年7月1日经十二届全国人大常委会十五次会议审议通过的《国家安全法》是国家安全领域的基础性、综合性法律。该法的很多内容涉及经济安全,为经济安全工作提供了基础性规范,例如:

《国家安全法》第三条规定,国家安全工作应当坚持总体国家安全观,以人民安全为宗旨,以政治安全为根本,以经济安全为基础,以军事、文化、社会安全为保障,以促进国际安全为依托,维护各领域国家安全,构建国家安全体系,走中国特色国家安全道路。

《国家安全法》第七条规定,维护国家安全,应当遵守宪法和法律,坚持社会主义法治原则,尊重和保障人权,依法保护公民的权利和自由。

《国家安全法》第八条规定,维护国家安全,应当与经济社会发展相协调。国家安全工作应当统筹内部安全和外部安全、国土安全和国民安全、传统安全和非传统安全、自身安全和共同安全。

《国家安全法》第九条规定,维护国家安全,应当坚持预防为主、标本兼治,专门工作与群众路线相结合,充分发挥专门机关和其他有关机关维护国家安全的职能作用,广泛动员公民和组织,防范、制止和依法惩治危害国家安全的行为。

《国家安全法》第十九条规定,国家维护国家基本经济制度和社会主义市场经济秩序,健全预防和化解经济安全风险的制度机制,保障关系国民经济命脉的重要行业和关键领域、重点产业、重大基础设施和重大建设项目以及其他重大经济利益安全。

《国家安全法》第二十条规定,国家健全金融宏观审慎管理和金融风险防范、处置机制,加强金融基础设施和基础能力建设,防范和化解系统性、区域性金融风险,防范和抵御外部金融风险的冲击。

《国家安全法》第二十一条规定,国家合理利用和保护资源能源,有效管控战略资源能源的开发,加强战略资源能源储备,完善资源能源运输战略通道建设和安全保护措施,加强国际资源能源合作,全面提升应急保障能力,保障经济社会发展所需的资源能源持续、可靠和有效供给。

《国家安全法》第二十二条规定,国家健全粮食安全保障体系,保护和提高粮食综合生产能力,完善粮食储备制度、流通体系和市场调控机制,健全粮

食安全预警制度,保障粮食供给和质量安全。

《国家安全法》第二十四条规定,国家加强自主创新能力建设,加快发展自主可控的战略高新技术和重要领域核心关键技术,加强知识产权的运用、保护和科技保密能力建设,保障重大技术和工程的安全。

《国家安全法》第二十五条规定,国家建设网络与信息安全保障体系,提升网络与信息安全保护能力,加强网络和信息技术的创新研究和开发应用,实现网络和信息核心技术、关键基础设施和重要领域信息系统及数据的安全可控;加强网络管理,防范、制止和依法惩治网络攻击、网络入侵、网络窃密、散布违法有害信息等网络违法犯罪行为,维护国家网络空间主权、安全和发展利益。

《国家安全法》第三十三条规定,国家依法采取必要措施,保护海外中国公民、组织和机构的安全和正当权益,保护国家的海外利益不受威胁和侵害。

三、国家安全专门法中有关经济安全的规定

(一)保守国家秘密法

1988年9月5日经七届全国人大常委会三次会议审议通过、2010年4月29日经十一届全国人大常委会十四次会议修订的《中华人民共和国保守国家秘密法》为保守国家经济秘密提供了法律依据。

该法第三条规定,国家秘密受法律保护。一切国家机关、武装力量、政党、社会团体、企业事业单位和公民都有保守国家秘密的义务。任何危害国家秘密安全的行为,都必须受到法律追究。

该法第九条规定,涉及国家安全和利益的事项,泄露后可能损害国家在政治、经济、国防、外交等领域的安全和利益的,应当确定为国家秘密,具体包括:国家事务重大决策中的秘密事项;国防建设和武装力量活动中的秘密事项;外交和外事活动中的秘密事项以及对外承担保密义务的秘密事项;国民经济和社会发展中的秘密事项;科学技术中的秘密事项;维护国家安全活动和追查刑事犯罪中的秘密事项;经国家保密行政管理部门确定的其他秘密事项。政党的秘密事项中符合规定的,属于国家秘密。

该法第十条规定,国家秘密的密级分为绝密、机密、秘密三级。绝密级国家秘密是最重要的国家秘密,泄露会使国家安全和利益遭受特别严重的损害;机密级国家秘密是重要的国家秘密,泄露会使国家安全和利益遭受严重

的损害;秘密级国家秘密是一般的国家秘密,泄露会使国家安全和利益遭受损害。

该法第四十八条规定,违反本法规定,有下列行为之一的,依法给予处分;构成犯罪的,依法追究刑事责任:非法获取、持有国家秘密载体的;买卖、转送或者私自销毁国家秘密载体的;通过普通邮政、快递等无保密措施的渠道传递国家秘密载体的;邮寄、托运国家秘密载体出境,或者未经有关主管部门批准,携带、传递国家秘密载体出境的;非法复制、记录、存储国家秘密的;在私人交往和通信中涉及国家秘密的;在互联网及其他公共信息网络或者未采取保密措施的有线和无线通信中传递国家秘密的;将涉密计算机、涉密存储设备接入互联网及其他公共信息网络的;在未采取防护措施的情况下,在涉密信息系统与互联网及其他公共信息网络之间进行信息交换的;使用非涉密计算机、非涉密存储设备存储、处理国家秘密信息的;擅自卸载、修改涉密信息系统的安全技术程序、管理程序的;将未经安全技术处理的退出使用的涉密计算机、涉密存储设备赠送、出售、丢弃或者改作其他用途的。

(二) 戒严法

1996年3月1日经八届全国人大常委会十八次会议审议通过的《中华人民共和国戒严法》为应对经济安全重大危机提供了法律依据。

该法第二条规定,在发生严重危及国家的统一、安全或者社会公共安全的动乱、暴乱或者严重骚乱,不采取非常措施不足以维护社会秩序、保护人民的生命和财产安全的紧急状态时,国家可以决定实行戒严。

该法第三条规定,全国或者个别省、自治区、直辖市的戒严,由国务院提请全国人民代表大会常务委员会决定;中华人民共和国主席根据全国人民代表大会常务委员会的决定,发布戒严令。省、自治区、直辖市的范围内部分地区的戒严,由国务院决定,国务院总理发布戒严令。

该法第四条至第七条规定,戒严期间,为保证戒严的实施和维护社会治安秩序,国家可以依照本法在戒严地区内,对宪法、法律规定的公民权利和自由的行使作出特别规定。戒严地区内的人民政府应当依照本法采取必要的措施,尽快恢复正常社会秩序,保障人民的生命和财产安全以及基本生活必需品的供应。戒严地区内的一切组织和个人,必须严格遵守戒严令和实施戒严令的规定,积极协助人民政府恢复正常社会秩序。国家对遵守戒严令和实施戒严令的规定的组织和个人,采取有效措施保护其合法权益不受侵犯。

(三) 突发事件应对法

2007年8月30日经十届全国人大常委会二十九次会议审议通过的《突发事件应对法》为经济安全应急管理提供了法律依据。该法第三条规定，本法所称突发事件，是指突然发生，造成或者可能造成严重社会危害，需要采取应急处置措施予以应对的自然灾害、事故灾难、公共卫生事件和社会安全事件。按照社会危害程度、影响范围等因素，自然灾害、事故灾难、公共卫生事件分为特别重大、重大、较大和一般四级。2006年1月8日国务院公布的《国家突发公共事件总体应急预案》规定，社会安全事件主要包括恐怖袭击事件、经济安全事件和涉外突发事件等。

《突发事件应对法》第五十一条规定，发生突发事件，严重影响国民经济正常运行时，国务院或者国务院授权的有关主管部门可以采取保障、控制等必要的应急措施，保障人民群众的基本生活需要，最大限度地减轻突发事件的影响。

《突发事件应对法》第五十八条规定，突发事件的威胁和危害得到控制或者消除后，履行统一领导职责或者组织处置突发事件的人民政府应当停止执行依照本法规定采取的应急处置措施，同时采取或者继续实施必要措施，防止发生自然灾害、事故灾难、公共卫生事件的次生、衍生事件或者重新引发社会安全事件。

《突发事件应对法》第五十九条规定，突发事件应急处置工作结束后，履行统一领导职责的人民政府应当立即组织对突发事件造成的损失进行评估，组织受影响地区尽快恢复生产、生活、工作和社会秩序，制定恢复重建计划，并向上一级人民政府报告。受突发事件影响地区的人民政府应当及时组织和协调公安、交通、铁路、民航、邮电、建设等有关部门恢复社会治安秩序，尽快修复被损坏的交通、通信、供水、排水、供电、供气、供热等公共设施。

《突发事件应对法》第六十九条规定，发生特别重大突发事件，对人民生命财产安全、国家安全、公共安全、环境安全或者社会秩序构成重大威胁，采取本法和其他有关法律、法规、规章规定的应急处置措施不能消除或者有效控制、减轻其严重社会危害，需要进入紧急状态的，由全国人民代表大会常务委员会或者国务院依照宪法和其他有关法律规定的权限和程序决定。紧急状态期间采取的非常措施，依照有关法律规定执行或者由全国人民代表大会常务委员会另行规定。

（四）反间谍法

2014年11月1日经十二届全国人大常委会十一次会议审议通过的《中华人民共和国反间谍法》为反经济间谍提供了法律依据。该法在附则中对间谍行为进行了界定，主要包括下列行为：间谍组织及其代理人实施或者指使、资助他人实施，或者境内外机构、组织、个人与其相勾结实施的危害中华人民共和国国家安全的活动；参加间谍组织或者接受间谍组织及其代理人的任务的；间谍组织及其代理人以外的其他境外机构、组织、个人实施或者指使、资助他人实施，或者境内机构、组织、个人与其相勾结实施的窃取、刺探、收买或者非法提供国家秘密或者情报，或者策动、引诱、收买国家工作人员叛变的活动；为敌人指示攻击目标的；进行其他间谍活动的。

该法第二条规定，反间谍工作坚持中央统一领导，坚持公开工作与秘密工作相结合、专门工作与群众路线相结合、积极防御、依法惩治的原则。

该法第四条规定，中华人民共和国公民有维护国家的安全、荣誉和利益的义务，不得有危害国家的安全、荣誉和利益的行为。一切国家机关和武装力量、各政党和各社会团体及各企业事业组织，都有防范、制止间谍行为，维护国家安全的义务。

该法第五条规定，反间谍工作应当依法进行，尊重和保障人权，保障公民和组织的合法权益。

该法第六条规定，境外机构、组织、个人实施或者指使、资助他人实施的，或者境内机构、组织、个人与境外机构、组织、个人相勾结实施的危害中华人民共和国国家安全的间谍行为，都必须受到法律追究。

（五）境外非政府组织境内活动管理法

2016年4月28日由十二届全国人大常委会二十次会议审议通过的《中华人民共和国境外非政府组织境内活动管理法》为管理在我国境内活动的境外非政府组织提供了法律依据。

该法第二条规定，本法所称境外非政府组织，是指在境外合法成立的基金会、社会团体、智库机构等非营利、非政府的社会组织。

该法第五条规定，境外非政府组织在中国境内开展活动应当遵守中国法律，不得危害中国的国家统一、安全和民族团结，不得损害中国国家利益、社会公共利益和公民、法人以及其他组织的合法权益。境外非政府组织在中国境内不得从事或者资助营利性活动、政治活动，不得非法从事或者资助宗教活动。

该法第三十二条规定,中国境内任何单位和个人不得接受未登记代表机构、开展临时活动未经备案的境外非政府组织的委托、资助,代理或者变相代理境外非政府组织在中国境内开展活动。

该法第三十九条规定,境外非政府组织在中国境内开展活动,应当接受公安机关、有关部门和业务主管单位的监督管理。

该法第四十三条规定,国家安全、外交外事、财政、金融监督管理、海关、税务、外国专家等部门按照各自职责对境外非政府组织及其代表机构依法实施监督管理。

该法第四十四条规定,国务院反洗钱行政主管部门依法对境外非政府组织代表机构、中方合作单位以及接受境外非政府组织资金的中国境内单位和个人开立、使用银行账户过程中遵守反洗钱和反恐怖主义融资法律规定的情况进行监督管理。

该法第四十七条规定,境外非政府组织、境外非政府组织代表机构有下列情形之一的,由登记管理机关吊销登记证书或者取缔临时活动;尚不构成犯罪的,由设区的市级以上人民政府公安机关对直接责任人员处十五日以下拘留:煽动抗拒法律、法规实施的;非法获取国家秘密的;造谣、诽谤或者发表、传播其他有害信息,危害国家安全或者损害国家利益的;从事或者资助政治活动,非法从事或者资助宗教活动的;有其他危害国家安全、损害国家利益或者社会公共利益情形的。境外非政府组织、境外非政府组织代表机构有分裂国家、破坏国家统一、颠覆国家政权等犯罪行为的,由登记管理机关依照前款规定处罚,对直接责任人员依法追究刑事责任。

(六)国家情报法

2017年6月27日经十二届全国人大常委会二十八次会议审议通过的《中华人民共和国国家情报法》为开展经济安全情报工作提供了法律依据。

该法第二条规定,国家情报工作坚持总体国家安全观,为国家重大决策提供情报参考,为防范和化解危害国家安全的风险提供情报支持,维护国家政权、主权、统一和领土完整、人民福祉、经济社会可持续发展和国家其他重大利益。

该法第四条规定,国家情报工作坚持公开工作与秘密工作相结合、专门工作与群众路线相结合、分工负责与协作配合相结合的原则。

该法第七条规定,任何组织和公民都应当依法支持、协助和配合国家情报工作,保守所知悉的国家情报工作秘密。国家对支持、协助和配合国家情报工作的个人和组织给予保护。

该法第八条规定,国家情报工作应当依法进行,尊重和保障人权,维护个人和组织的合法权益。

该法第十一条规定,国家情报工作机构应当依法搜集和处理境外机构、组织、个人实施或者指使、资助他人实施的,或者境内外机构、组织、个人相勾结实施的危害中华人民共和国国家安全和利益行为的相关情报,为防范、制止和惩治上述行为提供情报依据或者参考。

该法第十九条规定,国家情报工作机构及其工作人员应当严格依法办事,不得超越职权、滥用职权,不得侵犯公民和组织的合法权益,不得利用职务便利为自己或者他人谋取私利,不得泄露国家秘密、商业秘密和个人信息。

(七)数据安全法

2021年6月10日经十三届全国人大常委会二十九次会议审议通过的《中华人民共和国数据安全法》为维护数据安全提供了法律依据。

该法第二条规定,在中华人民共和国境内开展数据处理活动及其安全监管,适用本法。在中华人民共和国境外开展数据处理活动,损害中华人民共和国国家安全、公共利益或者公民、组织合法权益的,依法追究法律责任。

该法第四条规定,维护数据安全,应当坚持总体国家安全观,建立健全数据安全治理体系,提高数据安全保障能力。

该法第五条规定,中央国家安全领导机构负责国家数据安全工作的决策和议事协调,研究制定、指导实施国家数据安全战略和有关重大方针政策,统筹协调国家数据安全的重大事项和重要工作,建立国家数据安全工作协调机制。

该法第十三条规定,国家统筹发展和安全,坚持以数据开发利用和产业发展促进数据安全,以数据安全保障数据开发利用和产业发展。

该法第二十一条规定,国家建立数据分类分级保护制度,根据数据在经济社会发展中的重要程度,以及一旦遭到篡改、破坏、泄露或者非法获取、非法利用,对国家安全、公共利益或者个人、组织合法权益造成的危害程度,对数据实行分类分级保护。国家数据安全工作协调机制统筹协调有关部门制定重要数据目录,加强对重要数据的保护。关系国家安全、国民经济命脉、重要民生、重大公共利益等数据属于国家核心数据,实行更加严格的管理制度。

该法第二十四条规定,国家建立数据安全审查制度,对影响或者可能影响国家安全的数据处理活动进行国家安全审查。依法作出的安全审查决定为最终决定。

(八)反外国制裁法

2021年6月10日经十三届全国人大常委会二十九次会议审议通过的《中华人民共和国反外国制裁法》为维护我国经济主权安全提供了法律依据和有力法律武器。

该法第二条规定,中华人民共和国坚持独立自主的和平外交政策,坚持互相尊重主权和领土完整、互不侵犯、互不干涉内政、平等互利、和平共处的五项原则,维护以联合国为核心的国际体系和以国际法为基础的国际秩序,发展同世界各国的友好合作,推动构建人类命运共同体。

该法第三条规定,中华人民共和国反对霸权主义和强权政治,反对任何国家以任何借口、任何方式干涉中国内政。外国国家违反国际法和国际关系基本准则,以各种借口或者依据其本国法律对我国进行遏制、打压,对我国公民、组织采取歧视性限制措施,干涉我国内政的,我国有权采取相应反制措施。

该法第四条规定,国务院有关部门可以决定将直接或者间接参与制定、决定、实施本法第三条规定的歧视性限制措施的个人、组织列入反制清单。

该法第五条规定,除根据本法第四条规定列入反制清单的个人、组织以外,国务院有关部门还可以决定对下列个人、组织采取反制措施:列入反制清单个人的配偶和直系亲属;列入反制清单组织的高级管理人员或者实际控制人;由列入反制清单个人担任高级管理人员的组织;由列入反制清单个人和组织实际控制或者参与设立、运营的组织。

该法第十三条规定,对于危害我国主权、安全、发展利益的行为,除本法规定外,有关法律、行政法规、部门规章可以规定采取其他必要的反制措施。

四、其他法律法规中的经济安全规定

(一)民法典

2020年5月28日由十三届全国人大三次会议表决通过的《中华人民共

和国民法典》中有关国家所有权的相关规定,为开展经济安全工作提供了基本法律规范。

该法第二百四十六条规定,法律规定属于国家所有的财产,属于国家所有即全民所有。国有财产由国务院代表国家行使所有权。法律另有规定的,依照其规定。

该法第二百四十七条至第二百五十九条规定,矿藏、水流、海域属于国家所有。无居民海岛属于国家所有,国务院代表国家行使无居民海岛所有权。城市的土地,属于国家所有。法律规定属于国家所有的农村和城市郊区的土地,属于国家所有。森林、山岭、草原、荒地、滩涂等自然资源,属于国家所有,但是法律规定属于集体所有的除外。法律规定属于国家所有的野生动植物资源,属于国家所有。无线电频谱资源属于国家所有。法律规定属于国家所有的文物,属于国家所有。国防资产属于国家所有。铁路、公路、电力设施、电信设施和油气管道等基础设施,依照法律规定为国家所有的,属于国家所有。国家机关对其直接支配的不动产和动产,享有占有、使用以及依照法律和国务院的有关规定处分的权利。国家举办的事业单位对其直接支配的不动产和动产,享有占有、使用以及依照法律和国务院的有关规定收益、处分的权利。国家出资的企业,由国务院、地方人民政府依照法律、行政法规规定分别代表国家履行出资人职责,享有出资人权益。国家所有的财产受法律保护,禁止任何组织或者个人侵占、哄抢、私分、截留、破坏。履行国有财产管理、监督职责的机构及其工作人员,应当依法加强对国有财产的管理、监督,促进国有财产保值增值,防止国有财产损失;滥用职权,玩忽职守,造成国有财产损失的,应当依法承担法律责任。违反国有财产管理规定,在企业改制、合并分立、关联交易等过程中,低价转让、合谋私分、擅自担保或者以其他方式造成国有财产损失的,应当依法承担法律责任。

(二)刑法

1979年7月1日由五届全国人大二次会议审议通过的《中华人民共和国刑法》为惩治涉经济安全的犯罪活动提供了基本法律依据,《中华人民共和国刑法修正案(十一)》于2021年3月1日起施行。

该法现行条款第二条规定,中华人民共和国刑法的任务,是用刑罚同一切犯罪行为作斗争,以保卫国家安全,保卫人民民主专政的政权和社会主义制度,保护国有财产和劳动群众集体所有的财产,保护公民私人所有的财产,保护公民的人身权利、民主权利和其他权利,维护社会秩序、经济秩序,保障社会主义建设事业的顺利进行。该法第二编分则第一章为危害国家安全罪、第二章为危害公共安全罪、第三章规定了破坏社会主义市场经济秩序罪、第八章涉及贪污贿赂罪、第九章是渎职罪,这些罪行的规定为维护我国的经济安全提供了全面的刑事法律依据。

(三) 其他法律法规

在维护经济安全过程中,针对实际情况,可以运用的法律手段较多,除上述法律外,相关法律还包括行政处罚法、行政许可法、行政强制法、公司法、证券法、会计法、税法、统计法、反垄断法、商业银行法、外商投资法、出口管制法、网络安全法、个人信息保护法等。

第三章 经济安全合规

"合规"一词最早起源于20世纪70年代的西方金融行业,之后随着各国监管文件的陆续出台和监管力度的不断加强,"合规"开始在各行各业被普遍重视。① 合规发展至今,已不仅是做一套简单的书面计划或是纸面的规章制度,而是在充分考虑合规计划目标的基础上,制定具体的计划。目前在我国,受到关注较多、发展相对成熟的是企业合规,对经济安全合规的研究和实践相对较少。

第一节 经济安全合规的目标

从经济安全的文义、特征以及性质来看,经济安全合规可以被理解为,为全方位保障国家的经济安全而制定的合规计划,其目的包括两个维度:一方面是从"走出去"的角度而言,随着近年来"走出去"战略的推进,企业"出海"的数量和规模剧增,这些企业做好合规工作,对国际规则以及东道国的法律、政策等方面的了解和遵守,可以维护好企业利益,避免大规模损失,这也是维护国家经济安全的重要层面,可被视为经济安全合规的一个维度;另一方面,从"引进来"的角度而言,随着我国对国际经济的参与度增强,对外持续开放,外资持续入场,在保障国家经济安全和扩大开放引进外资方面需要统筹平衡。② 这个语境下的经济安全合规工作,就主要包括通过落实外商投资安全审查工作,来确保国家经济安全。经济安全合规计划的制定,应当从能够影响国家经济安全的具体层面和事件出发,在个案中做出专项合规计划。

---

① 潘永健、洪馨:《合规的四个基本问题》,http://www.llinkslaw.com/uploadfile/publication/39_1544600457.pdf,2021年11月30日访问。
② 马相东、杨丽花:《统筹对外资开放和国家经济安全:国际经验与中国路径》,载《中国流通经济》2021年第9期。

第二节 经济安全合规的具体路径

下文将从"走出去"和"引进来"两个层面,通过讨论具体事项,来阐释经济安全合规路径。

一、企业"走出去"的经济安全合规

近年来,说到中国企业"走出去"合规的典型例子,则不得不提 2018 年的"中兴通讯贸易合规案"。

1. "中兴通讯贸易合规案"始末

自 2012 年起,美国政府就开始关注中兴通讯股份有限公司(简称"中兴通讯"),此时中兴通讯是我国第一家正式推出 4G LTE 智能手机的生产商。美国商务部早在 2012 年就已经开始针对中兴通讯未经授权向伊朗出口、违反美国对伊朗的贸易制裁规定展开调查。2016 年 3 月 7 日,美国商务部官方网站披露了其调查员获取的中兴通讯内部文件,以中兴通讯"违反美国出口限制法规"为由,对其采取限制出口措施。2016 年 4 月 5 日,中兴通讯三位高管 CEO 以离职换取美国商务部对公司解除出口限制。

2017 年 3 月 8 日,中兴通讯召开董事会公开宣布中兴通讯已就美国商务部工业与安全局(BIS)、美国司法部(DOJ)及美国财政部海外资产管理办公室(OFAC)对中兴通讯遵循美国《出口管制条例》(EAR)及美国制裁法律情况的调查达成协议。鉴于中兴通讯违反了美国出口管制法律,并在调查过程中因提供信息及其他行为违反了相关美国法律法规,中兴通讯已同意认罪并支付超过 8.9 亿美元罚款。此外,BIS 还对中兴通讯处以暂缓执行 3 亿美元罚款,在中兴通讯于七年暂缓期内履行与 BIS 达成的协议要求的事项后将被豁免支付。中兴通讯与 OFAC 达成的协议签署即生效,中兴与 DOJ 达成的协议在获得得克萨斯州北区美国地方法院(简称"法院")的批准后生效,法院批准中兴通讯与 DOJ 达成的协议是 BIS 发布和解令的先决条件。在中兴通讯与 DOJ 达成的协议获得法院批准、中兴通讯认罪及 BIS 助理部长签署和解令后,BIS 会建议将中兴通讯从实体名单中移除。

除此之外,协议还包括以下内容:其一,中兴通讯与 DOJ 达成的协议设置三年观察期,在观察期内,美国政府批准任命的独立合规督察员将监督中兴通讯遵循美国出口管制法律及履行协议义务的情况,并出具年度报告。在上述观察期届满之后三年,根据中兴通讯与 BIS 达成的协议,中兴通讯将聘请独立合规的审计员对中兴通讯遵循美国出口管制法律及履行协议义务的情况出具年度审计报告;其二,根据中兴通讯与 BIS 达成的协议,BIS 将做出为期七年的拒绝令,包括限制及禁止中兴通讯申请、使用任何许可证,或购买、出售美国出口的受 EAR 约束的任何物品等事项,但在中兴通讯遵循协议要求事项的前提下,上述拒绝令将被暂缓执行,并在七年暂缓期届满后予以解除;其三,中兴通讯将为管理层及雇员、子公司及中兴通讯所有或控制的其他实体的管理层及雇员提供广泛的出口管制培训。①

BIS 认定中兴通讯的"违法"事实包括:其一,从 2010 年 1 月起到 2016 年 4 月,中兴通讯采用美国原产的设备和软件在伊朗供应、建造,以及服务伊朗的大型电信网络。此外,中兴通讯还涉嫌将受管制的物品运输到朝鲜,包括路由器、微处理器以及因涉及国家安全、加密、区域安全或反恐怖主义而受 EAR 管制的服务器产品,数量多达 283 批。其二,中兴通信在明知"违法"的情况下,实施虚假陈述和销毁数据文件等行为阻碍调查。

2. "中兴通讯贸易合规案"对经济安全合规的启示

此案很好地说明了中国企业在"走出去"的过程中,应当重视合规,尤其应当把东道国的特殊法律和规定作为合规中的重点。中兴通讯作为我国该行业内的翘楚,其经营安全也是国家经济安全的一个层面。因此,企业在海外经营应当尤其注意东道国的贸易管制、国家安全审查、行业监管、外汇管理、反垄断、反洗钱、反恐怖融资等方面的具体要求。以本案为例,就本案而言,美国的制裁与出口管制法律是被我国企业忽略的合规重点,因此导致了巨额经济损失。

---

① 刘俊霞:《"中兴事件"视角下美国贸易出口管制及风险防范》,载《对外经贸实务》2018 年第 11 期;肖志刚:《中国涉美企业建立贸易合规体系迫在眉睫——以"中兴在美国贸易合规案"为背景》,http://www.east-concord.com/zygd/Article/201711/ArticleContent_520.html,2021 年 11 月 30 日访问;潘永建、黄凯:《简评中兴通讯与美国政府和解案》,http://www.llinkslaw.com/uploadfile/publication/35_1489370793.pdf,2021 年 11 月 30 日访问;《从中兴案了解美国制裁与出口管制法律》,https://www.beneschlaw.com/images/content/2/4/2406/Simsun.pdf,2021 年 11 月 30 日访问。

本案中涉及的美国制裁和出口管制的法律如表 3-1 所示：①

表 3-1 "中兴通讯贸易合规案"中涉及的美国制裁和出口管制法律法规

法规名称	主要执行机构	主要内容
《出口管理条例》（EAR）	商务部工业与安全局（BIS）	① 由工业与安全局实施；② 规定哪些产品（硬件、软件、技术）受到限制；③ 限制产品的用途，如用于核扩散、恐怖活动；④ 限制产品的最终用户，如不得销售给受制裁主体；⑤ 对产品的出口、再出口进行控制
各种制裁法案	财政部海外资产管理办公室（OFAC）	规定对受制裁主体的制裁措施，通常是：① 冻结资产；② 禁止美国人与其交易；③ 禁止入境
《国际武器交易规则》（ITAR）	国防技术安全局（DTSA）	① 规范武器出口
防扩散制裁法案总统令	国务院、财政部	① 防止核扩散；② 总统令主要是要求国务院或者财政部执行具体的事务

美国制裁和出口管制法律适用的对象十分广泛。根据 EAR 的规定，在特定情况下，条例是具有域外效力的，适用于美国以外的第三国出口商向受制裁国家出口的行为，而这一点正是中兴通讯合规时所忽略的重要问题。这些特定情况主要包括：在美国制造的相关产品；美国产品作为零部件或原材料被外国制造的产品所使用，并且成分超过一定比例；外国产品在生产过程中采用了美国技术或软件；虽然是在美国境外的公司，但生产外国产品的工厂是使用了美国技术或软件所建成的。可见，无论出口商所在的是哪个国家，只要与美国有母公司和子公司的关系，均属于其管制范围，这意味着只要企业涉嫌违反最终用途和最终用户的限制性规定，那么与此相关的企业和个人就属于美国出口管制的范围。②

若违反相关法律，则涉事主体一般会面临如表 3-2 所示的风险：③

---

① 肖志刚：《中国涉美企业建立贸易合规体系迫在眉睫——以"中兴在美国贸易合规案"为背景》，http://www.east-concord.com/zygd/Article/201711/ArticleContent_520.html，2021 年 11 月 30 日访问。
② 刘俊霞：《"中兴事件"视角下美国贸易出口管制及风险防范》，载《对外经贸实务》2018 年第 11 期。
③ 同上。

表 3-2　主要风险列表

风险种类	具体适用情形
行政处罚风险	违反美国出口管制相关法律,企业将首先面临行政机关或行政主体依法定职权和程序所进行的行政制裁的行为。通常会涉及高额罚款、没收拟出口货物、冻结资产、限制出口权利等。如果企业丧失出口权利,将导致企业无法正常运营,丧失国际市场份额。
经济和法律风险	中兴通讯受到美国重罚的事件一定程度上反映了美国执法的严厉性。在国际贸易中,任何规避美国出口管制以及其他贸易规定的违法违规行为,都将给企业带来严重的经济风险和法律后果。由于不同国家和地区的当事人对对方国家的法律程序和法律意识的理解存在差异(事实上美国对中兴通讯的调查早在2012年就已经启动,但公司领导对于贸易管制合规不了解,没有采取应对措施),因此一旦发生或出现了违规现象,如果不能从根本上有效进行解决,会对企业造成巨大的直接与间接损失。
政治与外交风险	国家间的经贸关系在不同时期因多方面原因存在较大的不稳定性。此次中兴事件在中美经贸关系较紧张的前提下被美国政府重提,有观点认为这会使中美关系进入恶性循环,甚至标志着"中美科技冷战"时代的开始。美国的监管者不断阻止中国的技术企业集团并购美国公司,高科技领域成为两国斗争的主要领域,美国对中国充满疑虑,紧张关系不断升级。

中兴通讯被制裁以后,公司重建合规管理体系,并在此方面做出一系列努力。在合规文化建设、合规培训、合规风险评估、流程制度建设、专业能力提升等若干个方面推进公司的合规管理。[①] "中兴通讯贸易合规案"为我们提供了一个鲜活的例子,证明企业在"出海"的过程中所遭受的巨额损失,也是国家经济安全的负面影响因素。随着世界贸易格局不断演化,目前世界主要国家加快了出口管制、经济制裁、海外反腐败等相关方面的立法、执法等行动步伐。例如,2021年4月,美国参议院外交关系委员会通过了《2021年战略竞争法》,并提交至参议院表决。该法案在正式生效后,由美国国务卿与美国商务部部长、美国贸易代表以及美国国家情报总监协调编制了一份"侵犯知识产权者名单"(Intellectual Property Violators List),其中列明了因损害美国企业知识产权的侵权行为而获益,或者因非自愿或强迫转让知识产权技术的行为或政府政策而获益的中国国有企业。《2021年战略竞争法》被视为美国"在权力、政治、外交、经

---

① 陈瑞华:《企业合规基本理论(第二版)》,法律出版社2021年版。

济、创新、军事甚至文化等各个层面迎接中国挑战的一系列立法活动之一"①。因此,中国企业在"走出去"经营时,在维护国家经济安全方面,应当关注东道国法律法规以及政策的变化。尤其是在现今贸易保护主义有抬头趋势的背景下,应当将国家经济安全纳入企业合规具体方案的制定中。

3. 中概股之危:以美国《外国公司问责法案》为例

2020年5月,美国参议院通过了《外国公司问责法案》(Holding Foreign Companies Accountable Act,HFCAA),要求所有在美全国性证券交易所或受美国证监会(Securities and Exchange Commission,SEC)监管的交易场所交易证券的外国发行人,必须确保为其出具审计报告的会计机构能接受美国公众公司会计监督委员会(Public Company Accounting Oversight Board, PCAOB)的全面监督检查。同年12月,美国众议院表决通过该法案,时任美国总统特朗普正式签署该法案,作为《萨班斯—奥克斯利法案》(Sarbanes-Oxley Act,简称"萨班斯法案")的修正案。美国的这一立法动作被认为矛头直指中国概念股(简称"中概股"),引发中美金融脱钩的担忧,引起广泛关注。该法案的出台并非偶然,背后叠加了多种因素的考量。HFCAA的起源可追溯到2003年,美国在"安然事件"后设立了PCAOB,负责对上市公司的审计机构进行监管。2011年,在美国上市的中国软件企业东南融通②由于涉嫌财务造假,被退市并宣布解散。"东南融通事件"引发了当时的中概股诚信危机,美方希望把对在美国上市的中概股公司进行审计的中国审计机构也纳入PCAOB的监管之下,包括有权获得这些机构的审计工作底稿和对其进行现场检查。

2012年中概股危机之后,中美两国曾就财务造假联合监管问题进行过反复讨论和磋商,中国证监会和财政部还在2013年与PCAOB签署了执法合作备忘录。此后,尽管中概股诚信危机看似缓解,京东、阿里巴巴等企业在美陆续顺利上市并陆续提供了十多家在美上市中国企业的审计底稿,但并未达到

---

① 《合规资讯速递——企业境外经营相关出口管制、制裁及对等措施》,http://www.junzejun.com/Publications/153853af3635f8-0.html,2021年11月30日访问。

② 东南融通是一家注册地在开曼群岛、办公地点设在中国香港和厦门的软件服务类公司,主要为中国境内的金融机构(包括银行、保险、基金、证券等)以及大型企业财务公司提供整体解决方案和软件产品。其业务涵盖规划咨询、软件开发实施、技术服务、IT外包与运营服务、系统集成及系统维护服务等。2007年10月该公司在美国纽约证券交易所上市。2011年8月31日,因涉嫌财务造假,东南融通退市并宣布解散。

美方希望达到的监管效果。① 在"瑞幸事件"②等的催化下,中概股财务诚信危机又一次发酵成为舆论焦点。

实际上,瑞幸等中概股财务诚信危机仅是法案出台的表面诱因,其背后反映的则是中美两国长达十余年的对跨境审计与监管的讨论和博弈。放在更宏观的语境下,法案的落地与我国的逐渐崛起、中美战略与经济地位的微妙变化、美国对华战略的调整,以及特朗普上台执政以后"美国优先"和"逆全球化"等思潮的发展都有着千丝万缕的联系。近年来,美国极力推崇美式"国家安全观",试图通过种种经济、贸易政策对华进行打压,包括提高关税、严管外国投资、限制中国科技企业发展等,HFCAA 则被视为一个典型例证。③ 该法案或成为美国实施长臂管辖的新工具,跨境审计与监管的方式,可能对我国的经济安全造成影响,值得警惕。④

(1) HFCAA 的主要内容和影响

2021 年 12 月 2 日,美国证券交易委员会公布了 HFCAA 的最终实施规则(简称"最终规则"),确定了目标公司最终的信息提交与披露的实施细则,标志着 HFCAA 从规则出台进入执行阶段。HFCAA 旨在解决在美国上市的中概股公司因为中国法律的规定不符合美国关于审计检查的相关要求这一问题,最终规则适用于被美国证监会识别的特定上市公司(简称"被识别公司")。根据最终规则的相关规定,这类被识别公司通常指其年度报告中所包含的审计报告是由位于外国司法管辖区的会计师事务所出具,且 PCAOB 无法对该会计师事务所进行检查或调查的公司。此外,PCAOB 还须认定上述无法完全检查或调查是由于该司法辖区的政府机构的立场及监管态度造成的。

根据最终规则,被识别公司须在其每年年报递交截止日期前向 SEC 递交书面声明以证明其不受审计师事务所所在地政府控制。此外,被识别公司还应当在年报中披露以下信息:在过去一年中,其审计师事务所因所在地政府立场而无法受到 PCAOB 的检查或调查;由所在地政府实体持有的股份比例;

---

① 《〈外国公司问责法案〉对中概股影响的分类分析》,载 https://opinion.caixin.com/2020-05-29/101560590.html,2021 年 11 月 30 日访问。

② 2020 年 4 月,瑞幸承认公司在 2019 年二季度至四季度期间的财务报表虚增 22 亿人民币交易额,消息公布后,瑞幸在美股价大跌 80%。同年 6 月,瑞幸在纳斯达克停牌并进行退市备案。

③ 马更新、郑英龙、程乐:《〈外国公司问责法案〉的美式"安全观"及中国应对方案》,载《商业经济与管理》2020 年第 9 期。

④ 《美〈外国公司问责法案〉落地在即,专家:为美长臂管辖提供新工具》,https://news.sina.com.cn/c/2021-12-04/doc-ikyamrmy6851094.shtml,2021 年 11 月 30 日访问。

所在地政府是否对公司享有控制性的财务利益;其他有关与所在地政府及政党间关系的信息。

此外,SEC 特别强调,公司不得利用可变利益实体(Variable Interest Entities,VIE)结构来规避上述披露要求。披露要求中提及的公司不仅包括公司直接持有的子公司,也包括其通过 VIE 架构控制的实体。最终规则还明确规定,上述披露要求适用于公司被认定为被识别公司期间的每一年度。例如,对于一家在 2022 年年初发布其 2021 年度年报的公司而言,若 SEC 基于该年报将其认定为被识别公司,则该公司必须在下一份将于 2023 年年初发布的 2022 年度年报中履行相关披露要求。

根据最终规则,SEC 将在某公司被连续三年认定为被识别公司后,颁布禁令禁止其证券在任何美国交易所或场外市场进行交易。但被首次施加禁令的公司,可在满足以下两个条件时向 SEC 申请撤销禁令:该公司已经聘用能接受 PCAOB 审查的审计师事务所,并且公司已经公开披露至少一份含有经该审计师事务所审计及签署的财务报告。

但是,HFCAA 对被识别公司的审计披露规定却与中国法律相违背,给中概股公司带来退市危机。根据中国法律的规定,特定档案及其复制品必须保存在中国境内,如需出境须经审批。同时,《中华人民共和国证券法》还规定,境外证券监督管理机构不得在中国境内直接进行调查取证等活动;未经国务院证券监督管理机构和有关主管部门同意,任何单位和个人不得擅自向境外提供与证券业务活动有关的文件和资料。因此,在现行 HFCAA 的监管规定之下,如果中美之间无法就 PCAOB 审查机制形成合作,则中概股将可能面临退市并且不能在任何美国交易所和场所交易的后果。具体而言,首批被识别公司名单被公布的时间不会早于 2022 年中概股公司陆续递交其 2021 年度年报时,连续三年被认定为被识别公司后,中概股可能会被发布强制交易禁令。

(2) 中概股该如何应对?

HFCAA 及其实施细则本身并不禁止中概股赴美上市,但审计披露等要求给中概股在美国资本市场的发展前景蒙上阴影。截止至 2022 年 3 月,已有百济神州、百胜中国、再鼎医药、盛美半导体以及和黄医药五家中概股公司被认定为被识别公司,这五家公司的股价以及整体中概股均应声大跌。

不难发现,HFCAA 及实施细则的出台对经济安全合规提出了新要求。如何面对 SEC 跨境审计执法,避免进入被识别公司名单,成为众多意欲赴境外尤其是赴美国上市融资的中国公司合规的新重点。对于已在美国上市的中概股公司而言,赴港二次上市成为一个现实的选择。尤其是2018年香港联交所开始允许"同股不同权"治理架构的发行人上市以来,香港证监部门不断加快本地资本市场更加自由化、市场化的规制改革节奏,港股市场二次上市对于目前在美上市的中概股来说既有可行性也有吸引力。①

实际上,审计跨境执法并不鲜见。PCAOB在审计跨境执法领域,已与二十多个国家和地区签订了正式的跨境监管合作协议。据2020年12月PCAOB的统计,其目前无法检查的会计师事务所主要在中国、比利时以及合作协议到期后尚未与PCAOB达成续签的法国,共涉及247家上市公司,②比利时和法国已经公开表示希望尽快达成双边合作安排,允许PCAOB在比利时开展审计检查,并在法国继续开展检查。因此,PCAOB在全球主要市场范围内所面临的跨境审计执法困难集中于中国。③中美跨境审计执法合作出现僵局的主要原因是,外国监管机构入境中国进行执法管辖涉及中国的国家主权、国家安全、国家秘密等敏感议题。而这实际上也是所有在美国上市的境外发行人审计师所在地的监管当局所共同关切的议题。④例如,在PCAOB和英国、德国、日本对口监管机构签订的合作协议文本中,都会把保密信息的确定、传输和保密事项作为重点条款纳入。⑤

在中美双方未就跨境审计监管合作进一步磋商并达成新协定之前,中概股在美上市危机还有一项关键的应对策略,即健全上市会计法律合规的相关制度,完善会计审计组织架构,强化和细化法律合规部门架构建设。在法务部门的基础上探索建立金融证券、反垄断、知识产权、海外业务等独立的法务团队或部门,健全合规体系。此外,强化制度实施刚性约束,确保会计审计部门和法务部门的独立性,以及会计审计部门和法务部门对业务部门的监督,严格规制关联交易和财务造假等行为,都可以实现对会计审计制度和法律合

---

① 冷静:《超越审计纠纷:中概股危机何解?》,载《中国法律评论》2021年第1期。
② Public Companies that are Audit Clients of PCAOB-Registered Firms from Non-U. S. Jurisdictions where thePCAOB is Denied Access to Conduct Inspections",https://pcaobus.org/oversight/international/denied-access-toinspections,2022年3月25日访问。
③ 岳跃:《跨境审计分歧持续:美方不满4月方案,中方再提8月方案》,https://finance.caixin.com/2020-08-12/101591793.html,2022年3月25日访问。
④ 冷静:《超越审计纠纷:中概股危机何解?》,载《中国法律评论》2021年第1期。
⑤ 同上。

规制度的刚性约束效力。①

二、外资"引进来"的经济安全合规

我国对外资开放 40 多年,历经了"地域扩大和产业差异化引入—加速推进和调整优化—负面清单持续缩减"三大阶段,已经成为全球对外资开放程度最高的国家之一。②统筹好发展和安全两件大事,既是改革开放以来我国经济行稳致远的宝贵经验,也是"十四五"时期乃至 2035 年我国经济社会发展的基本指导思想。③

外资安全审查是外资"引进来"的经济安全合规中的重要措施。无论是从起源还是发展的过程来看,外资安全审查与国家经济安全之间都存在着十分密切的相关性。外资安全审查制度的起源与发展与国际政治环境以及国际关系变化关系重大。早在第一次世界大战期间,美国就十分警惕欧洲国家在美国境内的投资,不希望他国因为投资盈利而增加作战能力。1917 年,美国国会通过了《与敌贸易法》,授予总统阻止敌对国家投资并购本国企业的交易行为,其目的就是维护国家安全,这一法案被普遍认为是当前在发达国家盛行的外资安全审查制度的萌芽。此后的几十年里,美国通过一系列法律建立相关机构,形成了最早的外资安全审查制度。④ 除美国之外,英国、德国以及日本等发达国家也在 20 世纪相继出台相关法律,成立相关部门,形成各自的外资安全审查体系,保障国家经济安全。⑤

就我国而言,对外资安全审查这一问题的关注在进入 21 世纪后逐渐增加。2002 年的《指导外商投资方向规定》是最早提及"国家安全"的外资政策文件。国务院办公厅在 2011 年公布的《关于建立外国投资者并购境内企业安全审查制度的通知》(简称《2011 年并购安审制度》)是我国第一个正式的针对外国收购中国公司的安全审查制度。此后,我国在 2015 年颁布的《国家安全

---

① 范黎波、张昕:《美国〈外国公司问责法案〉的影响及应对》,载《开放导报》2021 年第 5 期。
② 马相东、杨丽花:《统筹对外资开放和国家经济安全:国际经验与中国路径》,载《中国流通经济》2021 年第 9 期。
③ 同上。
④ 赵蓓文:《全球外资安全审查新趋势及其对中国的影响》,载《世界经济研究》2020 年第 6 期。
⑤ 胡子南、吕静:《英法德三国外商直接投资国家安全审查制度比较研究》,载《德国研究》2020 年第 3 期;陈云东、冯纯纯:《美国外国投资国家安全审查制度解析与应对》,载《湖南科技大学学报(社会科学版)》2018 年第 3 期;郑霄鹏:《中国外资安全审查的路径选择——基于国际外资安全审查的比较》,载《中国外资》2015 年第 11 期。

法》《自由贸易试验区外商投资准入特别管理措施(负面清单)》(简称《负面清单》)以及《自由贸易试验区外商投资国家安全审查试行办法》(简称《2015年自贸区安审办法》)这3项法令中,均有关于外资"国家安全"的内容。2019年,我国颁布修改后的《中华人民共和国外商投资法》(简称《外商投资法》),直接在条文中使用"国家安全"这一概念,但仅对外资安全审查制度做出原则性规定。2021年,我国正式施行《外商投资安全审查办法》(简称《2021年安审办法》),具体规定了适用安全审查的外商投资类型、审查机构、审查范围、审查程序、审查决定监督执行和违规处理等,是完善我国外资安全审查制度的重要一步。

1. 外资安全审查的范围

根据《2021年安审办法》的规定,对以下范围内的外商投资需要进行安全审查:一是投资军工、军工配套等关系国防安全的领域,以及在军事设施和军工设施周边地域投资;二是投资关系国家安全的重要农产品、重要能源和资源、重大装备制造、重要基础设施、重要运输服务、重要文化产品与服务、重要信息技术和互联网产品与服务、重要金融服务、关键技术以及其他重要领域,并取得所投资企业的实际控制权。

相关政策文件规定的外资安全审查的范围对比,如表3-3所示:[①]

表3-3 外资安全审查范围对比

《2021年安审办法》	《2015年自贸区安审办法》	《2011年并购安审制度》
投资军工、军工配套等关系国防安全的领域,以及在重点、敏感军事设施和军工设施周边地域投资;投资关系国家安全的重要农产品、重要能源和资源、重大装备制造、重要基础设施、重要运输服务、重要文化产品与服务、重要信息技术和互联网产品与服务、重要金融服务、关键技术以及其他重要领域,并取得所投资企业的实际控制权。	外国投资者在自贸试验区内投资军工、军工配套和其他关系国防安全的领域,以及重点、敏感军事设施周边地域;外国投资者在自贸试验区内投资关系国家安全的重要农产品、重要能源和资源、重要基础设施、重要运输服务、重要文化、重要信息技术产品和服务、关键技术、重大装备制造等领域,并取得所投资企业的实际控制权。	外国投资者并购境内军工及军工配套企业,重点、敏感军事设施周边企业,以及关系国防安全的其他单位;外国投资者并购境内关系国家安全的重要农产品、重要能源和资源、重要基础设施、重要运输服务、关键技术、重大装备制造等企业,且实际控制权可能被外国投资者取得。

---

① 魏瑛玲、杨晨:《简评〈外商投资安全审查办法〉》,http://www.junhe.com/legal-updates/1361,2021年11月30日访问。

从表3-3可以看出,《2021年安审办法》规定的应进行国家安全审查的范围较之前有所增加,是我国促进外商投资,扩大开放,同时合理科学管理外商投资,保障国家安全的重要制度建设的重要措施。

2. 外资安全审查的程序和时限

相较于此前的政策文件,《2021年安审办法》最显著的变化是简化并明确了安全审查的程序和时限。第一,简化安全审查阶段,删除了需报国务院处理的情形。第二,明确并简化安全审查程序各阶段的时限。在初步审查阶段,在收到符合申报要求的材料之日起15个工作日内,决定是否启动安全审查;在一般审查阶段,在启动审查之日起30个工作日内做出通过审查的决定,或进入下一阶段审查;第三阶段是为期60个工作日的特别审查,这一阶段不是必经程序,只有未通过一般审查的外商投资才会进入特别审查,特殊情况下,可能延长特别审查时限。

3. 进一步兼顾对外开放与维护国家经济安全

持续放宽外资市场准入,引导外资更好融入国民经济循环,是我国"十四五"商务发展规划的一项重要任务。统筹好开放发展和经济安全,必须加快建设更高水平开放型经济新体制。全面提高对外开放水平,推进贸易和投资自由化便利化,持续深化商品和要素流动型开放,构建与国际通行规则相衔接的制度体系和监管模式,稳步拓展规则、规制、管理、标准等制度型开放。[①] 尤其在2020年新冠疫情暴发以后,许多国家和地区的投资贸易活动受到冲击,全球外资安全审查趋严,部分国家和地区出台了新政策。在这种外部环境下,我国应当在不断提高自身抗风险能力,进一步扩大对外开放,兼顾统筹对外开放和维护国家经济安全的平衡,探索适合我国当下国情和当今国际环境的路径。

第三节 经济安全合规的域外比较: 以美国的外资安全审查为例

如前文所述,外资安全审查机制并非一个新鲜事物,一个国家外资安全审查制度的产生与发展与国际环境以及国家所处发展阶段有着密切关系。

---

① 马相东:《统筹好开放发展和经济安全》,载《人民日报》2021年10月12日第9版。

尽管西方发达国家长期以来以开放的姿态面对外资的进入,但近年来国际环境的变化,以及贸易保护主义、反全球化等思潮的兴起,谨慎对待外资、收紧安全审查也可能成为未来一段时间的发展趋势。①尤其是在2020年新冠疫情暴发以后,全球产业链分工体系发生战略性收缩,进而导致各国更加重视国家安全。②

作为传统意义上的大国,美国一直以实行自由开放的国际投资政策自居,外商投资是促成美国经济繁荣的重要因素之一。但同时,美国也是最早对外资安全审查进行立法的国家。第一次世界大战至今,美国创设并不断调整国家外资安全审查制度,试图在"对外开放"和"国家安全"之间寻求适当平衡。美国的外资国家安全审查制度始于军事考量,但随着之后意识形态、经济竞争等"非传统安全"因素的引入和交织不断调整,经历了一个从无到有、逐步强化的发展过程。③

一、美国外资安全审查立法

自美国于2007年通过《外国投资与国家安全法》(Foreign Investment and National Security Act of 2007,简称"FINSA")以及2008年颁布实施《外国人合并、收购、接管条例》(简称"2008年条例")以来,中国赴美投资遭遇美国外国投资委员会(Committee on Foreign Investment in the United States,CFIUS)审查的案件数量已从2005年的1件,占美国当年国家安全审查案件总量的1.56%,猛增至2015年的29件,占美国当年国家安全审查案件总量的27.36%。④

2018年,美国出台《外国投资风险审查现代化法案》(The Foreign Investment Risk Review Modernization Act,FIRRMA),目的是对涉及美国国家安全的外商投资活动加大审查力度。FIRRMA是特朗普政府基于美国国内的经济运作状况和国际投资环境的深刻变化做出的回应,是对美国原有外资安全审查制度的又一次重大变革。FIRRMA进一步扩大了CFIUS的审查范

---

① 张宇燕:《全球投资安全审查趋紧,国际投资格局面临重构》,载《国际金融研究》2019年第1期。
② 赵蓓文:《全球外资安全审查新趋势及其对中国的影响》,载《世界经济研究》2020年第6期。
③ 陈妙、刘勇:《美国外资并购国家安全审查的制度演变、实施特征与应对策略研究》,载刘志云主编:《国际关系与国际法学刊》,厦门大学出版社2020年版。
④ CFIUS Annual Report to Congress,Report Period: CY 2015, p.17.

围、审查权限和人员编制,增加了危害国家安全的考虑因素,增强了重启审查权和新增中止交易权,从而使 CFIUS 监管权前所未有地得到扩大。

二、FIRRMA 对外资安全审查的主要影响

与 FINSA 相比,FIRRMA 呈现出审查对象范围的扩张、审查主体权限的扩大和审查程序的复杂化、严苛化等特点。[①] 2020 年 3 月,FIRRMA 实施细则的出台进一步完善了美国外资安全审查的体系,意味着美国对外资"强监管"时代的正式开始。FIRMMA 实施细则在外资审查范围、强制申报、审查时限等方面做出一系列重要调整和详细规定,体现出了美国在推动外资国家安全审查"现代化"方面的发展取向,主要特点如下:

第一,审查范围更宽泛。CFIUS 以往仅对可能导致外国人实际控制美国企业业务的交易具有管辖权,而"控制"的重要标准一般是外资持股 10% 以上。FIRRMA 实施细则并非只将"控制"的标准局限于持股,它允许 CFIUS 对涉及关键技术、关键基础设施或敏感个人数据业务的美国企业的非控制性外国投资开展审查。

第二,审查对象更明确。FIRRMA 实施细则明确列举了对非控制性投资应纳入审查范围的四类特定领域。一是关键技术,包括被列入《弹药出口清单》《商业管制清单》等法规的关系国家安全的导弹技术、核技术和军民两用技术等,以及《2018 年出口管制改革法案》所规定的新兴和基础技术,FIRRMA 实施细则还详细列举了须审查的 27 个敏感行业。二是关键基础设施,共涉及 28 类设施系统,包括美国企业拥有、运营、制造、供应或服务的重要信息系统和行业支撑控制系统,如卫星系统、电信设施、油气存储和管线系统、金融基础设施、公共供水系统等。三是敏感个人数据,共涉及 11 项,包括企业直接或间接收集维护的可能被外国投资者以威胁国家安全的方式加以利用的美国公民信息,包括金融数据、位置信息、健康数据、基因检测资料、通信数据、政府人员信息等。四是军事等特定设施(枢纽机场、战略海港、军事设施、政府机构等)周边的房地产,其附录中分类列出了有关设施的详细清单,约 200 处。

第三,申报要求更严格,首次增加"强制申报"要求。一直以来,美国外资

[①] 陈良奎、简基松、杨昕:《西方国家外资审查制度的"逆全球化"趋势及中国的对策》,载《决策与信息》2021 年第 7 期。

安全审查都是企业自愿申报。FIRRMA 实施细则规定了实行强制申报的情形：一是外国政府在交易中直接或间接获得"重大利益"的，即外国投资者在美企业中直接或间接拥有 25% 或以上的表决权，且外国政府直接或间接拥有该外国投资者 49% 或以上的表决权；二是投资"CFIUS 关键技术试点计划"范围内业务的美国企业，包括核能发电、半导体和生物技术等敏感领域的设计、研发和制造企业。

第四，审查程序更烦琐，延长审查程序时限、授权收取申报费用及罚款。FIRRMA 实施细则保留了 CFIUS 以往审查程序的核心部分，并给予 CFIUS 更多用于审查的时间。在审查费用方面，规定 CFIUS 可收取申报审查的投资项目交易额的 1% 作为申报费，上限 30 万美元。在罚款方面，明确 CFIUS 可以对违反投资审查规定的当事方处以罚款，如在申报材料中发生重大遗漏、作出错误或虚假陈述的，可处以最高 25 万美元的民事罚款；未能遵守强制性申报程序的，可处以最高 25 万美元或同等交易额的民事罚款。

第五，审查权限进一步扩大，审查政治化趋势明显。基于 FIRRMA 实施细则的出台，CFIUS 实现有史以来最大规模扩权，包括有权识别属于其管辖范围但没有提交正式通知的交易；拥有中止交易权和豁免权，在审查期或调查期内即可暂停交易，而无须获得总统指令，还可自行决定免除对某些交易的审查；可以对缓解协议的履行情况持续监督，保证切实消除国家安全风险。同时，引入"白名单"制度，进行国别差异对待，允许特定国家享受部分审查豁免，并将英国、澳大利亚和加拿大等传统盟友国家列入初始名单。

第六，FIRRMA 提出了针对中国投资者的内容。[①] FIRRMA 要求，中国商务部部长应向美国国会和 CFIUS 每两年提交一份中国对美国实体的外国直接投资交易报告，并于本法案颁布之日起 2 年后执行，直至 2026 年。FIRRMA 要求提交的报告应包括以下几方面的要求：一是中国向美国外商直接投资总额，需按最终权益所有者进行分类；二是需按两位数的北美行业分类系统代码分类；三是需按投资类型进行细分，包括企业建立和企业并购等；四是需按政府与非政府投资分类，包括规模、领域和投资类型等；五是细分中国对美国的投资价值，包括低于 5000 万美元、5000 万—1 亿美元、1 亿—10 亿美元、10 亿—20 亿美元、20 亿—50 亿美元、大于等于 50 亿美元六个档别；六是

---

① 中国银行国际金融研究所：《美国〈外国投资风险评估现代化法案 2018〉影响研究》，http://pdf.dfcfw.com/pdf/H3_AP201811141244758307_1.pdf，2022 年 1 月 2 日访问。

需要包含通过中国政府投资购买的在美国注册的公司名单;七是中国管辖实体的美国子公司数量,关联公司的员工总数,以及该实体任何公开交易的美国子公司的估值;八是投资模式的分析,包括数量、类型和部门,以及这些投资模式与"中国制造2025"计划中概述目标的一致程度,还包括对中国在美国投资和在美国的所有外国直接投资的比较分析;九是对从中国收集关于美国境外投资合理合法的综合信息的能力限制进行定义,确定商务部完成两年一度报告所需的时间表。如果中国商务部无法按要求完成两年报告,需提交要求额外延长截止日期的报告。

三、中国应如何应对收紧的域外外资安全审查?

外资安全审查是维护一国政治、经济和产业安全的制度工具,可被解读为一种"政治化的法律"。[①]美国出台的FIRRMA及其实施细则、收紧外资安全审查,是对"美国优先"价值观的回应,也是对中国经济崛起以及"中国制造2025"等的担忧。美国抓住当前中国产业价值进阶仍需在一定程度上依赖国外先进技术和知识产权的时间窗口,希望通过实施对症下药的扼制措施,阻挠中国核心技术发展,限制中国产业进步。

历史上,美国在20世纪80年代对日本也采取过类似的投资审查限制措施。20世纪80年代,日本对美国直接投资增长迅速,大量日资涌入美国各产业领域,逐渐引发美国的担忧情绪。美国政府和国会开始通过立法和双边协议对日资引入进行限制,一些收购项目被怀疑将威胁美国半导体产业和美国国家安全而遭到否决。因此,伴随中国崛起,美国收紧国家安全审查,借此扼制中国产业发展也是必然结果。

针对美国关于投资的相关法案,中国政府和相关部门应出台必要的应对措施。一方面,应加强双边投资管理体制和标准的沟通协商,要求美国增加投资审查的透明度,提高投资交易案获得审批通过的可预见性。[②]另一方面,应加快建设中国自身的安全审查机制,加强国家安全意识,合理保障中国企业对外投资的安全交易,保障中国正当的经济安全和利益。[③]

---

① 王东光:《国家安全审查:政治法律化与法律政治化》,载《中外法学》2016年第5期。
② 中国银行国际金融研究所:《美国〈外国投资风险评估现代化法案2018〉影响研究》,http://pdf.dfcfw.com/pdf/H3_AP201811141244758307_1.pdf,2022年1月2日访问。
③ 同上。

第四章　经济制度安全法治

当代经济社会发展的两大任务,一是发展,二是安全。前者是为了实现一定的经济目标,后者则为经济目标的实现保驾护航。改革开放40余年来,我国经济发展取得的成就举世瞩目,这离不开我国对外开放的基本国策。党的十九届五中全会指出,实行更高水平对外开放,开拓合作共赢新局面。习近平总书记指出:"越是开放,越要重视安全,统筹好发展和安全两件大事,增强自身竞争能力、开放监管能力、风险防控能力。"当今世界正在经历百年未有之大变局,在这一特殊时代背景下,经济安全势必成为经济社会领域的重要命题,安全发展应当贯穿国家发展各领域和全过程,防范和化解影响我国现代化进程的各种风险,筑牢国家安全屏障。不管是国内经济社会发展,还是国际经贸合作的深化,都必须牢牢守住经济安全的底线。① 经济安全的核心要义之一,当属经济制度安全。法治作为治国理政的基本方式,总体国家安全观十分强调法治在国家安全发展中的重要地位和作用。经济制度安全法治是保障经济制度安全,并继而保障经济安全、国家安全的重要方式。

第一节　经济制度与经济制度安全概论

一、经济制度的内涵、外延与分层

(一)制度的基本概念

制度经济学的创始人凡勃伦认为,制度是个人或社会对某些关系或某些作用的一般思想习惯,其中既有经济因素,也有上层建筑的因素。制度经济学另一位创始人康芒斯则认为,制度就是集体行动控制个人行动。两位创始人的追随者霍奇森认为,制度是通过传统、习惯或法律约束的作用力创造出持久的、规范化的行为类型的社会组织。而新制度经济学的代表人物之一的

---

① 陈建奇:《科学统筹开放发展与经济安全》,载《前线》2021年第3期。

诺斯提出,制度是为决定人们的相互关系而人为设定的一些制约,既包括政治规则、经济规则、合约等正规规则,也包括行为规范与准则、习俗、禁忌等非正规规则。马克思主义政治经济学认为,制度最初来源于物质生产领域的规制,而后才上升为法律,制度不仅归结并表现为社会普遍意志的法律和伦理范畴,完整的社会制度还是由经济基础和上层建筑这两个相互联系的层次所构成。①

(二) 经济制度的内涵

经济制度作为制度的重要组成部分,在一个社会的制度体系中有举足轻重的地位。关于经济制度的内涵,西方经济学家有着不同的观点。例如,保罗·R.格雷戈里和罗伯特·C.斯图尔特认为,从经济活动的角度考虑,经济制度可被定义为有关制定和实施生产、交换、分配、消费等活动的决策的种种规则。格鲁奇则认为:"经济制度是各个参加者的组织的发展的复合体,这些参加者是同分配稀缺资源以满足个人或集体需要相关的。"②这些定义虽然指出了经济制度的一些属性,但最大的问题是混同了经济制度与经济体制的区别。后者只是经济制度的一个特殊层面,是某一基本经济制度下,为解决人类面临的各种经济问题而设定的一系列具体的机制或规则。③ 经济体制是基本经济制度运行的具体形式,是资源配置的调解机制。经济体制与基本经济制度之间的关系,可以归结为两个方面:经济体制以基本经济制度为前提和基础;基本经济制度以经济体制为实现和运作形式。④

(三) 经济制度的概念分层

在马克思主义政治经济学看来,经济制度是人类社会发展到一定阶段占主要地位的生产关系的总和,是国家统治阶级为了反映在社会中占统治地位的生产关系的发展要求,建立、维护并发展有利于统治阶级政治统治的经济秩序,而确认或创设的各种有关经济问题的规则与措施等的总称。经济制度作为社会制度的重要组成部分,其性质决定着整个社会制度的性质,经济制度既体现经济基础的性质和实践要求,同时也体现上层建筑的性质及其发展

---

① 何娟、吕华:《经济制度概念的解析与界说》,载《甘肃社会科学》2008年第1期。
② 〔美〕阿兰·G.格鲁奇:《比较经济制度》,徐节文译,中国社会科学出版社1985年版,第14页。
③ 慕锡凡、徐长玉:《政治经济学中若干制度概念的探讨》,载《延安大学学报(社会科学版)》1999年第4期。
④ 何娟、吕华:《经济制度概念的解析与界说》,载《甘肃社会科学》2008年第1期。

方向。马克思主义关于经济制度的内涵强调关于经济制度的动态性,也就是说它会随着社会生产力的不断发展做出相应变动,以适应社会生产力发展的需要。同时马克思主义也强调经济制度是一个有序的关系集。① 由于生产关系可进一步划分为社会生产关系和生产关系的具体形式这两个层次,相应地,经济制度也可以分为社会经济制度和具体经济制度两个层面。

1. 社会核心经济制度、社会基本经济制度与具体经济制度

社会经济制度在实质上就是一定社会生产关系的本质规定和制度化,它的核心内容是生产资料的所有制性质以及由此所决定的生产、流通、分配、消费性质及其相互关系,反映的是特定社会经济条件下相关经济活动者之间的利益关系与格局。社会经济制度又可以分为社会核心经济制度和社会基本经济制度,前者反映特定社会经济制度的内在属性,具有一定社会的一般性和稳定性;后者则反映社会主要的或者居于基础地位的经济制度的基本属性,具有一定社会的特殊性和渐变性。

具体经济制度是特定社会生产关系的具体实现形式,其内涵是指各种生产要素的具体结合方式以及经济主体的行为规则,表现为经济制度在运行层面的各种经济组织形式以及管理体系,它反映的是社会经济所采取的资源配置方式和调节机制等,也就是通常所谓的经济体制。具体经济制度相比于社会经济制度,具有一定社会的应变性和灵活性。

总体上,经济制度在社会核心经济制度、社会基本经济制度和具体经济制度之间有着内核层、基本层与表面层的不同层次的关系,各个不同层面又各具特点。一般而言,具体经济制度具有极大的灵活性和即时应变性;社会基本经济制度则具有相对稳定性和渐进适应性;社会核心经济制度比之前两者具有持久的稳定性和长期连续性。②

2. 经济制度的三个层次

当然,也有从另外的角度对经济制度进行分层。例如,有学者将经济制度分为三层,第一个层次为生产资料或生产要素的所有制,它在经济制度中处于最基本的层次,它决定了产权制度。而产权制度就是经济制度的第二个

---

① 何娟、吕华:《经济制度概念的解析与界说》,载《甘肃社会科学》2008年第1期。
② 李萍、杜乾香:《新中国70年经济制度变迁:理论逻辑与实践探索》,载《学术月刊》2019年第8期。

层次,它是生产资料所有制的法律表现形式,影响着资源配置的调节机制。经济制度的第三个层次即资源配置的调节机制。①

3. 经济制度的外延

在瑞典经济学家林德贝克看来,"经济制度就是在一个既定的地理区域内,有关制定和实施生产、收入与消费决策的一套机制和组织机构。"根据这一定义,经济制度的外延可被划分为八个方面,分别是:① 决策结构,即采取集权还是分权模式;② 资源配置机制,即采取市场还是政府计划的方式;③ 商品分配,即实行均衡价格机制还是配给制;④ 财产所有制,即实行公有制还是私有制;⑤ 激励机制,即实施经济刺激还是行政命令;⑥ 人与人之间的关系;⑦ 企业之间的关系;⑧ 对外经济关系。在林德贝克看来,经济制度应是一个多维的概念。事实上,这一关于经济制度外延的八个方面,基本都可以归入上述经济制度的三个层次。②

二、社会主义经济制度及其在我国的最新发展

(一) 经济制度变革的原因、规律与表现

经济制度是区分人类历史上不同社会经济形态的标准,也是区分同一社会形态不同发展阶段的标准。历史上,任何一种经济制度的出现,归根结底都是由当时社会的生产力发展状况所决定的。一定社会的经济制度,构成该社会的经济基础,并决定着这一社会的政治制度、法律制度、人们的社会意识等上层建筑。先进的社会经济制度会推动生产力的发展和社会进步,而落后的社会经济制度则会阻碍生产力的发展和社会进步。在人类社会形态由低级向高级不断演化的过程中,社会基本矛盾的运动起着决定性作用,这是社会经济制度变革的根本原因。生产关系会随着生产力的发展而改变自身性质,这是经济制度变革的一般规律。社会经济制度的变革表现为人类社会形态的发展与更替,它是在生产力的发展及其与生产关系的相互作用中实现的,是一种不以人的意志为转移的客观历史过程。

(二) 社会经济制度的历史更迭与基本特征

按照马克思主义关于人类社会发展阶段的学说,迄今为止人类社会共经历了五种依次更替的社会经济制度,即原始公社经济制度、奴隶制经济制度、

---

① 黄少安:《产权经济学导论》,山东人民出版社1995年版,第93页。
② 何娟、吕华:《经济制度概念的解析与界说》,载《甘肃社会科学》2008年第1期。

封建制经济制度、资本主义经济制度和社会主义经济制度。原始社会制度是人类历史上最初的社会经济制度,人们在生产过程中所形成的原始的互相合作关系、对生产资料的共同占有、劳动产品的原始公有制以及平均分配制度构成了这种社会经济制度的基本特征。到了奴隶社会,奴隶主占有全部生产资料,并直接占有作为生产者的奴隶以及奴隶所生产的全部产品。在封建社会,封建主代替奴隶主占有基本生产资料,并不完全地占有作为生产者的农民或农奴,这是封建制经济制度的基本特征。在资本主义制度的初期,被封建生产关系所束缚的生产力得到了极大解放,但随着资本主义生产力的不断发展,资本主义生产关系与生产力不相适应的矛盾日益暴露,通过在资本主义制度内不断调整生产关系,推动生产社会化和生产力的发展,这样一方面资本主义经济制度还继续表现出相当的生命力,另一方面也在不自觉地为向社会主义过渡创造着物质条件。建立与社会化大生产相适应的社会主义制度,是人类社会发展的必然趋势。

马克思、恩格斯以辩证唯物主义和历史唯物主义为分析工具,揭示了资本主义经济制度必将为社会主义经济制度所代替的历史必然性,科学论证了社会主义经济制度的原理,形成了马克思经济制度理论。社会主义社会以生产力高度发展为前提,建立生产资料公有制和实行按劳分配,有计划地组织社会生产。社会主义经济制度是社会主义经济关系的总和,它以公有制为基础,劳动者是生产要素的主人,实行按劳分配,消灭剥削、消除两极分化,最终实现共同富裕。一个多世纪以来,社会主义经济制度从产生、形成和发展演变,经历了从理论到实践、从一国实践到多国发展的复杂而又艰难曲折的过程。

(三) 我国社会主义基本经济制度及其最新发展

中华人民共和国成立后,我国首先建立了全民所有制和集体所有制两种公有制形式的社会主义基本经济制度。在社会主义革命和建设时期,在探索适合中国国情的社会主义经济制度的道路上,我们曾经一度"离开了我国国情,超越了实际的可能性",使得一时的决策失误造成了当时对社会主义经济制度的曲折探索。在社会主义经济制度上的急于求成,使我国脱离了当时社会生产力发展的状况,追求纯粹的公有制,形成了社会主义单一公有制经济。尽管该制度曾发挥过一定历史作用,但从长远来看既不符合我国国情也不利于生产力发展。①

而在改革开放和社会主义现代化建设新时期,我们再次科学认识了我国国情,明确提出我国处于并将长期处于社会主义初级阶段,应以此为基础探索适合我国国情的社会主义经济制度。随着改革开放的逐步推进,我国对生产关系进行了调整,坚持公有制为主体、多种所有制经济共同发展。在坚持按劳分配的同时,其他分配形式也逐步发展起来。1981年,党的十一届六中全会指出:"国营经济和集体经济是我国基本的经济形式,一定范围内的劳动者个体经济是公有制经济的必要补充。必须实行适合于各种经济成分的具体管理制度和分配制度。必须在公有制基础上实行计划经济,同时发挥市场调节的辅助作用。"②1994年,党的十四大做出了重大制度创新,提出建立社会主义市场经济体制。党关于市场经济制度逻辑的百年探索,是在多样性的人类文明世界中努力创造适合中国国情的经济制度和国家治理体系。③党的十八大以来,中国特色社会主义进入了新的发展阶段,如何实现由不平衡不充分的发展转向既平衡又充分的发展,成为新时代中国共产党进一步探索社会主义经济制度的物质根源。2019年,党的十九届四中全会继续强调坚持公有制为主体、多种所有制经济共同发展,按劳分配为主体、多种分配方式并存,社会主义市场经济体制等社会主义基本经济制度。

社会主义基本经济制度的完善和发展,体现了鲜明的中国特色,它是与我国社会主义初级阶段的基本国情相适应的社会经济制度,也充分体现了社会主义制度的优越性。当然,从发展的趋势看,当今世界正经历百年未有之大变局,为了适应国际形势的复杂多变、我国社会主要矛盾的变化,中国特色社会主义制度体系中某些具体制度也要不断调整和变化,社会主义基本经济制度也要在实践中不断发展和完善。④

---

① 邹升平:《中国共产党社会主义经济制度百年探索的历史经验》,载《扬州大学学报(人文社会科学版)》2021年第5期。

② 中共中央文献研究室编:《三中全会以来重要文献选编(下)》,中央文献出版社2011年版,第169页。

③ 金碚:《中国共产党百年探索:市场经济的制度逻辑》,载《海南大学学报(人文社会科学版)》2021年第6期。

④ 蔡丽华:《正确理解我国社会主义基本经济制度》,载《经济日报》2019年12月16日第12版。

三、经济制度安全及其重要意义

作为经济安全的下位概念,经济制度安全是经济安全在制度层面的具体化,是指一国经济制度,包括其核心经济制度、基本经济制度和具体经济制度保持相对独立和稳定,不会因为国内外各种不利因素的干扰、威胁、侵袭、破坏而受到损害并继而影响经济安全乃至总体国家安全的状态和能力。从内容上来看,经济制度安全有三个方面的应有之义。首先是生产资料或生产要素所有制安全,这是经济制度安全中最基本和最重要的内容。其次是生产资料所有制的法律表现形式即产权制度的安全,这一层次的安全是由生产资料所有制安全所决定的,它又影响着资源配置调节机制的安全。最后是资源配置调节机制的安全,这一机制的安全在很大程度上受制于前两个层次,但如果它出现了一些不安全因素,也会反过来影响和制约生产资料所有制和产权制度的安全。

经济制度安全作为经济安全的重要组成部分,对维护国家安全的重要意义不言而喻。我国基本经济制度的发展与完善,深化和拓展了社会主义基本经济制度的内涵,标志着经过40余年改革实践检验的中国特色社会主义经济制度已经基本定型。[①] 坚持总体国家安全观要以经济安全为基础,维护我国经济安全,就要坚持社会主义基本经济制度不动摇,不断完善社会主义市场经济体制。在当前经济形势下,发展才是硬道理,只有不断提高国家的经济整体实力、竞争力和抵御内外各种冲击与威胁的能力,才能有效应对各种重大风险挑战,保护国家根本利益不受伤害。

第二节 经济危机、金融危机与经济制度的内在逻辑

在一国谋求经济社会健康、稳定、持续发展的道路上,经济危机可以说是一个最大的威胁和隐患。广义上的经济安全既包括短缺型危机也包括过剩型危机,前者主要存在于奴隶制和封建制经济制度下,而后者则典型地体现在资本主义经济制度中。

---

① 代金平:《超越资本逻辑:社会主义基本经济制度的创新与发展》,载《马克思主义研究》2021年第5期。

一、短缺经济、新短缺经济与经济制度的风险因素

(一) 封建经济下的短缺经济与短缺经济危机

欧阳修在《新唐书·食货志》中描绘了一种封建经济的模式：唐朝统一天下后，没收全国田地归朝廷所有，然后再按人口进行分配。百姓分得田地后，在其上耕种，收成时将部分粮食作物以租、庸、调的形式向朝廷缴纳赋税，余下归自己所有。朝廷如果兴建土木或对外征伐，可以暂时增加赋税。太平无事时，农民一年劳作五十天便能缴足赋税。除非遇上自然灾害，只要朝廷不增税，百姓也不废耕，国家经济就会处于一种平衡状态。但是如果朝廷荒淫无度、厚敛于民，或者国内出现战乱、兵连祸结，国家就会陷入短缺型的经济危机之中。实际上，封建社会一直深受短缺经济困扰，短缺经济发展到一定程度就会产生短缺经济危机，这种经济危机的主要表现就是产品短缺、需求大于供给。

(二) 短缺经济理论及其在现代经济中的表现

封建社会因受封建制生产关系制约，其经济形态的一个总体特征就是管制与短缺，表现为封建经济从来没有脱离国家政治和政府政策的管制，但由于生产力低下，劳动产出难以满足民众消费，因而时时出现短缺的现象。[①] 短缺经济并非封建社会的"专利"，实际上这种经济现象即使在现代经济中也并不鲜见。匈牙利经济学家科尔内在对社会主义国家经济运行的研究中提出了短缺经济理论，依据该理论，社会主义国家由于对经济运行实行强有力的中央计划控制，在分配制度上采取平均主义，因此导致生产动力和经营效率不足，形成了绝对的卖方市场，全社会的有效需求受到压制，民众生活水平低下。科尔内由此鼓吹自由市场经济并主张减少国家对经济的干预，使市场主体和生产要素依照价格信号自由流动和配置。短缺经济理论一方面的确在事实上反映出社会主义国家计划经济体制运行的一些局限性。当然，这种局限是对经济危机可能性的一种过度反制。另一方面，短缺经济理论并没有充分研究作为周期性生产过剩的资本主义国家同样存在的短缺经济问题。可以说，短缺经济恰恰是对资本主义经济危机的另一种有力解释。事实上，资本主义的短缺经济表现在需求短缺、资本短缺、生产短缺和生存短缺各个环

---

① 顾銮斋：《马克垚封建经济史研究的理论高度》，http://www.cssn.cn/xspj/xspj/201712/t20171225_3792848.shtml，2021年11月4日访问。

节,资本主义经济危机其实是过剩与短缺的矛盾统一。而周期性的经济危机将资本主义固化为一个过剩与短缺共生的风险社会。①

社会主义经济发展建立在对社会生产力和生产资源充分利用的基础上,实现充分利用则依靠统筹计划和规划,它的基础是生产资料的公有制。因此,社会主义的社会需求摆脱了社会性约束,出现了需求大于供给,从而形成源源不断的生产发展动力这一相对合理的社会经济状态。② 依据科尔内的短缺经济理论,软预算约束被认为是传统的社会主义投资效率低下的一个基本原因。我国原有的经济形态可据此被概括为短缺经济。我国从1978年开始改革开放,1992年首次提出建立社会主义市场经济。苏联和东欧国家也是从20世纪90年代开始走向市场经济。随着向市场经济转轨的完成,这些国家逐步摆脱了短缺经济的阴影,长期被计划经济束缚的能力很快得到释放。③

(三) 新短缺经济及其危害性

然而,短缺现象的消失不一定代表短缺经济的终结。短缺经济不仅根植于传统计划经济体制,且具有广泛的社会经济基础,造成短缺经济的主要原因,既有供给侧的因素也有需求侧的因素。在一定的体制条件下,需求不足不仅可能造成过剩经济,还有可能导致短缺经济。短缺现象的缓解并不标志着短缺经济的终结,因为这一经济现象的经济体制基础依然存在,在我国经济体制转轨的阶段,软预算约束只会改变其表现形式而不会立即消失,在市场机会扩大的条件下国有企业出现新的"投资饥渴"进而导致短缺经济"故态复萌"的风险并非空穴来风。④ 因此,总体上我国社会主义经济依然存在短缺经济的风险,随着经济发展和经济体制改革的推进,这种短缺经济的经济形态可能会进一步削弱,但并不会立即和永久地消失。

进入21世纪以来,在经济全球化的作用下,尤其在全球金融危机的影响下,我国拉动内需,使得在20世纪90年代短暂消失一段时间之后的供需失衡又死灰复燃,新短缺经济逐步成型。新短缺经济是指在我国经济发展的体制环境发生了重大变化之后,在资源配置越来越多地依赖市场机制的情况下,社会经济生活由于信用短缺和经济秩序短缺而导致资源配置的社会交易费

---

① 卢文忠:《资本主义经济危机与短缺经济引论》,载《商场现代化》2010年第34期。
② 陈元:《"短缺"是社会主义经济运行中的一个本质特征》,载《学习与研究》1987年第1期。
③ 易纲:《萧条经济的回归:一个世界性的课题》,载《国际经济评论》2002年第Z3期。
④ 袁东明、孙兆刚:《我国经济转型与短缺经济学》,载《当代经济研究》2001年第2期。

用较高,经济运行的质量、效率、效益较低的经济状态和经济现象。新短缺经济的主要危害表现在两个方面:一是从微观主体来看,其从事交易活动的成本将成倍增长,交易风险和交易障碍也相应地显著增加,企业和个人从事经济活动和市场竞争的积极性受到抑制;二是在宏观方面,导致市场机制配置社会资源的功能扭曲,社会交易费用剧增,社会系统性风险积累增大,经济发展的效率和质量遭到损害。① 这正是我国社会主义经济制度在走出商品供应不足的短缺经济困境后,仍然需要防范和化解的新短缺经济及其所带来的风险问题。

二、经济危机、金融风暴与社会经济制度的关联

(一)经济危机的实质

与短缺型危机相对应的是过剩危机,通常所说的经济危机大都指的是这种类型的危机,它典型地表现为产品过剩和供给大于需求。随着资本垄断化、金融化和经济全球化程度的不断加深,资本主义经济危机屡次发生,资本主义社会贫富分化和人的分化也日趋加重。② 经济危机的实质包括,一是生产相对过剩,商品买卖脱节;二是债务支付链条中断,信用关系遭到破坏。纵观历史上的历次经济危机,大都表现为这两个方面。而这两个方面都由商品货币关系引起,在简单商品经济条件下,社会发生经济危机还只是一种可能性,这种可能性要发展为现实,还需要具备一系列条件,而从简单商品流通的观点来看这些条件并不具备。也就是说,在资本主义以前的社会中,经济危机仅仅表现为一种可能性,只有在资本主义社会条件下才可以发展为现实。

(二)经济危机的根源

关于经济危机的根源,以往人们对马克思经济危机理论仅做了机械理解,认为是资本主义基本经济制度本身,然而事实并非如此。资本主义商品经济关系下,爆发经济危机的机制和深层原因,需要从资本主义特殊生产关系,结合商品经济与资本主义基本制度,从生产社会化和资本主义私有制这一资本主义基本矛盾进行挖掘和分析。一切以社会分工为基础的社会生产

---

① 李跃:《新短缺经济及其治理》,载《探求》2002年第1期。
② 代金平:《超越资本逻辑:社会主义基本经济制度的创新与发展》,载《马克思主义研究》2021年第5期。

的共同规律,要求按比例分配社会劳动。资本主义生产是社会化大生产,在客观上要求国民经济各部门以及部门内部各企业之间按比例协调发展。但以资本主义私有制为基础的资本主义商品经济无法做到这一点,于是导致社会生产的无政府状态,使社会再生产的比例关系遭到严重破坏,生产与消费的矛盾尖锐化,从而导致生产相对过剩的危机。也就是说,导致经济危机的根源,即私人劳动与社会劳动的矛盾以及这种矛盾的发展模式的资本主义基本矛盾。

(三)社会主义发生经济危机与金融危机的可能性

经济危机实际上是商品经济及其基本矛盾的必然产物,并不是资本主义经济制度本身的产物和独有的现象。而且当代世界市场经济的发展和现实情况也表明,经济危机已经不是资本主义特有的现象,社会主义也有可能发生金融危机或经济危机。但要让这一观点被人们所理解和接受却经历了相当长的过程。长期以来,人们习惯性地认为社会主义经济是以公有制为基础的经济,国民经济有计划、按比例发展,不可能发生经济危机。20世纪70年代末期,胡乔木同志依据当时苏联和我国社会主义建设的实践,在谈到"按客观规律办事,加快实现四个现代化"的经验教训,提出社会主义经济也有可能发生经济危机的问题时,就有人表示不可理解。① 斯大林对此也曾有过论述:"在资本主义国家那里所发生的经济危机、商业危机和财政危机,都只是触及个别资本家集团。而在我们这里却是另一种情况,都不会以某种个别危机结束,而一定会打击到整个国民经济。每次危机,不论是商业危机、财政危机或工业危机,在我们这里都可能变成打击全国的总危机。"②

事实上,在社会主义国家经济发展过程中,不仅存在着发生经济危机的可能性,而且也确实留下了经济危机的足迹。2007年,作为社会主义国家的越南发生金融危机,随后2007年美国发生次贷危机并引发经济危机蔓延至全球经济,2008年底开始我国也被卷入这次经济危机。如果认为经济危机的根源在于资本主义基本经济制度本身,那么又如何解释社会主义国家客观存在的经济危机现象?所以,经济危机、金融危机并非资本主义特有的现象,也不根源于资本主义基本经济制度,只要是市场机制配置资源占主导的社会,只

---

① 张作云:《社会主义经济也有可能发生金融危机和经济危机》,载《江汉论坛》2012年第4期。
② 王勤:《试论社会主义国家也存在经济危机》,载《上海大学学报(社会科学版)》1989年第4期。

要社会经济活动基本是以货币为媒介的商品生产和交换活动,都会存在个别企业目标与社会生产的矛盾、生产与消费的矛盾、供给与需求的矛盾,造成经济比例失调或调节失误。尤其是信用制度进一步扩大了金融市场、期货市场、房地产市场等,由此产生的虚拟经济日益脱离实体经济,虚拟经济的"泡沫"破裂逐渐成为经济危机的发端。社会主义市场经济条件下也存在非公有制经济,即使是占主体地位的公有制企业,也需自主经营、自负盈亏。社会主义市场经济条件下也存在私人劳动与社会劳动的矛盾、社会化大生产与私有制的矛盾以及生产与消费、供给与需求之间的矛盾,这些都决定了社会主义市场经济也有发生经济危机、金融危机的可能性。[①]

第三节 经济制度安全的法治保障

党的十五大提出了依法治国是党领导人民治理国家的基本方略,即广大人民群众在党的领导下,依照宪法和法律的规定,逐步实现社会主义民主的制度化、规范化、程序化。1999年3月九届全国人大二次会议通过的宪法修正案规定了中华人民共和国实行依法治国。依法治国包括了建设法治国家,也包括了建设法治社会、法治政府和法治市场。市场经济是法治经济,法治经济必须符合市场经济的规律。法治是维护社会主义基本经济制度的重要保障。

一、西方资本主义的危机应对与启示

自2007年美国爆发次贷危机并演化为全球性金融危机以来,全球资本主义在长达十余年的时间里都处于这一结构危机之中。为了应对危机,以美国为首的西方国家纷纷采取"国有化""国家调控"等措施,这在事实上宣告新自由主义的破产。

(一)新自由主义及其在经济危机后的破产

在2007年次贷危机爆发之前的二十余年,新自由主义对世界政治经济的影响十分深远。在经济理论方面,它宣扬私有化、自由化和市场化;在政治理论方面则强调和坚持三个否定,即否定公有制、否定社会主义和否定宏观调

[①] 崔朝栋:《马克思主义经济危机根源理论研究》,载《经济经纬》2010年第3期。

控。自 20 世纪 90 年代以来,以美国为首的西方资本主义国家在全球强力推行新自由主义,拉丁美洲国家和俄罗斯成为深受新自由主义误导的"重灾区",他们盲目推行国有资产私有化,解除了国家对于金融和企业的管制,实行贸易、投资、金融自由化等经济措施。然而,新自由主义不仅没有为这些国家带来强劲的经济增长,反而使其陷入深重的灾难。拉丁美洲国家收入不平等现象剧增,失业率急剧上升,财富分配不平衡,社会贫困现象严重。墨西哥更是在 1995 年爆发了震惊世界的金融危机。作为拉丁美洲经济较发达的发展中国家,阿根廷因为新自由主义而被拖入了"没有希望的境地",其国内经济几近崩溃。而苏联解体后的俄罗斯,在经济领域强制实行私有化改革,结果很快导致严重的经济萧条和衰退。尽管这些危机的产生都有各国自身的原因,但以私有化为核心的新自由主义的兴风作浪却是一个不容抹杀的因素。新自由主义为这些国家带来的不是繁荣和发展,而是经济危机、政治危机和社会危机。

尽管美国通过各种手段缓和了国内矛盾、延迟了经济衰退,但经济危机还是不可避免地向纵深蔓延。2008 年经济危机发生后,美国等西方资本主义国家纷纷采取国有化、国家调控等措施,这宣告了新自由主义的破产。但需要指出的是,资本主义国家的国有经济和社会主义国有经济是性质根本不同的两种经济关系,欧美各国政府为应对经济危机所采取的各种"救市"措施并不是社会主义意义上的国有化,更不是真正意义上的社会主义,只是在资本主义范围内所做出的一种政策调整。[①] 2007 年次贷危机所引发的经济危机,宣告了以私有化为核心,倡导自由化、私有化、市场化的新自由主义的彻底破产,正如时任法国总统萨科齐所高呼的那样:"自由放任主义结束了"。

(二)全球化背景下的危机应对法治变革

金融的全球化一方面推动了世界经济和国际金融的发展,另一方面也使得危机的传导更迅速、范围更广泛。美国次贷危机的爆发及其对全球经济的深刻影响,不仅成为各国经济金融发展过程中的一次经验教训,也对国际金融监管法治和国际金融秩序提出了挑战。危机爆发后,以美国为代表的各国和经济体对此都进行了反思,并在法律层面以金融监管为核心进行了一系列重大改革,彰显了法治对于危机治理的重要意义。此外,金融危机还暴露了

---

① 高桂云:《西方资本主义经济危机对坚持我国基本经济制度的启示》,载《青海社会科学》2009 年第 2 期。

以美国为核心、以发达国家利益为主导的国际经济协调模式的缺陷,加快了全球治理从一种道义呼吁转变为世界各国共同要求与共同行动的速度。①

在金融全球化的背景下,国际金融格局已经发生了重大变化,国际金融体系的"多极"格局,必须在构建国际金融新秩序中有所体现,以达到平衡各方利益的目的。另外,面对金融自由化这一原本针对金融抑制、提倡减少政府干预、确立市场机制基础作用的主张,发展中国家的确可以如美国有些经济学家所倡导的那样,以金融自由化的方式实现金融深化,促进经济增长。但金融危机的深刻教训也表明,不论是在金融自由化程度比较高的发达国家,还是金融管制比较多的发展中国家,都面临着如何平衡金融自由化和金融管制的问题,也就是如何确定和把握"度"。

金融全球化所带来的金融自由化和对金融管制的放松,一方面促进了金融法治的创新发展,活跃了资本并带来了更大经济效益;另一方面也在客观上导致了更多的冒险行为、投机以及风险,增加了金融脆弱化的程度,容易引发更严重的金融危机乃至经济危机。各国经济金融发展的实践早已反复证明,完善且执行良好的市场经济法律框架有助于提高一国的制度质量,从而减少金融自由化所引发的金融脆弱化现象。体现在金融监管领域,就是金融监管法制要以风险的防范和控制为核心和重点,建立和健全风险监管法律制度。②

二、经济危机的出路与选择

美国 2007 年金融危机的真正病因,正是马克思经济危机理论所解释的生产的社会化和生产资料的资本主义私人占有之间的矛盾。也就是说,危机是资本主义生产关系同生产力之间的矛盾发展的结果,之后危机再次发生的规模和破坏性将一次比一次大;同时,危机通常只能通过破坏生产力和夺取新的市场并加深掠夺原有市场获得解决。

马克思提出,消除危机的根本在于打破以私有制为基础的资本主义生产

---

① 李莉莎:《论金融危机治理的国际法律制度改革——以 IMF 的改革为中心》,载《暨南学报(哲学社会科学版)》2011 年第 5 期。
② 陈文哲:《全球化背景下国际金融法制改革》,载《中南林业科技大学学报(社会科学版)》2009 年第 4 期。

关系,建立以公有制为基础的社会主义生产关系,实现生产关系的根本变革。① 资本主义过去的所有经济结构危机都导致了重大的经济变革。19 世纪晚期的危机使得垄断/金融资本主义得以兴起;20 世纪 30 年代的经济危机最终通过第二次世界大战后建立的管制资本主义得到解决;20 世纪 70 年代的经济危机则促成了自由主义。然而,资本主义的重组并不是经济结构危机唯一的可能后果,事实上,解决资本主义经济结构危机也可以采取向社会主义过渡的模式。

2007 年的金融危机是新自由资本主义的最终产物,新自由主义所倡导的自由化、私有化和市场化共同促成了三个不能长久持续的趋势:一是家庭和金融机构负债率越来越高;二是"有毒"金融资产传播开来使其市场价值最终急剧下降;三是工业生产力过剩问题愈发严重。对此,资本主义想要在其内部化解这种结构危机,必须有新制度的出现来消除资本积累对上涨的债务水平的依赖,从而重新引导金融部门投资于生产性行业,确保总需求增长到足以避免生产力过剩的状态。而资本主义内部制度的变革,会有两种可能形式来解决导致危机的问题。一是资本家所主导的国家资本主义形式,此可被称作商业管制资本主义;二是以资本和劳动力之间达成的以妥协为基础的新的积累的社会结构,此可被称为社会民主资本主义。商业管制资本主义和社会民主资本主义作为管制资本主义的两种形式,都有可能解决以 2007 年的危机为代表的结构危机。但两个日益严重的资本主义基本矛盾使得这两种制度形式在解决结构危机时面临着巨大的障碍。

全球资本主义的结构危机已经为社会主义运动的重新崛起以及向社会主义的过渡创造了有利条件。重新解决危机只有通过重大经济变化方式才可能实现。根据以往经验,解决结构危机的办法多是形成一种新的资本主义制度,这至少能在短期内解决导致危机的问题。但任何形式的资本主义都不能满足所有国民的需求,使所有人过上体面的生活和不遭受剥削,让每一个人都能从事有意义的工作,人人经济收入稳定,最终实现世界和平,因为只有社会主义才能实现这些目标。总之,资本主义重组不是结构危机的唯一可能

---

① 高桂云:《西方资本主义经济危机对坚持我国基本经济制度的启示》,载《青海社会科学》2009 年第 2 期。

后果,资本主义结构危机的解决也可以采取向社会主义过渡的形式来实现。①

三、我国社会主义基本经济制度的法治保障

公有制为主体、多种所有制经济共同发展,按劳分配为主体、多种分配方式并存,社会主义市场经济体制等社会主义基本经济制度,既体现了社会主义制度的优越性,又和我国社会主义初级阶段的社会生产力水平相适应,是确保我国经济行稳致远的重要制度保障。在新时代背景下,我国推进经济高质量发展,必须坚持社会主义基本经济制度不动摇,②而要做到这一点还需要法治的支持与保障。

(一)我国社会主义基本经济制度的宪法保障

1949年通过的《中国人民政治协商会议共同纲领》以临时宪法的形式,确认新成立的中华人民共和国的新民主主义经济包括五种经济成分。新民主主义基本经济制度,为我国向社会主义过渡提供了决定性的有利条件。1954年一届全国人大一次会议通过了新中国首部宪法,首次以根本法的形式,在《共同纲领》之后继续明确规定全民所有制的国营经济是国民经济中的领导力量,并规定要保证逐步消灭剥削,建立生产资料的社会主义公有制,即包括全民所有制和劳动群众集体所有制在内的基本经济制度,奠定社会主义的经济基础。同时还规定了保护个体劳动者的生产资料所有权并按其自愿原则组成合作社。

到了1975年,四届全国人大一次会议通过了新中国第二部宪法。该部宪法再次以根本法的形式确认了我国社会主义基本经济制度,是已经建立的生产资料全民所有制和劳动群众集体所有制两种公有制,全民所有制的国营经济是国民经济中的领导力量。该部宪法同时再次规定国家允许个体劳动者从事不剥削他人的个体劳动,并引导其逐步走上社会主义集体化的道路。

1978年,五届全国人大一次会议通过了中华人民共和国第三部宪法,再一次以根本法的形式明确规定了我国的社会主义基本经济制度。

1981年6月27日,党的十一届六中全会通过了《关于建国以来党的若干

---

① 〔美〕大卫·科茨、董珊:《资本主义、经济危机和社会主义:发达资本主义国家向社会主义过渡的前景》,载《海派经济学》2014年第4期。
② 林木西、姚晓林:《社会主义基本经济制度是中国经济行稳致远的制度保障》,载《光明日报》2020年1月7日第6版。

历史问题的决议》,该决议认定国营经济和集体经济是我国基本的经济形式和今后一切发展进步的基础,劳动者个体经济是公有制经济的必要补充。1982年十二大报告重申了生产资料公有制是我国经济的基本制度,同时强调社会主义国营经济在整个国民经济中居于主导地位,保障集体经济沿着社会主义方向前进、个体经济为社会主义服务。

具有划时代意义的是1982年五届全国人大五次会议通过的第四部宪法,该宪法第四次以根本法的形式规定了中国社会主义的两条基本经济制度:一是包括全民所有制和劳动群众集体所有制在内的生产资料公有制,是社会主义经济制度的基础;二是全民所有制的国营经济是国民经济中的主导力量(此前皆为"领导力量",此次改为"主导力量"),保证集体经济沿着社会主义方向前进、个体经济为社会主义服务。1984年10月,党的十二届三中全会通过了《关于经济体制改革的决定》,其中确认:社会主义商品经济是在公有制基础上的有计划的商品经济,全民所有制经济是我国社会主义经济的主导力量。此后,国家于1988年、1993年、1999年、2004年、2018年分别对宪法进行了修订或修正,但始终坚持社会主义基本经济制度。现行《宪法》规定,"中华人民共和国的社会主义经济制度的基础是生产资料的社会主义公有制,即全民所有制和劳动群众集体所有制","国家在社会主义初级阶段,坚持公有制为主体、多种所有制经济共同发展的基本经济制度","社会主义全民所有制经济,是国民经济中的主导力量"。

这两项源自马克思科学社会主义的基本经济制度,自中华人民共和国成立以来,始终一脉相承,都由奠定社会主义经济基础的根本大法所确立和规定,这充分体现了全国最大多数人民群众的根本利益和不可动摇的坚强意志,也足以证明任何企图颠覆社会主义基本经济制度的违宪之举都是不得民心且注定要失败的。[①]

(二)我国社会主义基本经济制度的发展与深化

中国特色社会主义制度包括根本制度、基本制度和重要制度,其中基本经济制度具有重要的基础性地位,经济改革在社会全面改革过程中具有关键性作用。基本经济制度包括生产资料所有制结构及其实现方式、国民收入分配制度及其实现方式,以及经济运行和资源配置、调控体制等方面。基本经

[①] 袁理:《中国对人类作出的重大贡献——关于我国宪法确立社会主义基本经济制度的由来和发展》,载《海派经济学》2013年第4期。

济制度在本质上是社会生产关系在制度上的体现,而社会生产关系则构成了一定社会的经济基础并继而决定相应的上层建筑。基本经济制度对政治、法律、文化等具有基础性作用。在社会制度转型的历史进程中,基本经济制度的变革具有关键性作用。坚持和完善中国特色社会主义制度和治理体系的基础在于坚持和完善基本经济制度和体系,全面深化改革的关键在于深化中国特色社会主义基本经济制度和体系的改革。①

党的十九届四中全会审议通过的《中共中央关于坚持和完善中国特色社会主义制度、推进国家治理体系和治理能力现代化若干重大问题的决定》对坚持和完善社会主义基本经济制度作出了重要部署,在公有制为主体、多种所有制经济共同发展的基础上,将按劳分配为主体、多种分配方式并存,社会主义市场经济体制上升为社会主义基本经济制度。社会主义基本经济制度成为实现生产、分配、交换、消费大循环良性运行的制度。坚持社会主义基本经济制度,有助于激发各类市场主体的活力与创造力,有助于推动经济高质量发展,有助于减少贫富差距,实现共同富裕。党的十九届四中全会对中国特色社会主义基本经济制度作出的新概括,是社会主义基本经济制度内涵的重要发展和深化,它既体现了社会主义制度的优越性,又和我国社会主义初级阶段生产力发展水平相适应,是中国共产党和中国人民的伟大创造,②具有十分重要的理论和现实意义,标志着我国社会主义制度更加成熟与定型。与此同时,社会主义基本经济制度坚持公有制主体地位,促进多种所有制经济共同发展,也是马克思主义在所有制理论上的重要突破,是中国特色社会主义发展的重要基石。③

(三)我国社会主义基本经济制度的风险与应对

经济是国家的基础,各国以经济发展为基础的综合国力的竞争日益激烈,经济安全在国家安全体系中的地位愈发突出。经济安全作为国家安全的重要组成部分,不但关乎国家命脉,更直接关乎人民群众的衣食住行。经济制度安全作为经济安全的重要内容,其重要意义无需多言。但是社会主义经济制度也面临着诸多威胁经济安全的风险因素,对此需要客观认识、敏锐判

---

① 刘伟:《坚持和完善中国特色社会主义基本经济制度 推动现代化经济发展》,载《北京大学学报(哲学社会科学版)》2020年第1期。
② 何自力:《社会主义基本经济制度是一个伟大创造》,载《政治经济学评论》2020年第1期。
③ 冷元元:《社会主义基本经济制度的创新及其优势研究——学习列宁以国家掌握"大的生产资料"促进经济发展的思想》,载《经济纵横》2020年第12期。

断并谨慎应对。

1. 警惕金融危机与经济危机风险

社会主义也有可能发生金融危机和经济危机。无论是苏联还是我国社会主义建设的计划经济时期,都发生过短缺型经济危机。社会主义经济虽没有发生过生产过剩危机,但短缺型危机却客观存在,否定社会主义经济危机的可能性,不仅缺乏实事求是精神,而且十分危险。

商品经济或市场经济并不是孤立抽象的存在,一定会与特定的社会基本经济制度相结合。商品经济或市场经济与资本主义基本经济制度相结合,构成资本主义商品经济或市场经济;与社会主义基本经济制度相结合则构成社会主义商品经济或市场经济。作为商品经济或市场经济必然产物的经济危机,自然会受到社会基本经济制度的影响。在社会主义市场经济条件下,也可能出现金融危机和经济危机,但在不同社会经济制度下,应对经济危机的措施、力度与结果却可以是完全不同的。① 我国现阶段多元化的生产关系结构和经济制度结构,为短缺型危机和过剩型危机尤其是过剩危机在我国的发生提供了制度前提。多元化的经济主体结构也孕育并放大了经济危机的可能性。过度市场化的体制机制也进一步增强了危机风险。对此,我们需保持警惕,充分认识和高度重视我国发生金融危机和经济危机的可能性,认真总结改革开放以来我国经济社会发展以及其他国家和经济主体发生危机的经验教训,制定科学的社会发展战略及方针政策进行应对,防患于未然。②

2. 警惕公有制比例下降乃至失去主体地位的风险

在全球新自由主义一度泛滥的大形势下,各国都不同程度地受到了影响,我国也不例外。这种影响的直接结果之一就是导致我国公有制经济比重下降。受此影响,我国经济在保持高速增长和取得举世瞩目的成就的同时,也付出了沉重的代价,出现了一些较为突出的问题,例如经济增长的资源环境代价过大,城乡、区域之间经济社会发展不平衡,贫富差距问题等。对于公有制经济比例的下降乃至失去主体地位的可能风险,必须进行及时有力的调整,否则将会带来严重的社会后果。我国70年的社会主义公有制实践已经证明,社会主义初级阶段必须坚持公有制为主体,任何企图损害公有制主体地

---

① 崔朝栋:《马克思主义经济危机根源理论研究》,载《经济经纬》2010年第3期。
② 张作云:《现阶段必须高度重视我国发生金融和经济危机的可能性》,载《当代经济研究》2016年第12期。

位的理论和实践必将损害公平和效率的和谐,同时也会损害人民群众的根本利益和长远利益。①

3. 坚持中国特色社会主义基本经济制度

中国特色社会主义基本经济制度是应对金融危机和经济危机,防止公有制比例不恰当下降乃至失去主体地位的重要制度保障。坚持中国特色社会主义基本经济制度需要做到三个方面。首先,坚持"两个毫不动摇",即毫不动摇地巩固和发展公有制经济,毫不动摇地鼓励、支持和引导非公有制经济发展。其次,坚持以按劳分配为主体、多种分配方式并存。鼓励勤劳致富,健全劳动、资本、土地、知识、技术、管理和数据等生产要素按贡献参与分配的机制,健全再分配调节机制,重视发挥第三次分配的作用。扩大中等收入群体,规范收入分配秩序,形成合理的收入分配结构。最后,加快完善社会主义市场经济体制,充分发挥市场在资源配置中的基础性作用,更好发挥政府作用,让"看得见的手"与"看不见的手"优势互补。另外还要建设高标准市场体系,健全生产资料所有制和知识产权保护制度,加强企业商业秘密保护,推进要素市场制度建设,强化竞争政策基础地位,推动发展先进制造业、振兴实体经济,完善科技创新体制机制,建设更高水平的开放型经济新体制。②

---

① 高桂云:《西方资本主义经济危机对坚持我国基本经济制度的启示》,载《青海社会科学》2009年第2期。

② 谢玮:《十九届四中全会对基本经济制度做了哪些新的部署?》,https://www.sogou.com/link?url=hedJjaC291Ok-E9WTygIKrVvNc_sKic_lGQzMc0QOP4Aw7bpq70-7A.,2021年11月5日访问。

第五章　货币安全法治

第一节　货币的基本概念

在研究与货币安全相关问题前,首先要对"货币"这一基础性概念有一个比较充分的了解。日常生活中,提及"货币"一词,通常被认为是"现金"。然而,从经济学的角度看,"货币"是一个分层次的概念。

一、货币及货币的层次

（一）流通中的现金

流通中的纸币和金属做的硬币必然是货币。我们通常把公众手中流通的现金称作流通中的现金（注意,这就将银行等存款机构的库存现金排除在外了）,并把它作为最窄意义上的货币。[①]

（二）支票存款

与私人间的交易方式不同,各企业和单位之间的大宗购买都是使用支票来完成的。因此,支票也应是货币。特别需要指出的是,被称为货币的支票并不是指支票本身,而是指与支票金额相对应的个人或单位在其支票账户的存款余额。空头支票并不能被视为货币。

（三）借记卡与信用卡

现在被广泛使用的借记卡也应被认为是一种货币,其原理与支票存款相似。一般来说,当使用借记卡购买商品或者劳务时,商家将付款通知发给发卡银行后,发卡银行直接将借记卡持有人在借记卡账户中的存款额减去,同时向商家支付款项。在这一过程中,行使支付职能的是借记卡持有人本来的存款,发卡银行提供的是一种转账服务而非信贷服务。因此,借记卡账户中的存款也应算货币。

除了借记卡,日常生活中我们还常使用的一种支付工具叫信用卡。这是

[①] 易纲、吴有昌:《货币银行学》,格致出版社2014年版,第16页。

一种具有透支功能的借记卡。一般来说,信用卡持有人是不需要在信用卡账户上有存款的。信用卡持有人在使用信用卡购买商品时,商家将账单发给发卡银行,发卡银行在接收到账单后向商家付款,随后发卡银行再将账单寄送给信用卡持有人,并要求其向发卡银行支付款项。在这一过程中,发卡银行提供的是一种信贷服务。只有当信用卡持有人在信用卡账户中存入存款后,信用卡账户中的存款才能被称为货币。

(四) 储蓄存款

储蓄存款也是货币的一种表现形式。一般来说,储蓄存款可以分为活期储蓄存款和定期储蓄存款。与支票存款和借记卡不同,储蓄存款一般不能直接用来支付商品或劳务使用。在使用储蓄存款时,存款所有人需先将储蓄存款转化为现金后才能行使支付功能。储蓄存款因为不能直接被用来购买商品或服务,所以并不构成对商品市场的直接压力。储蓄存款的增长反而预示着购买力的减退,因此,统计储蓄存款的主要目的是反映潜在的购买力。

(五) 货币供应量的层次划分

货币供应量(或货币供给)是指在一定时点上由政府和存款机构之外的经济主体所拥有的货币总量。[①] 为了更为客观准确地反映实际货币供给变化及其对经济发展的影响,我们一般将货币供应量做如下分类:

最窄意义上的货币,一般仅指流通中的现金,用 M0 表示。

狭义货币,一般指流通中的现金、支票存款和借记卡存款,直接反映着经济中的现实购买能力,用 M1 表示。

广义货币,一般指 M1(流通中的现金、支票存款和借记卡存款),再加上所有储蓄存款的总和。它既可以反映经济中的现实购买能力,又可以反映潜在的购买能力,用 M2 表示。

为了加强金融宏观调控,更好地制定和执行货币政策,在国际通行原则基础上,中国人民银行于1994年制定了《中国人民银行货币供应量统计和公布暂行办法》。该办法指出,我国所指的货币供应量,即货币存量,是指一国在某一时点流通手段和支付手续的总和,一般表现为金融机构的存款、流通中现金等负债,亦即金融机构和政府之外,企业、居民、机关团体等经济主体的金融资产。根据国际通用原则,以货币流动性差别作为划分各层次货币供

---

① 易纲、吴有昌:《货币银行学》,格致出版社2014年版,第21页。

应量的标准。

我国货币供应量划分为 M0、M1、M2、M3。各层次的货币内容如下：

M0：流通中现金（货币供应量统计的机构范围之外的现金发行）。

M1：M0＋企业存款（企业存款扣除单位定期存款和自筹基建存款）＋机关团体部队存款＋农村存款＋信用卡类存款（个人持有）。

M2：M1＋城乡居民储蓄存款＋企业存款中具有定期性质的存款（单位定期存款和自筹基建存款）＋外币存款＋信托类存款。

M3：M2＋金融债券＋商业票据＋大额可转让定期存单等。

M1，即狭义货币；M2，即广义货币。

二、货币的职能

现代经济学通常认为货币的职能主要有交易媒介、价值尺度和贮藏手段。

货币因充当商品交换的一般等价物而被视为具有交易媒介职能。随着商品经济的不断发展，为了提高物物交换过程的效率，人们在交易过程中逐渐接受某些商品可以固定充当商品交换的间接物品。在商品交换过程中，出卖人先将自己的商品兑换成间接物品，然后再用间接物品去换取自己所需要的商品。这一过程中，这种间接物品其实就是"货币"。货币充当商品交易媒介的职能是货币最重要的基础职能之一。

货币的价值尺度职能主要是指货币可以充当衡量商品价值的工具。当一种间接物品被普遍接受用以充当交易媒介后，这种间接物品显然也可以用来表示所有商品的价值。各种商品之间的价格差异也就变得一目了然，商品交易也因此变得更加有效率。

货币的贮藏手段主要是指货币本身是财富的一种表现形式。一定量的货币代表着与之数额相对应的财富。相较其他财富贮藏手段，货币的流动性最高。

三、货币表现形式的演变

货币是随着商品交换而产生并发展起来的。货币的表现形式主要有商品货币、纸币以及数字货币。但需要特别指出的是，这种演变并不必然是线性发展的，在某些时期几种形式可能同时存在。

（一）商品货币

一般而言，用某种商品充当的货币，该商品被称为商品货币。商品货币可分为实物货币和金属货币。可以充当货币的商品一般具有易分割、易保存、易携带和易标准化的特点。在商品交换的早期，贝壳、布匹、牲畜等都曾被用作充当货币。但是由于其各自的缺陷最终都被淘汰了。最终，金、银、铜等贵金属因其优秀的特性被固定下来充当货币。

（二）纸币

这里所指的纸币有两层含义。一种含义是指可代替金属商品货币流通并可随时兑换为金属商品货币的纸币。此时的纸币只是形式上是纸币，归根结底只是为了携带方便而衍生出的金属货币流通的替代物。另一种含义就是指现今被广泛熟知的信用货币。信用货币不具有完全等于其货币价值的商品价值，也不能用于兑换足值货币。[①] 现代生活中的信用货币一般指法定货币。法定货币是由政府用行政命令发行，在商品交换中必须接受，并且不能换成贵金属的纸币。[②] 自布雷顿森林体系瓦解后，货币制度在全球范围内真正进入完全信用货币的时代。目前世界各国发行的货币基本属于信用货币。法定货币具有生产成本低、便于货币形式统一的优点，但是其缺点也是显而易见的。因为法定货币的数量是由政府控制的，所以存在着政府基于某种原因在短时间内增发大量法定货币而造成恶性通货膨胀的风险。

《中华人民共和国中国人民银行法》（简称《中国人民银行法》）第十六条规定，"中华人民共和国的法定货币是人民币。以人民币支付中华人民共和国境内的一切公共的和私人的债务，任何单位和个人不得拒收。"第二十条规定，"任何单位和个人不得印制、发售代币票券，以代替人民币在市场上流通。"这两条规定明确表示人民币是我国唯一的合法货币。《中华人民共和国人民币管理条例》也对我国人民币的法律地位和法定职能作了明确的规定。该条例指出，"中国人民银行是国家管理人民币的主管机关"，"任何单位和个人都应当爱护人民币。禁止损害人民币和妨碍人民币流通。""禁止非法买卖流通人民币。""任何单位和个人不得印制、发售代币票券，以代替人民币在市场上流通。""禁止伪造、变造人民币。禁止出售、购买伪造、变造的人民币。

[①] 〔美〕托马斯·梅耶、〔美〕詹姆斯·S.杜森贝里、〔美〕罗伯特·Z.阿利伯：《货币、银行与经济（第六版）》，林宝清等译，上海三联书店、上海人民出版社2007年版，第11页。

[②] 易纲、吴有昌：《货币银行学》，格致出版社2014年版，第27页。

禁止走私、运输、持有、使用伪造、变造的人民币。"

(三) 数字货币

所谓数字货币,主要是指随着密码算法技术进步而产生的一种加密虚拟货币。目前公认的最早的数字货币起源于美国计算机科学家和密码学家大卫·乔姆创设的 E-Cash 数字现金系统,该系统中的货币被称为"Cyber-Bucks",但 E-Cash 最终因为一些内外部原因而宣告失败。2008 年中本聪在《比特币,一种点对点的电子现金系统》一文中提出比特币的概念。随后,比特币金融系统于 2009 年诞生,数字货币开始真正的发展。依据货币发行主体的不同,数字货币可分为由私人部门发行的私人数字货币和由国家中央银行发行的法定数字货币。私人数字货币先于法定数字货币产生。随着私人数字货币规模的不断壮大,它给现行货币与金融体系构成了巨大威胁。各国央行开始探索和推进法定数字货币。中国对数字货币展现出了高度的关注。2014 年至 2016 年,中国人民银行成立法定数字货币研究小组,启动了法定数字货币相关研究工作。研究小组对法定数字货币发行和业务运行框架、关键技术、流通环境、国际经验等进行了深入研究,形成了第一阶段的法定数字货币理论成果。2016 年,中国人民银行搭建了中国第一代法定数字货币概念原型,成立了数字货币研究所,并于当年提出双层运营体系、M0 定位、银行账户松耦合、可控匿名等数字人民币顶层设计和基本特征。在此思路框架下,经国务院批准,中国人民银行自 2017 年底开始数字人民币研发工作,并依据资产规模和市场份额居前、技术开发力量较强等标准,选择大型商业银行、电信运营商、互联网企业作为参与研发机构。自 2019 年底起,中国人民银行在深圳、苏州、雄安、成都及 2022 年北京冬奥会场开展数字人民币试点测试,以检验理论可靠性、系统稳定性、功能可用性、流程便捷性、场景适用性和风险可控性。2020 年 10 月,又增加上海、海南、长沙、西安、青岛、大连 6 个新的试点地区。截至 2021 年 6 月 30 日,数字人民币试点场景已超 132 万个,覆盖生活缴费、餐饮服务、交通出行、购物消费、政务服务等领域。开立个人钱包 2087 万余个、对公钱包 351 万余个,累计交易笔数 7075 万余笔、金额约 345 亿元。[①]

中国人民银行数字人民币研发工作组于 2021 年 7 月发布的《中国数字人

[①] 中国人民银行数字人民币研发工作组:《中国数字人民币的研发进展白皮书》,http://www.pbc.gov.cn/goutongjiaoliu/113456/113469/4293590/index.html,2022 年 1 月 2 日访问。

民币的研发进展白皮书》指出,数字人民币是人民银行发行的数字形式的法定货币,由指定运营机构参与运营,以广义账户体系为基础,支持银行账户松耦合功能,与实物人民币等价,具有价值特征和法偿性。

数字人民币的主要特征有:第一,数字人民币是央行发行的法定货币。数字人民币具备货币的价值尺度、交易媒介、价值贮藏等基本功能,与实物人民币一样是法定货币;数字人民币发行、流通管理机制与实物人民币一致,但以数字形式实现价值转移;数字人民币是央行对公众的负债,以国家信用为支撑,具有法偿性。第二,数字人民币采取中心化管理、双层运营。数字人民币发行权属于国家,人民银行在数字人民币运营体系中处于中心地位,负责向作为指定运营机构的商业银行发行数字人民币并进行全生命周期管理,指定运营机构及相关商业机构负责向社会公众提供数字人民币兑换和流通服务。第三,数字人民币主要定位于现金类支付凭证(M0),将与实物人民币长期并存。数字人民币与实物人民币都是央行对公众的负债,具有同等法律地位和经济价值。数字人民币将与实物人民币并行发行,人民银行会对二者共同统计、协同分析、统筹管理。只要存在对实物人民币的需求,人民银行就不会停止实物人民币供应或以行政命令对其进行替换。第四,数字人民币是一种零售型央行数字货币,主要用于满足国内零售支付需求,其推出立足国内支付系统的现代化,可以充分满足公众日常支付需要,进一步提高零售支付系统效能,降低全社会零售支付成本。第五,在未来的数字化零售支付体系中,数字人民币和指定运营机构的电子账户资金具有通用性,共同构成现金类支付工具。

第二节 货币与金融

支配资金由资金盈余方经过集中、流动、分配和再分配的一系列过程最终流入资金短缺方的系统,被称为金融体系。金融系统主要由中央银行和其他金融监管机构、金融中介机构和金融市场构成。

一、中央银行

中央银行并不是真正意义上的银行中介组织,而是一个政府管理机构。

中央银行存在的目的是维护一国国民经济的稳定和发展。它不仅控制着货币的供给,还是货币政策的制定者和执行者。

(一)中国人民银行的职能

我国的中央银行是中国人民银行。《中国人民银行法》第一条规定:"为了确立中国人民银行的地位,明确其职责,保证国家货币政策的正确制定和执行,建立和完善中央银行宏观调控体系,维护金融稳定,制定本法。"第二条规定,"中国人民银行是中华人民共和国的中央银行。中国人民银行在国务院领导下,制定和执行货币政策,防范和化解金融风险,维护金融稳定。"

首先,中国人民银行是发行的银行。中国人民银行是我国唯一的货币发行机关,是货币政策的制定和执行机构。《中国人民银行法》第十八条规定,"人民币由中国人民银行统一印制、发行。中国人民银行发行新版人民币,应当将发行时间、面额、图案、式样、规格予以公告。"第七条规定,"中国人民银行在国务院领导下依法独立执行货币政策,履行职责,开展业务,不受地方政府、各级政府部门、社会团体和个人的干涉。"其次,中国人民银行是国家的银行,经营国库和公债收入,统一管理国际收支。《中国人民银行法》第二十四条规定,"中国人民银行依照法律、行政法规的规定经理国库。"第二十五条规定,"中国人民银行可以代理国务院财政部门向各金融机构组织发行、兑付国债和其他政府债券。"最后,中国人民银行是银行的银行,负责保管各商业银行及其他存款机构的准备金、组织全国范围内的清算。《中国人民银行法》规定,中国人民银行可具有存款准备金等货币政策工具以便执行货币政策。其第二十七条规定,"中国人民银行应当组织或者协助组织银行业金融机构相互之间的清算系统,协调银行业金融机构相互之间的清算事项,提供清算服务。"

就中国人民银行的具体职责来看,根据《中国人民银行法》的规定,主要包括以下内容:(1)发布和履行与其职责有关的命令和规章;(2)依法制定和执行货币政策;(3)发行人民币,管理人民币流通;(4)监督管理银行间同业拆借市场和银行间债券市场;(5)实施外汇管理,监督管理银行间外汇市场;(6)监督管理黄金市场;(7)持有、管理、经营国家外汇储备、黄金储备;(8)经理国库;(9)维护支付、清算系统的正常运行;(10)指导、部署金融业反洗钱工作,负责反洗钱的资金监测;(11)负责金融业的统计、调查、分析和预测;(12)作为国家的中央银行,从事有关的国际金融活动;(13)国务院规定的其他职责。

(二) 中国人民银行的组织结构

中国人民银行实行行长负责制。《中国人民银行法》第十条规定,"中国人民银行设行长一人,副行长若干人。中国人民银行行长的人选,根据国务院总理的提名,由全国人民代表大会决定;全国人民代表大会闭会期间,由全国人民代表大会常务委员会决定,由中华人民共和国主席任免。中国人民银行副行长由国务院总理任免。"《中国人民银行法》第十一条规定,"行长领导中国人民银行的工作,副行长协助行长工作。"第十四条规定,"中国人民银行的行长、副行长及其他工作人员应当恪尽职守,不得滥用职权、徇私舞弊,不得在任何金融机构、企业、基金会兼职。"第十五条规定,"中国人民银行的行长、副行长及其他工作人员应当依法保守国家秘密,并有责任为与履行其职责有关的金融机构及当事人保守秘密。"

中国人民银行下设货币政策委员会。《中国人民银行法》第十二条规定,"货币政策委员会的职责、组成和工作程序,由国务院规定,报全国人民代表大会常务委员会备案。中国人民银行货币政策委员会应当在国家宏观调控、货币政策制定和调整中,发挥重要作用。"

中国人民银行可依职责设立分支机构。《中国人民银行法》第十三条规定,"中国人民银行对分支机构实行统一领导和管理。中国人民银行的分支机构根据中国人民银行的授权,维护本辖区的金融稳定,承办有关业务。"

(三) 货币政策

《中国人民银行法》第三条对我国货币政策目标做了具体规定,即"保持货币币值的稳定,并以此促进经济增长"。由此看到,保持货币币值稳定是我国货币政策的根本目标。在任何情况下,抑制通货膨胀都应是整个金融部门工作的首要任务。

我国设立货币政策委员会。《中国人民银行货币政策委员会条例》指出,"货币政策委员会是中国人民银行制定货币政策的咨询议事机构。"货币政策委员会的职责是,在综合分析宏观经济形势的基础上,依据国家的宏观经济调控目标,讨论货币政策的制定和调整、一定时期内的货币政策控制目标、货币政策工具的运用、有关货币政策的重要措施,以及货币政策与其他宏观经济政策的协调等货币政策事项,并提出建议。

我国货币政策工具主要有:(1)要求银行业金融机构按照规定的比例交

存存款准备金;(2)确定中央银行基准利率;(3)为在中国人民银行开立账户的银行业金融机构办理再贴现;(4)向商业银行提供贷款;(5)在公开市场上买卖国债、其他政府债券和金融债券及外汇;(6)国务院确定的其他货币政策工具。

(四)中国人民银行独立性问题

我国以法律的形式确立中国人民银行的地位。《中国人民银行法》第七条规定,"中国人民银行在国务院领导下依法独立执行货币政策,履行职责,开展业务,不受地方政府、各级政府部门、社会团体和个人的干涉。"这一规定表明,中国人民银行的法律地位是在国务院领导下的,是具有相对独立性的国家金融调控监管机构。根据《中国人民银行法》的规定,中国人民银行"就年度货币供应量、利率、汇率和国务院规定的其他重要事项作出的决定,报国务院批准后执行。"货币政策委员会的职责、组成和工作程序也由国务院规定,并报全国人大常委会备案。人民银行行长也应由国务院总理提名,副行长须由国务院总理任命。

但是,中国人民银行还是有相对独立性的。《中国人民银行法》对中央银行与财政部的资金关系和中央银行与各级政府间的资金关系做出了明确的规定。该法第二十九条规定,"中国人民银行不得对政府财政透支,不得直接认购、包销国债和其他政府债券。"第三十条规定,"中国人民银行不得向地方政府、各级政府部门提供贷款,不得向非银行金融机构以及其他单位和个人提供贷款,但国务院决定中国人民银行可以向特定的非银行金融机构提供贷款的除外。中国人民银行不得向任何单位和个人提供担保。"这些规定表明中国人民银行相对于国务院其他部委和地方政府是具有明显独立性的。

(五)商业银行

商业银行是金融关系中最为重要的金融中介机构。根据《中华人民共和国商业银行法》(简称《商业银行法》)的规定,商业银行主要是指以吸收公众存款、发放贷款、办理结算等为业务的企业法人。商业银行以安全性、流动性、效益性为经营原则,实行自主经营,自担风险,自负盈亏,自我约束。商业银行具体包括全国性商业银行、城市商业银行、农村商业银行、外资商业银行、中外合资商业银行、外国商业银行分行等。

商业银行的设立需要满足一定的设立条件和设立程序。设立商业银行,应当有符合《商业银行法》和《中华人民共和国公司法》(简称《公司法》)规定的章程;有符合该法规定的注册资本最低限额;有具备任职专业知识和业务工作经验的董事、高级管理人员;有健全的组织机构和管理制度;有符合要求的营业场所、安全防范措施和与业务有关的其他设施。此外,设立商业银行,还应当符合其他审慎性条件。

商业银行的负债主要由自有资本、存款和贷款构成。其中贷款主要指同业拆借、向中央银行借款、向内外金融市场借款等。商业银行的主要负债集中在存款。因此,对商业银行负债业务的管理重点就是对存款人的保护。《商业银行法》规定,"商业银行办理个人储蓄存款业务,应当遵循存款自愿、取款自由、存款有息、为存款人保密的原则。""对单位存款,商业银行有权拒绝任何单位或者个人查询,但法律、行政法规另有规定的除外;有权拒绝任何单位或者个人冻结、扣划,但法律另有规定的除外。""商业银行应当按照中国人民银行规定的存款利率的上下限,确定存款利率,并予以公告。""商业银行应当按照中国人民银行的规定,向中国人民银行交存存款准备金,留足备付金。""商业银行应当保证存款本金和利息的支付,不得拖延、拒绝支付存款本金和利息。"

商业银行的资产业务是指商业银行运用其积聚的货币资金从事各种信用活动的业务,这是商业银行取得收益的主要途径,包括发放贷款、进行投资(证券投资、现金资产投资、固定资产投资)、租赁业务、买卖外汇、票据贴现等,其中,最主要的资产业务是贷款业务(含短期、中期、长期贷款和高档消费品贷款)和投资业务。[①] 根据《商业银行法》的规定,我国商业银行贷款业务的基本规则包括:"商业银行根据国民经济和社会发展的需要,在国家产业政策指导下开展贷款业务。""商业银行贷款,应当对借款人的借款用途、偿还能力、还款方式等情况进行严格审查。商业银行贷款,应当实行审贷分离、分级审批的制度。""商业银行贷款,借款人应当提供担保。商业银行应当对保证人的偿还能力,抵押物、质物的权属和价值以及实现抵押权、质权的可行性进行严格审查。""商业银行贷款,应当与借款人订立书面合同。合同应当约定贷款种类、借款用途、金额、利率、还款期限、还款方式、违约责任和双方认为需要约定的其他事项。""商业银行应当按照中国人民银行规定的贷款利率的上下限,确定贷款利率。""商业银行贷款,应当遵守下列资产负债比例管理的

---

① 朱大旗:《金融法》,中国人民大学出版社2015年版,第163页。

规定,即资本充足率不得低于百分之八;流动性资产余额与流动性负债余额的比例不得低于百分之二十五;对同一借款人的贷款余额与商业银行资本余额的比例不得超过百分之十;国务院银行业监督管理机构对资产负债比例管理的其他规定。""商业银行不得向关系人发放信用贷款;向关系人发放担保贷款的条件不得优于其他借款人同类贷款的条件。""任何单位和个人不得强令商业银行发放贷款或者提供担保。商业银行有权拒绝任何单位和个人强令要求其发放贷款或者提供担保。""借款人应当按期归还贷款的本金和利息。"

二、人民币现金领域的流通

我国人民币一般在两大领域进行流通:一是现金领域,二是非现金领域。

在现金领域,《现金管理暂行条例》是我国现金管理的基本法规,其主要内容包括:

(1) 确定人民币现金管理的范围。《现金管理暂行条例》第二条规定,"凡在银行和其他金融机构(以下简称开户银行)开立账户的机关、团体、部队、企业、事业单位和其他单位(以下简称开户单位),必须依照本条例的规定收支和使用现金,接受开户银行的监督。"

(2) 现金管理的主管机关是中国人民银行。

(3) 现金的使用范围。根据《现金管理条例》第五条规定,开户单位可在如下情况使用现金:职工工资、津贴;个人劳务报酬;根据国家规定颁发给个人的科学技术、文化艺术、体育等各种奖金;各种劳保、福利费用以及国家规定的对个人的其他支出;向个人收购农副产品和其他物资的价款;出差人员必须随身携带的差旅费;结算起点以下的零星支出;中国人民银行确定需要支付现金的其他支出。

三、外汇管理

我国《外汇管理条例》中指出,外汇主要是指可以用作国际清偿的支付手段和资产,包括外币现钞、外币支付凭证或者支付工具、外币有价证券、特别提款权以及其他外汇资产。

我国外汇管理的主要目标是加强外汇管理,促进国际收支平衡,促进国民经济健康发展。《外汇管理条例》规定,国务院外汇管理部门依法持有、管理、经营国家外汇储备,遵循安全、流动、增值的原则;国际收支出现或者可能出现严重失衡,以及国民经济出现或者可能出现严重危机时,国家可以对国际收支采取必要的保障、控制等措施;国家实行国际收支统计申报制度;国务院外汇管理部门应当对国际收支进行统计、监测,定期公布国际收支状况;中华人民共和国境内禁止外币流通,并不得以外币计价结算,但国家另有规定的除外。

第三节 货币安全

货币安全关系着整个国家金融系统的安全稳定,直接影响着国民经济的健康有序发展。一般而言,与货币相关的货币发行、货币管理以及货币资金融通的安全都应属于货币安全的范畴。从货币安全的层次上看,货币安全大体可以分为对内货币安全和对外货币安全。所谓货币的对内安全主要是指保证货币发行量与购买力保持相对稳定,既不出现明显的通货膨胀,也不出现明显的通货紧缩。货币的发行是以国家公信力为支撑的,货币的流通是畅通的,资金融通机制是健康有序的。所谓货币对外安全主要是指在保证我国货币与主要国际货币的比价相对稳定的同时,又能有效避免本国货币受国际霸权者的侵害。人民币在国际上的地位应该是不断上升的,应该逐渐掌握话语权和主动权,最终实现人民币的国际化。

当然,将货币安全分为货币的对内安全和对外安全并不是要将两者完全区别对待。货币金融体系是较为复杂的系统。健康的国内货币金融体系是争取和巩固人民币国际地位的基础。良好的外部货币环境是国内货币金融系统的安全保障。

一、货币发行与通货膨胀

信用货币条件下,政府通过垄断货币发行与实行货币政策的权力,改变了货币的权力结构,由于缺乏对政府货币权力的规范和制约,信用货币下货币属性常常被破坏。货币形态的演变或改变必须保证其自身价值或指示价值能为人们普遍接受这个基础,否则货币功能无法确立,货币演化或改革不会成功。货币作为交易媒介和价值尺度,能够评价所有商品的价值、具有估量物体价值的通约性,货币的这种职能保障了财产权的正常行使。在不可承兑信用货币之前,货币的普遍接受性除了受传统和习惯因素的影响,货币自身具有价值也是货币获得普遍接受的主要原因。货币自身的价值取决于为了获得货币人们所付出的劳动,像"贝壳钱"这样比较容易获得的货币其价值当然不高,使用该货币的社群的经济交往也不会发达。信用货币不能承兑为实物,自身基本没有价值,但国家通过法律确立其法定货币地位,就使其具备了普遍接受性。因此,在信用货币之前,货币具有价值储藏功能;在信用货币出现后,货币与自身的价值储藏功能被割断了,这种变化主要是国家的权力介入所导致的。

现代民族国家兴起后,国家纷纷运用主权力量统一货币,使其流通能更顺利。国家一方面统一货币,以国家权力保证其信誉;另一方面国家也趁机垄断了货币制造和发行、惩罚制造伪币者,并逐渐使用自身没有内在价值的纸币。在国家控制了货币的发行和流通后,它就可以操纵货币。通过铸造不足值的铸币或滥发纸币,国家可以影响货币的价值和稳定。这一事实,使信用货币脱离了先前货币的自发性,这意味着法定货币以法律为支撑,实质上是以国家信誉为基础,国家信誉提供了法定货币的价值担保。国家赋予纸币强制流通的能力,当然如果国家丧失了信誉,则纸币就会失去支撑被逐出流通。现代货币在价值储藏功能上不再如商品货币那么明显和确定,信用货币和电子货币能为人们普遍接受,不在于其本身所具有的价值,而是因为国家或制度保证其能用于流通换取商品。在信用货币和电子货币时代,货币自身内在的价值不再被强调,其特质更多地与国家主权相联系,货币更多由政府强制人们接受。商品货币时期人们使用的货币得到了货币自身价值的保障,因而在商品交易中交易者愿意接受。在信用货币和电子货币的情形下,买方愿意使用交易媒介来换取商品或卖方愿意收受它作为付出商品的报酬而体现出来的普遍接受性,则是由国家权力和制度所保障和维护。

在货币关系中,银行和其他金融机构也发挥了重要作用,它们也具有相应的货币权力,加强或是削弱政府的货币权力,会影响个体(公民)的货币利益。货币作为一种社会化的价值信用,体现了国家、银行与其他金融机构和个体间的权利义务关系。在信用货币下,一方面,信用货币的本质属性与之前的货币形式仍然是相同的,要求人们的普遍接受;另一方面,发行货币与控制货币数量的货币权力则由政府及其相应机关掌握。货币权力的主体与货币权利的主体不再重合,市场主体丧失了生产供应货币的权力,货币的数量与货币政策由政府行使，货币权力面临政治因素的严重影响，货币常常成为政府获取短期目标的工具，而由市场和个人承受其不利后果。信用货币改变了货币各主体间的力量对比关系，使得权益、损失、权力与责任的分配也不均衡，商品货币下市场调节具有的一致性、连续性和可预测性的货币秩序遭到破坏。

现代金融体制下，中央银行垄断了货币发行权，是国家唯一的货币发行机构，这是中央银行区别于商业银行与其他金融机构的独特之处。中央银行行使货币发行的职能，调节货币流通。经济学的观点认为，央行根据国民经济发展的客观需要发行货币，从宏观经济的角度控制信贷规模，调节货币供应量，印铸、销毁票币，进行库款调拨，合理满足地区间主辅币需要量，保持货币的稳定。① 货币发行量是基础货币的主要构成部分，中央银行作为货币发行银行每天都可以掌握货币投放与回笼情况，通过货币投放与回笼影响商业银行派生存款的能力。基础货币也被称为高能货币或强力货币，其重要性在于能够用于创造多倍于自身数量的货币，是货币创造的基础。从中国人民银行的资产负债表结构内容来看，基础货币是中央银行的负债，其主要包括金融机构法定准备金存款、超额准备金存款、财政性存款和流通中的现金四大部分，它们约占中央银行负债总额的 96% 左右，其余 4% 左右的央行负债是汇兑在途等其他待结算现金。在现行金融体系下，基础货币的运转集中体现于央行的资产负债平衡表，它在程序上由央行的资产业务形成，而其数量由央行的资产业务规模决定。② 中央银行通过增加或减少自身资产负债总量，以及管理和调节各项资产负债的结构，就可以直接或间接地调控银行信贷总规模和货币供应量，放松或收紧银根，以实现货币政策目标。

现代货币政策完全是新鲜事物，它与政府早期的货币活动根本不同。③ 就过往而言，处理货币事务的好政府能够通过经营的铸币业务向商业社会提供一种为大家依照面值一致接受的铸币；而处理货币事务的坏政府则会破坏大家对货币的信仰。但当政府降低铸币的成色时，它常常纯粹是为财政的原因。政府需要更多的资金，这就是全部理由，根本没有涉及货币政策的问题。货币政策是货币客观交换价值问题。货币制度的性质对货币政策的影响，以

---

① 王继忠、吴景杰：《充分认识货币发行的地位及作用》，载《中国统计》1997 年第 12 期。
② 同上。
③ 〔美〕米塞斯：《货币与信用原理》，杨承厚译，台湾银行经济研究室 1967 年版，第 170 页。

涉及此类货币的价值问题为限。货币政策只能从政府对货币客观交换价值的有计划影响方面才能加以了解。货币政策是中央银行为实现特定的经济目标而采取的各种控制和调节货币信用量的方针和措施的总称,具体包括货币政策最终目标、货币政策中介目标和货币政策工具等基本要素。[①] 最终目标具有一般性和长期的稳定性,通常由中央银行法确定。货币政策中介目标和货币政策工具,可以根据金融市场的变化规律进行改革和创新。中央银行信用调控的核心内容,就是通过货币政策工具的运用,控制商业银行的存款货币创造活动,影响资本市场的货币流量,从而实现货币政策最终目标。

当一国政府无法借到款项而又不敢开征税收时,它通常被迫采取通货膨胀的办法。同时政府有理由相信,如果它将通胀货币政策的金融后果与一般经济后果过早透露,其政策就得不到人们的支持。因此,通货膨胀成为必须隐藏其结果的货币政策。稳定币值、充分就业、经济增长和国际收支平衡都是各国货币政策的传统目标。但这些目标的具体含义,在各国实践中却存在很大分歧。而且,物价稳定与充分就业、经济增长、国际收支间的平衡,经济增长与国际收支间的平衡都存在矛盾,货币政策目标并不能同时兼顾。[②] 当代市场经济比较发达的国家大部分选择利率(凯恩斯主义)、货币供应量(货币主义)、超额准备金或基础货币,以及汇率等作为中介目标。货币政策工具则有再贴现政策、公开市场、准备金制度、信用管制、国债管理等。新凯恩斯主义学者在不同的模型选择与央行可操作性的考量基础上主张不同的货币政策目标制,[③]主要包括钉住通货膨胀目标、钉住价格水平目标、钉住价格水平——通货膨胀混合目标与钉住产出缺口变化目标以及钉住名义收入增长目标等。货币政策工具则包括数量工具和价格工具,一般而言,在市场机制比较完备的情况下,央行对于货币数量与货币价格这两方面的货币政策中间目标,往往只需钉住一个,另一个中间目标能相应地内生性地形成。换言之,货币数量和利率之间具有内在联系,并且这种内在联系可以由市场机制予以确定。美国在 20 世纪 80 年代之前实行的是钉住货币数量,美联储调整利率,以使货币供给量与需求量趋于均衡;在 20 世纪 80 年代后则实行钉住利率,美联储调整货币数量,促使市场利率与政策目标利率趋于一致。我国货币政

---

① 张宇润:《货币的法本质》,中国检察出版社 2010 年版,第 128 页。
② 罗天勇:《论中国货币政策的价值取向》,载《中央财经大学学报》2011 年第 11 期。
③ 杨薇、吴超林:《国外新凯恩斯主义最优货币政策研究演进》,载《经济纵横》2011 年第 2 期。

策工具的运用方式,是同时钉住货币数量与货币价格的双锁定方式,这与我国经济发展的阶段性和经济体制转轨的特殊性有内在关联。① 还有学者认为,货币政策工具可以分为一般性货币政策工具与对特殊经济领域发生作用的选择性货币政策工具,前者主要包括公开市场业务、再贴现政策和法定存款准备金政策,后者主要有消费信贷控制、道义劝告等。② 通常而言,一般性货币政策工具属于调节货币总量的工具,会对整个宏观经济产生影响,但如果采取的操作方式不同,往往也会体现出不同的结构性。我国的存款准备金率、再贴现率与公开市场操作三种货币政策工具,③各自对产出、价格水平与就业人数的调控效果都不相同;总体上看,这三种货币政策工具对实体部门和宏观经济的影响都不大,单独使用其中一种货币政策工具都不能有效调控实际经济变量。

二、金融系统风险

金融系统与货币体系关系十分紧密,妥善处理和化解金融系统风险是保障货币体系安全的关键。与货币安全十分密切的金融系统风险主要有信用风险、利率风险、流动性风险。

所谓信用风险主要是指借款方不能按期归还贷款后给放款方因承受损失而带来的风险。一般而言,在放款前借款方都会对贷款方的还款资质做调查,但是再详尽的调查都不能完全免除贷款方不能按期归还贷款的风险。一般来说,当出现巨额的不良贷款不能偿还的时候,就可能引发信用风险。个别银行的信用风险如果不能及时地化解,就有可能进一步恶化为银行系统性信用风险。

所谓利率风险主要是指在利率出现不利波动时可能会影响银行财务状况的风险。利率风险因其波及范围较广,当商业银行持有大量长期贷款和债券的时候,利率的不利波动将给银行的盈利水平和资本带来巨大的威胁。

所谓流动性风险主要是指由于银行没有能力满足客户的提款申请而造

---

① 刘伟:《我国现阶段反通胀的货币政策究竟遇到了怎样的困难》,载《经济学动态》2011年第9期。
② 马贱阳:《结构性货币政策:一般理论和国际经验》,载《金融理论与实践》2011年第4期。
③ 张学勇、宋雪楠:《金融危机下货币政策及其效果:基于国际比较的视角》,载《国际金融研究》2011年第9期。

成损失的风险,即通常所说的挤兑风险。严重的流动性风险可能会导致商业银行破产,甚至可能威胁整个银行系统的安全。

第四节 货币安全法治问题

一、货币宪法问题

货币权力作为国家经济权力中的重要组成部分,对经济发展和个人权利的影响极大。货币权力如果不受宪法制约,往往会因其滥用而引发恶性通货膨胀。将对货币权力的规制纳入宪法规制范畴是历史发展的必然选择。货币权力的宪法保障是保证币值稳定的最为有效的手段。

货币在产生之初,被视为充当商品交易的一般等价物。它因其自身所存在的稳定价值而被人们普遍接受并予以认可。货币先于国家而产生——但是国家产生后,货币就不再仅是市场交易媒介,它因国家的存在而成为一种权力。这种权力不仅对社会财富具有"分配效应",同时也能够为货币发行者直接带来财富。[1] 货币既是权力的来源,又是权力的目标。国家天然趋向于取得货币权力。这是因为:第一,商品交易的发展要求国家提供统一的货币市场。货币发行由个人控制时,货币发行量没有计划且容易发生欺骗及伪造问题。国家取得货币权力,实现货币发行的高度集中,可以更有计划地发行统一的货币,这有利于币值稳定,建立良好的货币发行与商品流通秩序。在统一的货币市场中,货币政策可以更有效地执行。第二,国家获得货币权力后,货币被有意识地作为一种权力工具来运用,这增加了道德风险的发生概率。金属货币时期,由本身具有价值的稀缺金属充当货币,币值较为稳定并且具有可预测性,市场主体都有能力影响货币的生产和供应。但是随着不可兑换纸币作为信用货币出现后,国家信用成为货币价值。从表面上来看,纸币是由国家强制力来推进而为民众所接受的,但事实上,如果纸币缺少了国家信用的保证,很快就会因没有货币价值而遭到人们抛弃。在国家信用成为货币价值后,享有货币发行的垄断权的政府可以更容易地对货币数量进行调节以保持币值稳定,促进经济发展。相较于对普通商品的垄断,对货币的垄

---

[1] 赵柯:《货币的政治逻辑与国际货币体系的演变》,载《欧洲研究》2011年第4期。

断更容易使每一个人遭到剥夺。因为政府享有的货币权力可以达到改变货币的数量和货币购买力,进而影响货币的市场价值的作用。因此,在没有合理约束的情况下,政府可以通过使货币贬值的方式增加税收,从而达到增加政府收入的目的。因此,如何实现政府控制货币垄断权的情况下的货币价值稳定便成了现代宪法制度秩序的难题。

二、数字货币规制

数字货币法定化是数字货币发展的必然趋势。中国人民银行于2014年成立了法定数字货币研究小组,开始对数字货币的发行框架、关键技术、发行流通环境及相关国际经验等进行专项研究,目前已经进入实践阶段。

《中国数字人民币的研发进展白皮书》(简称《白皮书》)显示,中国人民银行发行的数字货币是人民银行发行的数字形式的法定货币,由指定运营机构参与运营,以广义账户体系为基础,支持银行账户松耦合功能,与实物人民币等价,具有价值特征和法偿性。数字人民币体系设计坚持"安全普惠、创新易用、长期演进"设计理念,综合考虑货币功能、市场需求、供应模式、技术支撑和成本收益确定设计原则,在货币特征、运营模式、钱包生态建设、合规责任、技术路线选择、监管体系等方面反复论证、不断优化,形成适合中国国情、开放包容、稳健可靠的数字人民币体系设计方案。

《白皮书》指出我国数字货币的设计遵循以下三个原则:

(1) 坚持依法合规。数字人民币体系制度设计严格遵守人民币管理、反洗钱和反恐怖融资、外汇管理、数据与隐私保护等相关要求,数字人民币运营须纳入监管框架。

(2) 坚持安全便捷。数字人民币体系突出以广义账户为基础、与银行账户松耦合、价值体系等特征,适应线上线下各类支付环境,尽量减少因技术素养、通信网络覆盖等因素带来的使用障碍,满足公众对支付工具安全、易用的要求。数字人民币运营系统满足高安全性、高可用性、高可扩展性、高并发性、业务连续性要求。

(3) 坚持开放包容。发挥指定运营机构各自优势和专业经验,按照长期演进技术方针,通过开展技术竞争及技术迭代,保持整体技术先进性,避免系统运营风险过度集中。支持与传统电子支付系统间的交互,充分利用现有金融基础设施,实现不同指定运营机构钱包间、数字人民币钱包与银行账户间的互联互通，提高支付工具交互性。

在数字人民币运营体系设计上，《白皮书》指出，数字人民币采用的是双层运营模式。人民银行负责数字人民币发行、注销、跨机构互联互通和钱包生态管理，同时审慎选择在资本和技术等方面具备一定条件的商业银行作为指定运营机构，牵头提供数字人民币兑换服务。在人民银行中心化管理的前提下，充分发挥其他商业银行及机构的创新能力，共同提供数字人民币的流通服务。具体来说，指定运营机构在人民银行的额度管理下，根据客户身份识别强度为其开立不同类别的数字人民币钱包，进行数字人民币兑出兑回服务。同时，指定运营机构与相关商业机构一起，承担数字人民币的流通服务并负责零售环节管理，实现数字人民币安全高效运行，包括支付产品设计创新、系统开发、场景拓展、市场推广、业务处理及运维等服务。在此过程中，人民银行将努力保持公平的竞争环境，确保由市场发挥资源配置的决定性作用，以充分调动参与各方的积极性和创造性，维护金融体系稳定。双层运营模式可充分利用指定运营机构资源、人才、技术等优势，实现市场驱动、促进创新、竞争选优。同时，由于公众已习惯通过商业银行等机构处理金融业务，双层运营模式也有利于提升社会对数字人民币的接受度。

《白皮书》指出，数字人民币的研发符合中国的法律框架，《中国人民银行法》已授权人民银行发行人民币、管理人民币流通，人民银行有权发行人民币并具有唯一发行权。目前公布的《中国人民银行法》修订草案的征求意见稿进一步明确了"人民币包括实物形式和数字形式"。此外，针对数字人民币的特征，还需制定专门的监管办法与要求。对数字人民币的监管应以确保法定货币属性、严守风险底线、支持创新发展为原则，目标是确立数字人民币业务管理制度，明确对指定运营机构监管要求，落实反洗钱、反恐怖融资等法律法规，强化用户个人信息保护，营造数字人民币安全、便利、规范的使用环境。研究制定数字人民币相关管理办法，加强数字人民币个人信息保护。完善业务规则和技术标准。建立健全数字人民币运营系统全流程安全管理体系，从密码应用安全、金融信息安全、数据安全、业务连续性等方面组织开展全方位系统安全测试与评估，保障系统安全平稳运行。

第六章 资本市场安全法治

21世纪是资本的时代,资本市场的影响已经渗透到全球经济的每一个角落。尤其是2007年美国次贷危机的爆发,引起全球范围对资本市场的高度关注。世界各国都采取经济和行政等手段保障资本市场安全。资本市场安全关系到国家经济安全,安全、稳健、高效运行的资本市场无论对于中国还是世界经济发展都至关重要。资本市场安全关乎经济建设全局和社会稳定,全力维护资本市场的稳定运行,不仅是一个重要的经济问题,也是一个复杂的政治问题,对此,必须站在国家经济安全的战略高度来认真对待,充分利用法治力量保障资本市场在安全框架内高效、稳健运行。

第一节 资本市场与资本市场安全的重要意义

一、资本市场概述

(一) 资本市场的概念与类型

资本是一个使用极为广泛但内涵又十分复杂的概念,在不同语境下有着不同的含义。在经济学语境下,资本作为一种生产要素,是由人类生产出来的并用于进一步生产的货物或用以获得货币收入的财产。马克思在《资本论》中将资本高度概括为能够带来剩余价值的价值。从宏观角度来看,资本是一种典型的生产要素,是经济增长的重要组成部分,是一切投入再生产过程的有形资本、无形资本、金融资本和人力资本。从微观企业角度看,资本是企业发展的起点,企业资本制度是现代企业制度的核心内容。从企业金融角度看,资本是企业财务杠杆的支点,企业用财务杠杆进行资本结构的优化,从而实现企业价值的最大化。

资本是资本市场存在的前提和基础。资本市场是市场经济高度发展的必然产物,是现代金融的核心。美国斯坦福大学教授詹姆斯·范霍恩等从期限层面出发,认为资本市场是"长期(期限在一年以上)金融工具(股票和债券等)交易市场";美国著名经济学家弗里德曼则从功能角度出发,认为资本市场是"通过风险定价功能来指导新资本的积累和配置的市场。"[1] 主流观点认为,资本市场,又称长期资金市场,是与货币市场相对应的一个概念,是金融市场的重要组成部分,通常是指由期限一年以上的各种融资活动所组成的市场,包括股票市场、债券市场、基金市场和中长期信贷市场等,主要是为了满足投资者的中长期融资需求,其融通的资金主要作为扩大再生产的资本使用,参与者一般更注重安全性和获利性。[2]

资本市场是资金供给和需求的双方进行交易的场所,资金需求者一般通过资本市场筹集长期资金。资本市场可以按照不同的标准进行划分,例如可以分为一级市场和二级市场,或者国内资本市场和国际资本市场等。而按照融通资金方式的不同,资本市场通常可以被划分为银行中长期信贷市场和证券市场两种类型。

1. 银行中长期信贷市场

银行中长期信贷市场是指银行提供中长期信贷资金的场所,中长期资金的供给和需求双方通过这一市场进行资金融通。银行中长期信贷市场又可以进一步分为国内中长期信贷市场和国际中长期信贷市场两个子市场。前者的贷款对象主要局限于一国国内或同一个国家。后者则指不同国家之间的中长期贷款,其贷款方式又包括独家银行贷款和银团贷款两种。银行中长期信贷市场也可以按照融资期限进行划分,期限在 1 年至 5 年的为中期信贷,期限在 5 年以上的则为长期信贷。这一市场的资金利率主要由经济形势、资金供求量、通货膨胀情况以及政府政策等方面决定,其贷款方式有双边贷款和多边贷款等。中长期信贷市场主要有两方面功能,一是基础性功能,即调节长期资金的供给与需求;二是衍生性功能,即通过其利率效应的发挥促进国家政策的落实。

2. 证券市场

广义上的证券市场是以证券为对象的发行、交易、服务、监管等关系的总和,既包括证券活动所涉及的各类证券市场主体,也包括作为证券活动对象的各种证券工具。狭义上的证券市场仅指证券发行和交易的场所。证券市场是金融市场的重要组成部分。根据市场功能和证券流通的阶段,证券市场

---

[1] 刘建:《资本市场安全与刑法规制》,中国人民公安大学出版社 2009 年版,第 1 页。
[2] 唐波主编:《新编金融法学(第四版)》,北京大学出版社 2021 年版,第 5 页。

可被划分为证券发行市场与证券交易市场,也就是证券一级市场与证券二级市场;根据证券品种,证券市场可分为股票市场、债券市场、基金市场、衍生品市场等;根据证券交易场所的不同,证券市场又有场内交易市场和场外交易市场之分。证券市场在金融发展和经济增长方面发挥着筹集资金、分散风险、配置资源、评价监督等重要功能。①

(二) 资本市场的特点

与货币市场相比,资本市场具有至少五个方面的特点,表现如下:

1. 融资期限较长

资本市场的融资期限至少为1年,有的可以长达几十年,甚至可以没有到期日。例如,中长期债券的期限基本在1年以上,封闭式基金的存续期间一般为15—30年,而股票作为一种永久性证券是不设置到期日的。

2. 流动性不及货币市场

这主要是由于通过资本市场筹集的资金主要用来满足中长期融资需求,所以其流动性和变现能力比不上货币市场。

3. 风险相对较大但收益相对较高

资本市场因为融资期限较长,发生重大变故的可能性也比较大,市场价格容易发生波动,因此这一市场上的投资者需要承担较大的风险,但依据经济学最基本的风险收益原理,高风险同时也意味着较高的风险报酬,也就是投资收益。

4. 资金借贷量比较大

资本市场资金融通期限长且一般资金规模较大,因此这一市场的资金借贷量比较大。例如,根据中国人民银行发布的《2020年金融统计数据报告》,2020年全年人民币贷款增加19.63万亿元,其中住户贷款中中长期贷款增加5.95万亿元,企(事)业单位贷款中中长期贷款增加8.8万亿元,二者之和占据2020年全年贷款增加额的75%以上。

5. 价格变动幅度大

资本市场的特点是高度的市场化运行机制和广泛的市场参与主体,市场行情瞬息万变,市场价格容易波动而且有时变动幅度较大,再加上全球资本市场的连通性以及金融风险的传递效应,资本市场参与者通常要承担更多价

---

① 顾功耘主编:《证券法学》,高等教育出版社2021年版,第16—21页。

格变动的风险以及由此带来的经济损失。例如,2007年美国次贷危机的爆发使全球资本市场剧烈震荡,资本市场的价格泡沫被刺破,受其影响世界主要股票市场均出现了大幅下跌的情形。

(三)资本市场的功能与意义

资本市场对于一国经济具有举足轻重的作用,这主要因为资本市场具有不可替代的功能。有观点认为,资本市场的核心功能主要在于促进资本形成,服务实体经济;促进价格发现,优化资源配置;提供交易功能,增强资本流动性;提供风险管理,优化公司治理。[①] 也有观点认为,资本市场的功能主要是集结和配置资源、融资、界定产权、提供信息以及提供企业和投资者管理风险的手段。[②]

本书认为,资本市场的主要功能包括:

1. 投融资功能

这是指资本市场一方面为资金需求者提供通过发行证券等方式筹措资金的机会,另一方面也给资金供给者提供了投资的对象和渠道。筹资和投资是资本市场基本功能不可分割的两个方面,忽视其中任何一个方面都会导致市场的严重缺陷。

2. 定价功能

资本市场的第二项基本功能就是定价。以证券市场为例,这一市场的运行形成了证券需求者和证券供给者的竞争关系,这种竞争所产生的结果就是:能产生高投资回报的资本,其市场的需求就大,其证券价格就高;反之,不能产生高投资回报的资本的市场需求就小,其证券价格就低。因此,证券市场提供了合理的资本定价机制。

3. 资本配置功能

例如,可以通过证券价格引导资本流动从而实现资本合理配置。由于资本市场具有强大的评价、选择和监督机制,投资主体作为理性经济人始终有明确的逐利动机,因此资本市场上"看不见的手"会促使资金流向高效益部门,从而表现出资源优化配置的功能。

4. 产权功能

这是指资本市场所具有的对市场主体的产权约束和充当产权交易中介

[①] 肖钢:《中国资本市场变革》,中信出版社2021年版,第21页。
[②] 刘建:《资本市场安全与刑法规制》,中国人民公安大学出版社2009年版,第2页。

的功能。它是资本市场的一种派生性功能,主要通过改造企业经营机制、提供资金融通、传递产权交易信息以及提供产权中介服务而在企业产权重组的过程中发挥重要作用。

资本市场对于国民经济的重要意义主要体现在,这一市场可以接受不被用于消费的金融资本或投资,通过建立市场价格实现供给与需求的平衡,还可以通过资本需求者之间的竞争,将资本引导到最可能有效的投资上,提高整个国民经济财富。

二、资本市场安全问题及其重要意义

美国哈佛大学教授亨廷顿在其著作《文明冲突与世界秩序的重建》中列举了西方文明控制世界的战略要点,其中之一就是"主宰着国际资本市场"。而美国之所以能成为全球超级大国,一个重要因素就是美国在国际资本市场上具有极大优势。随着经济全球化、资本流动自由化与无序化,资本市场安全问题日趋严重。资本市场体制不健全、经济结构问题突出和管理薄弱的国家和地区最容易成为"震荡源"。1994年墨西哥、1997年亚洲、1998年俄罗斯、1999年巴西、2000年土耳其、2007年越南发生的金融危机就是最好的例证。由美国次贷危机引发的2008年全球金融海啸使资本市场遭遇重创,危及多国的国民经济和全球银行系统。资本市场作为一个高风险领域,一旦发生问题就会引起整个资本市场连锁反应,从而引发全球性系统性金融危机,并继而发展为经济不稳定甚至经济危机。一个国家的资本市场如果不稳定,其国家经济安全利益就无法得到保障。资本市场的安全关系到国家的经济安全。

资本市场安全的实质,就是资本体系不受内部和外部的破坏与侵害,从而保持在一种能够抵御风险和抵抗危机的状态。作为市场经济体系的动脉,资本市场是市场配置关系的主要形式。我国的资本市场作为一个新兴市场,对推动经济发展的作用毋庸置疑,资本市场发展的水平和市场化程度,已成为衡量我国经济发展程度和与世界主要经济体相比较的重要指标。资本市场对于促进经济发展、调整经济结构、维护社会稳定、建立和谐社会发挥着越来越重要而且不可替代的作用。随着资本市场全球化进程的不断加快,我国资本市场对外开放的程度也在不断加深,资本市场安全对国家经济安全具有难以估量的重要意义。一旦资本市场运转失灵或者出现其他风险事件,不仅可能会使国家经济体系和人民群众利益遭到破坏损害,从而导致社会秩序的混乱,甚至可能还会引发更加严重的政治经济危机。从这一层面来讲,资本市场安全已成为一国经济稳定和发展的重要前提之一。

当我们从政治的层面去审视资本市场与社会和谐的关系,以及资本市场融入国家战略转型所需承担的资源配置功能时,资本市场的一系列改革以及资本市场安全问题就不得不引起人们的高度关注。随着经济新常态的到来,我国资本市场必将经历从量变到质变的关键时期,资本市场发展将面临根本性变革,这种深度变革将从战略层面对市场安全提出更高的要求。同时,我国的资本市场凝聚着中国社会和谐发展的中坚力量。我国A股市场有超过1.9亿投资者规模,这一庞大群体对资本市场的反应在很大程度上代表着人们对社会经济的情绪和态度,也深刻影响着我国社会的和谐与稳定。我国资本市场发展至今,已经成为仅次于银行系统的规模最大的财富资产库,许多中小投资者将自己相当一部分比例的财富用于资本市场投资,有的甚至把对下一代的教育以及自己的养老等民生大事都寄托于资本市场的收益。这使得资本市场的稳定和发展与广大民众的切身利益息息相关。如果这一市场出现问题,那么受伤害的不仅是参与市场运作的投资者和各类公司、企业等经济主体,还包括支撑中国经济发展和社会稳定和谐的"顶梁柱",乃至整个国家国民经济发展的基础。[1]可以说,没有资本市场的安全,就没有国家经济安全和社会秩序的稳定。维护资本市场安全已成为世界各国的共识,而资本市场安全是与资本市场发展结伴而行的系统工程,因此需要将资本市场安全提高到国家经济发展的战略高度予以认真对待和研究。[2]

第二节 我国资本市场建设发展的安全法治问题

中华人民共和国成立以来,我国资本市场经历了从无到有、从小到大、从区域到全国再到日益国际化的历程。2020年,恰逢我国资本市场建立三十周年。三十年来,我国资本市场实现了跨越式发展,取得了世人瞩目的成就,我们已经初步建立起多层次资本市场体系,正在向着建设规范、透明、开放、有活力、有韧性的资本市场不断迈进。在这一过程中,资本市场面临着许多机

---

[1] 黄复兴:《后股改时代资本市场安全问题研究》,载《社会科学》2007年第3期。
[2] 刘建:《资本市场安全与刑法规制》,中国人民公安大学出版社2009年版,第16页。

遇和挑战,其中,资本市场安全是不容忽视的重大问题,如何以法治来保障资本市场的安全需要被认真思考和对待。

一、我国资本市场建设发展的历程与现状

中华人民共和国成立后的一段时期里,由于实行严格的计划经济,在长达三十年的时间内资本市场曾在我国一度绝迹。我国现代意义上的资本市场起始于20世纪70年代末期。我们的资本市场也是计划经济向市场经济转轨的产物,带有明显的转型特征和非市场化的浓厚色彩。

党的十一届三中全会的召开为我国资本市场的起步开启了大门,经济建设成为国家基本任务,改革开放成为我国基本国策。随着经济体制改革的不断推进,企业对资金的需求日益多元,这为资本市场的萌发提供了重要的经济土壤。20世纪70年代末,农村兴办了一批合股经营的股份制乡镇企业,这是改革开放后股份制经济的最早雏形。到了20世纪80年代初期,城市中一些小型国有企业和集体企业也开始进行股份制尝试,最初的股票开始出现。1984年,我国诞生了真正意义上的第一只股票,这是由飞乐音响股份有限公司向社会公众及其职工发行的股票。股份制的出现具有划时代的意义,作为一种有效的资金筹集办法,在飞乐音响股票成功发行的示范效应下,股份制的需求逐渐扩大。但当时最大的问题就是虽然有了股票但却没有市场,没有监管,也没有法规。

随着证券流通需求的日益强烈,全国各地开始出现股票和债券柜台交易。1990年,政府开始允许在有条件的大城市建立证券交易所,上海证券交易所和深圳证券交易所因此相继成立。可以说,我国股票发行在起步阶段就缺乏统一的法律法规和监管机制。1992年,我国成立了国务院证券管理委员会和中国证券监督管理委员会(简称"中国证监会"),同年12月,国务院发布《关于进一步加强证券市场宏观管理的通知》,这标志着我国资本市场开始逐步被纳入中央政府统一监管体制,全国性资本市场由此形成并逐步发展。1978年到1998年的二十年是我国资本市场迅速发展的阶段,但由于发展过于迅猛,这一时期资本市场也问题频出,发生了多起损害投资者利益的重大事件,于是,要求对资本市场及其参与者进行法律保护的呼声日益高涨。立法部门遂匆忙起草《中华人民共和国证券法》(简称《证券法》)并于1999年颁布实施,但这种迫于现实的被动立法并不能反映和满足市场的真实需求,因此在实施短短数年后《证券法》便重新修订。

随着《证券法》的施行,资本市场的地位正式得到了法律确认,开始走上健康发展的快车道,这一时期的发展情况可以分为两个阶段。

(一)我国资本市场进一步规范和发展阶段(1999年至2007年)

这一阶段我国主要围绕社会主义市场经济体制和全面建设小康社会进行持续改革,随着经济体制改革的深入,国有以及非国有股份公司也不断进入资本市场,资本市场的力量不断壮大。为了适应资本市场发展变化需要,我国一方面修订证券法、公司法等资本市场法律法规,另一方面也逐步完善监管制度,加大监管力度,开始建立集中统一的监管体制。同时,为适应资本市场发展需要,对证券执法体制也进行了重大改革,提高了证券执法的专业水平、效率以及公正程度。2004年,国务院发布《关于推进资本市场改革开放和稳定发展的若干意见》(即"国九条"),明确提出"积极稳妥解决股权分置问题",这成为我国资本市场规范发展的第二次革命。此后,又正式启动了以对价改革为核心的股权分置改革,采用大股东让渡一部分股份给流通股股东,从而换取股份流通资格的方式,解决了资本市场的特殊矛盾,实现了制度性转轨。为丰富资本市场层次,2000年深圳证券交易所开始探索筹建创业板。2004年,为了向创业板过渡进行分步走,深圳证券交易所中小企业板开盘。2005年5月,股权分置改革正式启动,至2007年初,98%的上市公司完成了这一改革。股权分置改革的成功开启了我国资本市场制度规范的时代,对资本市场发展具有里程碑意义。

(二)我国资本市场迈入迅猛发展的新时代(2008年至今)

2007年,由美国雷曼兄弟公司破产引发的次贷危机席卷全球,同样也波及了我国资本市场。但危机中也酝酿着转机,随着开放式股票型基金重获发行,监管层打出前所未有"组合拳",让灾后的A股市场终于重拾信心。2009年10月,创业板正式开市。创业板一方面为高科技企业提供融资渠道,另一方面也通过市场机制,有效评价创业资产价值,促进知识与资本的结合,推动知识经济的发展。2010年,资本市场先后推出融资融券、股指期货交易。这标志着我国A股市场迎来了双边交易时代,一改过去只能"做多"的局面,为我国资本市场与国际接轨创造了有利条件。2012年,新三板正式成立,进一步充实了我国多层次资本市场体系,为创新型企业的发展提供了新活力。2014年11月,上海与香港股票市场交易互联互通机制"沪港通"正式启动。

自此,两地资金开始双向流动。2016年12月5日,"深港通"正式启动。自此开启了我国资本市场"共同市场新时代",这一共同市场的出现有助于外资顺畅地进入我国市场,同时也推动了我国金融市场加入全球金融市场指数,进而吸引新的国际资本流入。2014年,国务院发布《关于进一步促进资本市场健康发展的若干意见》(简称"新国九条")。"新国九条"的出台促进了资本形成与股权流转,更好地发挥了资本市场优化资源配置的作用。鼓励和引导创业投资基金支持中小微企业,为中小企业的发展注入了新动能。这一时期,中国实体经济进入全面深化改革的关键期,资本市场改革也进入深水区,"新国九条"的推出进一步推动了资本市场在已有发展基础上,实现再改革、再出发。2019年,资本市场重磅改革接连推出,其中尤其引人注目的是,新三板、创业板等板块的增量改革全面开启。2019年6月,科创板正式开板,实行更具有包容性的发行上市条件。同年12月,《证券法》(修订草案)通过,明确全面推行注册制。

2020年,我国经济进入高质量发展的关键时期,完备的多层次资本市场体系将为金融体系和经济发展提供强有力支撑。近年来,我国资本市场对外开放取得显著进展,各领域对外开放的广度与深度不断加大。目前,我国股票市场、债券市场均跻身全球第二大市场。但从整体看,股市、债市中境外投资者持有比例依然比较低,国际化水平依然有较大提升空间。这就需要进一步扩大包括资本市场在内的金融业开放,构建新的开放格局。

如果从更为久远的时间算起,自1872年轮船招商局股票发行开始,我国资本市场已经走过了百年风雨,经历了从无到有、从小到大、从闭塞到开放、从区域到全国再到国际化的艰难历程。我国资本市场在曲折的学习和探索中,最终切准了世界经济的时代脉搏。我国作为世界大国必将以成为国际化金融中心作为资本市场发展的未来选择,不断开放的我国资本市场犹如一艘巨轮,终将向着更为浩瀚、广阔的远方扬帆破浪而去。[1]

二、我国资本市场安全法治问题

我国资本市场总体上是一个"新兴+转轨"的市场,具有市场发展较快、规则不够完善、价格波动较大、各类问题较多等特点。以证券市场为例,目前

---

[1] 李雨蒙:《现代中国资本市场的发展历程》,载《中国民商》2020年第10期。

我国拥有全球最多和最活跃的个人投资者群体。受国内外多重因素和市场自身调整影响,我国证券市场自次贷危机以来波动较频繁。此外,证券市场上操纵市场、违规披露信息、上市公司资金占用、欺诈上市等违法犯罪行为时有发生,这些都严重威胁着资本市场安全。全力维护资本市场的安全运行,不仅是一个经济问题,而且是一个政治问题,必须站在国家经济安全的高度予以认真对待,为此,需要采取经济的、行政的、法律的手段来共同维护资本市场安全。

影响我国资本市场安全的隐患问题主要存在于以下方面:

(一)我国资本市场的体制机制问题

我国资本市场在整体上仍处于初级阶段而且缺乏必要的弹性,市场规模总体偏小,市场结构不平衡。资本市场的机制不够完善,市场运行的效率不理想。证券公司综合竞争能力不强,投资者结构不够合理,内幕交易、虚假陈述等违法违规行为屡禁不止,法律和诚信环境有待进一步改善。实践中,大部分上市公司的企业改制不彻底,存在着控股股东、实际控制人和公司高管侵害公司资产和损害社会公众股股东利益的现象。另外,一些上市公司还蓄意隐瞒公司重大经营信息,恶意逃避信息披露监管。再加上一些证券中介机构不够勤勉尽责,误导投资者的情况也时有发生。

(二)我国资本市场的资产质量问题

资本市场资金主要由银行、企业、社会、外资等投入形成。其中,银行资产的质量高低在很大程度上影响着资本市场资本质量的高低。但从我国的情况来看,虽然投资有多种选择,但不少银行通过上市进军资本市场后,其部分资金可能会受到价格波动影响,因而发生资金缩水和损失,这无疑将危及整个资本市场的安全稳健运行。

(三)我国资本市场过度金融化和"脱实向虚"问题

通过观察近年来我国资本市场的变化不难发现,实体经济获取资本的难度越来越大,成本也越来越高。而与之相对的是资本市场的空转套利、监管套利和关联套利等现象屡见不鲜。这反映出我国金融结构的严重扭曲,这也是导致我国资本市场过度金融化、"脱实向虚"的关键因素。造成这一问题的原因是错综复杂的,但汇率改革、利率市场化改革的不到位,货币市场基金监管套利的大爆炸,商业银行长期稳定存款的失去,金融自由化对监管的约束所导致的各类金融机构和准金融机构、金融交易市场和准金融交易市场对资金争夺的加剧,在很大程度上共同强化了我国的金融短期化进程。资本市场作为金融资源流入实体经济的唯一渠道,一切有关金融安全的举措都必须围绕资本市场安全展开,脱离资本市场安全的一切金融改革和金融安全都是无的放矢。① 当前全球经济仍处于新冠疫情笼罩之下,世界经济复苏仍然不稳定、不平衡,资本市场的使命责任依旧十分重大,在强调须进一步强化市场功能发挥、坚持依靠实体和服务实体的同时,我们还要格外警惕资金空转泡沫化,防止"脱实向虚"风险累积。②

(四) 我国资本市场失序与违法犯罪问题

这主要表现为一些地方证券市场存在着秩序混乱、乱设证券机构和从事非法证券活动与集资活动等现象,对正常的资本市场秩序造成了较大冲击。从法律角度来看,一些地方和部门在防范资本市场风险的第一道防线,也就是市场准入方面就留下了很大隐患。另外,资本市场的违法犯罪问题也日益突出。近年来,我国资本市场发生的"大案要案"屡见不鲜,往往数额惊人、损失巨大且造成了严重的社会危害。例如,2015 年的"e 租宝事件"在很短时间内就非法集资达 500 多亿元,受到损害的投资者达 90 万人,遍布全国 31 个省区市,造成的影响极为恶劣。资本市场违法犯罪具有鲜明特点,一是往往数额巨大,有时高达几亿甚至几十亿元。二是一个违法行为通常造成众多受害者,容易形成大规模群体性事件,影响社会稳定。三是资本市场犯罪往往表现为白领犯罪特别是内部人员犯罪,这往往又牵涉证券机构违规操作和制度漏洞问题。而且,资本市场犯罪又多属智能犯罪,其特征也从以往的资金优势型向信息优势型转变。

(五) 我国资本市场法治程度与市场透明度问题

法治乃资本市场运行的基石。法治基础不扎实就会引发市场预期机制的紊乱,造成投资者信心的动摇。法治的灵魂在于法治理念,法治理念的重要表现形式就是法的威慑力,视法律为儿戏、蔑视法律乃至践踏法律,都是法治理念或法治精神严重缺失的表现。法治基础中的执法水平也至关重要,在资本市场中绝对不能选择性执法,对于虚假信息披露、欺诈上市、内幕交易、操纵市场等违法行为,必须做到严格执法。执法也不因受市场周期的变化而

---

① 钮文新:《资本市场安全是中国最大的金融安全》,载《中国经济周刊》2017 年第 22 期。
② 《证监会主席易会满:要警惕资金空转泡沫化,防止脱实向虚风险累积》,https://finance.ifeng.com/c/89JwpoAwgt9,2022 年 1 月 3 日访问。

变化,市场行情的起伏涨落不应影响执法的严格程度。信息披露的市场透明度是资本市场实现交易公平和结果公正的前提,①我国资本市场透明度还有待进一步提升。

(六) 我国资本市场的国际化与对外开放问题

随着资本市场国际化程度的不断加深,相应的问题也越来越棘手和突出,其中最典型的就是资本外逃现象。资本的跨境非法转移通常通过三种途径:一是通过经常性项目来实现;二是通过资本项目实现;三是通过现金或者地下钱庄形式实现。特别是在一些沿海、沿边地区,未经国家有关部门的审核和批准而非法私换外汇、秘密洗钱、非法存贷等现象,严重扰乱了正常的金融管理秩序,对国家经济安全和社会稳定造成了严重影响。

在经济全球化时代,资本市场的对外开放是一种必然选择。"开放是当代中国的鲜明旗帜","加入世界贸易组织以来,中国不断扩大开放,激活了中国发展的澎湃春潮,也激活了世界经济的一池春水",我们已经做出承诺,"中国开放的大门不会关上","中国将在更大范围、更宽领域、更深层次上提高开放型经济水平","中国的大门将继续对各国投资者开放,希望外国的大门也对中国投资者进一步开放"。② 但资本市场的开放程度越高,所面临的风险也就越大。例如,资本市场开放程度的提高意味着国际资本可以自由进入,以及进行投机的可能性就越大,这就给国际游资的"炒作"提供了便利。一旦发生市场价格变动,投资者迅速撤出资金导致资本外流,就会破坏国际收支平衡,给资本市场带来危机隐患。③

第三节 我国资本市场风险来源与重大风险事件

资本市场是风险丛生的领地。确保资本市场的安全需要从有效预防和恰当应对资本市场风险入手,为此,需要厘清我国资本市场的风险来源,梳理一些重大风险事件,为资本市场健康发展汲取经验教训。

---

① 吴晓求等:《中国资本市场三十年:探索与变革》,中国人民大学出版社2021年版,第13页。
② 杜尚泽、赵成:《习近平总书记在同出席博鳌亚洲论坛2013年年会的中外企业家代表座谈时的讲话》,载《人民日报》2013年4月9日。
③ 刘咏梅:《中国资本市场安全的法律规制》,载《人民法治》2016年第6期。

一、我国资本市场的风险来源

(一) 资本市场的特点及其主要风险来源

纵观全球经济和金融市场的发展,资本市场以其高效的资源配置效率逐渐成为各国金融市场的核心和经济发展的血脉,在各国经济发展中起着举足轻重的作用。但不可否认,在快速发展的同时,资本市场也将不断积聚的风险向实体经济扩散。从1997年的亚洲经济危机,到2008年的全球金融海啸,全球性的金融风险大都源自资本市场。资本市场由于其自身的特点,是一个容易形成风险并造成风险积聚、扩散和传导的领地。资本市场的主要风险来源包括但不限于信用与违规风险、市场体系不完善沉淀的潜在风险、地方政府债务风险、影子银行风险、企业互保联保所隐藏的风险、过度投机衍生品市场蕴藏的风险以及互联网金融和金融创新所导致的风险等。[①]

(二) 我国资本市场开放的风险与安全

2007年的次贷危机在短暂酝酿之后就迅速演变为一场席卷全美并波及全球的金融海啸。身处资本全球化时代,当危机来临时,任何一个开放国家都不可能独善其身。开放的资本市场在带来更强活力和动力的同时,必将承受更多的风险和产生更多不安全因素。近年来,我国资本市场高水平开放成为经济中的新亮点,但资本市场开放过程中也存在着跨境资金流动的顺周期风险,尤其是国际资本市场与中国资本市场较强的联动性极易引起风险共振,为我国带来输入性金融风险。此外,我国资本市场的高水平开放进一步提升了市场的一体化程度,使得国际金融风险得以跨境和跨市场传导,对我国金融体系的稳定性造成一定冲击。因此,我们需要防范资本市场变为国际金融巨头借危机效应收割财富、转嫁风险并继而操控我国实体经济脉门的工具。

(三) 金融创新与金融监管带来的资本市场风险

金融创新也是一把双刃剑,在带给资本市场繁荣、给予投资者更多投资选择的同时,金融创新也裹挟着大量风险。在一定程度上,2008年的国际金融危机就是不适当的金融创新与金融监管不匹配导致的一种结局。金融衍生产品是金融创新的重要表现,但这些产品的特点就是高杠杆性和极强的穿

---

① 葛永波:《资本市场的风险来源及其防范》,载《改革》2017年第11期。

透性,在放大资本市场自身风险的同时也会造成跨市场风险传递,从而加剧市场波动,严重时会诱发系统性金融风险。我国资本市场盛行的程序化交易多与金融衍生品市场相关,这深化了风险的跨市场传导效能。此外,来自美国次贷危机的教训也表明,金融监管也是资本市场的重要风险渊源。在资本市场开放进程中,金融监管风险主要体现为因金融监管水平欠缺或经验不足,难以有效应对资本市场开放带来的一系列风险。我国以机构监管为特征的分业监管模式存在着监管标准不统一、监管重叠、监管真空等问题,金融监管的体制机制有待进一步完善,监管的协调性也需要进一步提升,这些都决定了我们在有效识别和管控风险方面还存有缺陷。监管有效性的降低和监管真空的存在使得资本市场开放下的金融投机行为加剧,金融体系的脆弱性因此增大,金融稳定和金融安全也面临更多挑战。[1]

(四)资本市场数字化及其风险隐患

经过30多年的发展,如今,信息技术已逐渐渗透社会生活的各个方面,深刻改变着经济社会的运行逻辑和原有结构,包括金融和资本市场的形态。"数字化"已经从辅助企业转型发展的工具转变为企业发展的核心增长点,带领企业步入新的"数字经济"时代。数字金融作为数字经济在金融领域的体现,是以信息技术为主要手段,以金融大数据为核心资源,以提高效率、优化结构和提升竞争力为目标,催生的服务新模式、新金融体系。近年来,随着金融业数字化转型的不断加快,产业数字化带来了产出的增加和效率的提升。相关数据显示,近年来我国金融行业增加值中数字经济的占比不断提高。数字金融是金融业适应数字化时代的必由之路,数字资本市场是数字金融的重要组成部分,是面向未来的新型市场形态。作为一个全新概念,数字资本市场是指"以电子化证券交易场所与清算结算机构为基础设施,以互联网为信息披露与传递的重要渠道",以个性化和定制化方式提供创新性金融服务与产品,满足各类投融资与风险管理需求的新型市场形态。

数字资本市场的主要优势体现在融资方式的多样性、定价方式的灵敏性和交易方式的便利性等方面,它使得信息的传播更加高效,催生了新型数字资产,例如数字股票、数字收益权、数字债务、数字衍生品等,数字资本市场也推动了资本市场的普惠发展,创新了资本市场服务与投资的模式,促进了证

---

[1] 祁晓颖、吴凝:《新发展格局下资本市场高水平开放的风险与对策》,载《银行家》2021年第6期。

券基金机构转型升级,颠覆了现行信息披露机制,提升了金融监管能力。[1]但作为一种全新的市场形态,数字资本市场也带来了诸多风险、挑战和问题。例如加密货币引发的货币主权、非法交易、洗钱风险等,信息过度披露可能造成的信息干扰和金融消费者保护等,这些都是数字经济时代资本市场需要认真思考和面对的现实问题。

二、我国资本市场若干重大风险事件及其启示

我国资本市场30年的发展历程中,曾经发生过不少惊心动魄的重大风险事件,这些事件对我国资本市场造成了巨大破坏和深远影响,对此我们应该深刻吸取教训,从这些事件中得到启发,避免以后再次发生类似事件威胁资本市场安全。

(一)"327"国债期货事件及其影响和启示

1992年12月,上海证券交易所设计并推出12个品种的期货合约。次年,财政部决定参照央行公布的保值贴补率,给予一些国债品种保值补贴。国债收益率炒作空间扩大,国债市场开始火爆,聚集资金量远远超过股市。当时国内最大的券商——上海万国证券公司(简称"万国证券")总经理、"证券教父"管金生预测,"327"国债的保值贴息率应维持在8%的水平,不可能上调。按照这一计算,"327"国债将以132元的价格兑付。当市价在147元至148元波动时,万国证券联合高岭、高原兄弟执掌的辽宁国发集团(简称"辽国发"),开始大举做空。而他们的对手,是隶属于财政部的中国经济开发信托投资公司(简称"中经开")和众多市场大户。当所有空头以市场化的眼光断定保值贴补率不可能再增加时,财政部发布公告称,"327"国债将按148.50元兑付,保值贴补率竟然提高到12.98%!1995年2月23日一开盘,多空双方即展开"生死厮杀",当天下午,辽国发的高氏兄弟看到势头不对,突然调转枪口做多,万国证券遂被逼进"死胡同",面临60亿元巨亏。在收市前8分钟,万国证券违规下单,透支卖出国债期货。最后一个卖单对应面值1460亿元,而"327"国债总价值仅仅300多亿元。如果按照收盘价交割,以中经开为代表的多头将出现约40亿元的巨额亏损,全部爆仓。当晚十点,上海证券交易所经过紧急会议后宣布:1995年2月23日16时22分13秒之后的所有交易是异

---

[1] 肖钢:《中国资本市场变革》,中信出版社2021年版,第261—279页。

常的、无效的,当日"327"品种的收盘价为151.30元。市场被上海证券交易所翻转。

最终,万国证券亏损56亿元,濒临破产。万国证券被申银证券接管,管金生被捕入狱,高岭、高原兄弟人间蒸发,踪迹皆无。这一事件被资本市场称为"327"国债期货事件。该事件深刻改变了中国证券市场的进程。此后,中国证监会鉴于当时不具备开展国债期货交易的基本条件,作出了暂停国债期货交易试点的决定。至此,中国第一个金融期货品种宣告夭折。整整18年后,直至2013年才恢复。这一事件留给市场的教训,一是当时的市场机制设计存在漏洞,使得少数的市场参与者恶意操纵市场竟然没有受到交易所和监管者的注意;二是整个市场风险意识淡薄,都未充分意识到衍生品由于采用较高的杠杆率,其风险远远大于现货市场。该事件一直被业内认为是中国证券市场特定时期的特定产物,它直接导致国债期货暂停,也成为中国期货市场重视风险管理的开端。[1]

(二)中航油事件及其启示

自20世纪70年代以来,国际石油市场风云变幻。为了规避石油现货风险,20世纪80年代国际原油期货这一金融衍生品应运而生。随着我国石油进口量的大幅增加,国家批准一些大型国有石油企业在石油产品方面进行套期保值。2003年4月,中国航油(新加坡)股份有限公司(简称"中航油")被批准进行境外期货交易。2003年下半年,中航油开始交易石油期权,初涉及200万桶,中航油获利。在此期间,时任中航油总裁兼副总经理的陈久霖却擅自扩大业务范围,从事石油衍生品期权交易。这是一种类似于"押大押小"的金融赌注行为。

然而从2004年第一季度开始,由于油价持续攀升导致中航油出现持续账面亏损,为挽回损失,中航油选择不断加仓导致亏损越来越严重。直至2004年10月28日,中航油因无法补加一些合同的保证金遭遇逼仓,蒙受了1.32亿美元的实际亏损。11月8日至25日,中航油继续遭逼仓,截至25日的实际亏损达3.81亿美元。12月1日,在亏损5.5亿美元后,中航油宣布向法庭申请破产保护令。

此前,中航油曾因成功进行海外收购被称为"买来个石油帝国",然而海

---

[1] 《国债327事件始末真相 血色8分钟引发的悲剧》,http://news.sohu.com/20150212/n408956131.shtml,2021年11月2日访问。

外收购的成功却没能躲过从事投机交易导致的 5.5 亿美元的巨额亏损,中航油最终倒闭。中航油也曾被评为 2004 年新加坡最具透明度的上市公司,然而其总裁却被新加坡警方拘捕,接受管理部门的调查。"中航油事件"令中国苦心打造的海外石油"旗舰"遭遇重创,中国实施"走出去"的战略遭到延误。反思这一事件,我们发现以下问题:

第一,中航油的石油期权投机在当时是被我国政府明令禁止从事的交易。1998 年 8 月国务院发布的《关于进一步整顿和规范期货市场的通知》中明确规定:"取得境外期货业务许可证的企业,在境外期货市场只允许可行套期保值,不得进行投机交易。"1999 年 6 月,以国务院令发布的《期货交易管理暂行条例》第 4 条也规定:"期货交易必须在期货交易所内进行。禁止不通过期货交易所的场外期货交易。"其第 48 条又规定,国有企业从事期货交易,限于从事套期保值业务,期货交易总量应当与其同期现货交易量总量相适应。2001 年 10 月,证监会发布的《国有企业境外期货套期保值业务管理制度指导意见》第 2 条规定:"获得境外期货业务许可证的企业在境外期货市场只能从事套期保值交易,不得进行投机交易。"从以上规定可知,中航油的石油投机交易违反了当时国家的多项禁止性规定。

第二,中航油的石油期权投机交易在操作上违背了基本的内部控制原则。尽管中航油是新加坡上市公司,公司也有很多规章,但实际上并不起作用,没有被有效执行。中航油违规从事石油期权投机历时一年多,从最初的 200 万桶发展到事情暴露时的 5200 万桶,在此期间一直未向总公司报告,总公司也未发现,直到保证金支付问题难以解决、经营难以为继时中航油才向总公司紧急报告,而且依旧没有说明实情。这暴露了中航油集团内部监督控制机制的严重问题。[①] 在某种意义上,制度的落实比制度本身更重要,没有被落实的制度不仅形同虚设,还会造成企业内部毫无意义的消耗。

第三,国家严格限制外盘代理,中国期货经纪公司只能长期局限在国内市场。中国企业参与国际套期保值只能借助外资投行的渠道,这样,商业机密就完全暴露在国际资本的眼皮底下,交易过程中很容易陷入被动,尤其是对掌握垄断经营权的大型国企来说,更可能带来国家安全风险。

第四,在企业"走出去"的过程中,政府的监管不能缺位。然而,如何监管

---

① 《中航油事件始末:5.54 亿美元金融赌注进无底洞》,https://business.sohu.com/20041220/n223564051.shtml,2022 年 1 月 3 日访问。

才能更有效？关于跨国公司的监管，到底是成果监管还是过程监管的问题，学术界一直有争论。有专家认为，政府的要务之一是尽快完善责任追究制度，应当规定，跨国经营的企业，一旦主要因经营管理原因出现严重亏损的，就要对直接责任人和企业负责人严加处罚。当然，要赏罚并重，避免出现企业负责人因怕出事而丧失进取心的情况。

第五，避免类似中航油事件的重现，最重要的是发展国内衍生品市场。衍生品市场的发展是国际经济发展的趋势，是国内市场发展的需要和市场国际化的要求。企业在境内做衍生品交易，易于监管部门和上级公司进行监管。即使发生经济纠纷或者案件，在国内解决也比较容易，对于国内企业也相对有利。①

（三）"e租宝"事件及其启示

"e租宝"事件是2015年轰动全球金融行业的大案。"e租宝"是钰诚集团全资子公司，作为互联网金融的一种模式，其主打产品类型为A2P，即融资租赁。2014年7月，"e租宝"产品上线，其提供的产品包括"e租财富""e租年享"等6种类型，预期年化收益率为9%—14.2%。自上线以来，"e租宝"凭借其高额回报率迅速吸引了众多投资者。"e租宝"还要求其员工必须认购一定的理财产品，通过采取个人责任营销的模式，其交易规模不断扩大。截至2015年11月底，"e租宝"累计成交达703亿元，总投资人数高达90.95万人，而截至2015年12月8日，"e租宝"的待收总额为703.97亿元。

2015年12月3日，"e租宝"深圳宝安分公司遭经侦突击检查。12月8日，"e租宝"的应用程序与官方网站均无法打开。12月16日，广东省公安厅发布通告称"e租宝"网络金融平台涉嫌犯罪问题已被依法立案侦查。2016年1月14日，北京检察机关对"e租宝"平台实际控制人以涉嫌集资诈骗罪、非法吸收公众存款罪等犯罪行为作出批准逮捕决定。至此，曾风靡一时的"e租宝"互联网金融理财平台倒塌。自上线到被查封，"e租宝"在短短一年半的时间内就吸收资金高达500多亿元，吸引投资者更是多达90多万人，投资者几乎遍布全国各地。遭查封时"e租宝"平台账面资金不及吸收资金的十分之一，多数资金已被钰诚集团高管挥霍或转移，投资者损失极其惨重，造成的社

---

① 《5.5亿美元巨亏的中航油事件，根源是什么，我们得到什么启示？》，https://www.sohu.com/a/225646482_100127782，2022年1月3日访问。

会影响十分恶劣。①

"e租宝"披着互联网金融外衣、打着"网络金融"旗号上线运营,通过把虚假的融资租赁债权项目和个人债权项目包装成高息理财产品,承诺还本付息,同时以电视、网络、传单等形式向社会公众进行利诱性宣传,很多投资者被融资项目的高回报所吸引而掉入陷阱。"e租宝"事件使得 P2P 行业的信誉降至冰点,也为追求高速增长的从业者敲响了警钟。

2016 年 4 月 19 日,习近平总书记出席了关于网络信息安全的相关座谈会,并且在座谈会上以"e租宝"为案例分析了近年来非法网络借贷平台给社会带来的负面影响。"e租宝"事件反映了我国 P2P 网贷行业的风险管控不到位,加上部门的监管不严、存在滞后性等,使得投资者蒙受了巨大的损失。②"e租宝"事件作为互联网金融非法集资第一典型案件,其细节也反映出互联网金融创新的典型风险,包括民间非法集资被互联网金融创新包装的风险、信息披露透明度不足的风险、信贷技术风险以及平台内部公司治理风险等。③

（四）中国银行"原油宝"事件及其启示

2020 年发生的中国银行（简称"中行"）"原油宝"事件是当年资本市场的一大新闻。因纽约原油期货 5 月合约离奇地跌为负值,导致"原油宝"多头持仓客户在本金亏损殆尽之后还倒欠了银行的钱。中行在其官网公告称,经审慎确认,美国时间 2020 年 4 月 20 日,WTI 原油（西德克萨斯中间基原油）5 月期货合约芝加哥商品交易所官方结算价为 37.63 美元/桶的有效价格。根据客户与中行签署的《中国银行股份有限公司金融市场个人产品协议》,中行"原油宝"产品的美国原油合约将参考芝加哥商品交易所官方结算价进行结算或移仓。人民币美国原油 2005 合约的多头与空头平仓结算价为 266.12 元/桶。同时,鉴于当前的市场风险和交割风险,中行自 4 月 22 日起暂停客户"原油宝"（包括美油、英油）新开仓交易,持仓客户的平仓交易不受影响。这一纸公告的发布,意味着国内"原油宝"账户损失惨重,更有甚者,投资者还要倒欠银行一倍多的资金。

据一份网传文件披露,此次中行"原油宝"多头持仓客户共计 3621 户,凌

---

① 韩丹:《互联网金融理财法律监管问题探析——以 e 租宝为例》,载《武汉金融》2016 年第 6 期。
② 郭君默、谢艳玲:《"e 租宝"事件引发金融风险的思考》,载《金融理论与教学》2020 年第 3 期。
③ 乔鹏程:《回归金融本质:互联网金融创新与"e 租宝"案》,载《财经理论与实践》2018 年第 1 期。

晨持仓亏损 2.1 亿元,在全部本金亏损之后还欠中行 3.7 亿元,投资者人均损失 16 万元。面对巨额亏损,不少投资者通过自发组织,形成了数个 500 人的微信维权群,而微博上最大的维权群更是接近 4000 人。"原油宝"事件中,经济环境变化引发的资本市场投资风险是一方面,另一方面则在于产品本身的性质以及投资者是否适格等问题。源于全球油价的巨大不确定性,通过"对赌"国际原油价格来赚取收益的产品本身就具有巨大风险。除了没有杠杆外,"原油宝"在交易方式上基本与期货交易相似,当油价出现大的波动时就会产生较高投资风险。正规期货交易产品一般会设置较高的交易门槛,那些风险承受能力较低的客户不被允许进行投资。但"原油宝"是作为一种理财产品被中行推出的,显然中行低估了此类产品的价格风险。[1]

第四节 我国资本市场安全问题的法治应对

资本市场是风险丛生的领地,资本市场安全是关系到国民经济和社会发展全局的大事。法治作为资本活动的保障,在整个资本活动中占据重要地位。资本活动要用法律来规范、减轻和消除可能引发市场安全的风险隐患问题。只有抓好资本市场的法治建设,才能使我国资本市场走上安全、健康、规范和可持续发展的道路。

一、因应资本市场高水平开放的监管变革

金融监管变革的逻辑基于的是金融结构的渐进而趋势性的调整和由此所引发的金融风险的巨大变化。资本市场作为金融开放的前沿阵地,极易成为开放条件下,尤其是当前全球新冠疫情扩散蔓延影响下,各类风险因素的"汇集区"和"泄洪口"。

(一)金融风险变化与金融监管调整

金融风险的结构特征和演变趋势决定了金融监管的基本架构和改革的基本方向。从监管转变的理论逻辑来看,我国金融资产结构和金融体系结构均已发生重大变化,对此,金融监管应作出及时调整,否则会引起监管成本的增加和监管效率的降低。此外,从监管转变的现实动因来看,我国金融脱媒

---

[1] 邓雅蔓、周琦:《追问中行"原油宝"事件 高风险产品为何变为常规理财?》,载《中国经济周刊》2020 年第 8 期。

现象的增强对信息透明度提出了更高要求。金融科技变革也产生了重大影响,迅速推进了我国金融业态的变化,资本市场上金融风险结构也逐渐发生变化,透明度风险占比开始上升。不断加快的金融开放将推动我国金融进入风险结构更加复杂的时代,源于我国金融风险结构的趋势性变化以及不同风险来源的巨大差异,我国金融监管模式和架构的调整显得尤为迫切。随着金融脱媒的加速,证券化金融资产在资本市场的占比迅速上升,金融风险的特征也发生了重大变化,我国的金融风险已经进入资本不足风险与透明度风险并重的时代,透明度监管因此应成为资本市场监管的重点之一。

(二)资本市场宏观审慎监管

资本市场的稳定对于守住不发生系统性金融风险的底线、维护金融体系稳定意义重大。在积极吸引外资进入的同时,我们也应适应新形势、把握新特点,有效加强风险穿透监测和防范预警等监管机制建设。[①] 资本市场开放必须与人民币国际化、利率和汇率市场改革、资本项目可兑换等改革举措协调推进,同时与其他金融领域的开放保持良好配合。与此同时,我们还应建立健全与开放金融体系相匹配的宏观审慎监管框架,以此防范跨境资本大幅度流动带来的风险,提高可兑换条件下的风险管理水平。近年来,我国高度重视完善宏观审慎管理制度,这主要体现在加强政策协调、加强系统性风险监测与评估、完善宏观审慎政策三个方面。

(三)基于金融消费者保护的资本市场监管

垄断和信息不对称是引发金融消费者保护不足的两个重要原因,金融机构与金融消费者在信息、专业知识以及可得资源等方面存在显著差异,这导致二者在交易中的地位不平等,消费者缺乏足够的力量维护自身权益,这种现象在证券市场上表现得尤为突出。要解决金融交易中的垄断和信息不对称问题,需要通过政府干预,为消费者保护提供有力支持。对此,我国正在不断完善金融消费者权益保护的相关做法,包括在制度上形成金融消费者权益保护的法律监管框架体系,在机制上积极探索构建金融消费者保护的网状协调机制等。

(四)发展运用资本市场监管科技手段

金融科技的快速发展不仅改变了传统金融行业的生态格局,也对金融监

---

① 聂庆平、李广川、董辰珂:《新时代中国资本市场:创新发展、治理与开放》,中信出版社2021年版,第372页。

管模式造成了巨大冲击。监管科技目前主要用于不当行为分析和市场监管、实时监控和虚拟协助、数据管理、微观和宏观审慎监管四大领域。在不当行为分析和市场监管方面,监管科技可以通过对市场交易行为进行实时监控,借助大数据和人工智能在处理非结构化数据方面的优势,发挥对于打击洗钱、恐怖融资、不当销售和欺诈等的监管作用。在实时监控的虚拟协助方面,可以利用大数据提升被监管机构数据上报自动化程度,为监管机构提供动态实时监测工具。在数据管理方面,监管科技主要体现在实现数据验证、数据整合以及可视化三个方面。在微观和宏观审慎监管方面,监管机构可利用人工智能等技术深度加工数据,在微观和宏观层面进行金融风险的研判和评估。①

(五)推动资本市场流动型开放向制度型开放转变

另外,还要推动由商品和要素流动型开放向规则等制度型开放的转变,具体包括:进一步完善金融法治理念和体系;加强协调监管,减少监管盲区和监管空白,防范监管套利,提高监管效能;有效提升资本市场深度和广度,增强市场抵御风险的韧性;加快完善衍生品市场,为投资者提供更加多元的金融避险工具。在此基础上,切实落实外资金融机构的准入前国民待遇和负面清单管理制度,加强对外资金融机构的监管。与此同时,还需加快完善跨境监管协作机制,积极参与国际规则的制定和国际金融治理。②

二、资本市场大规模群体性事件的法治应对:以证券市场为例

社会发展引起的现代化大生产和科技进步在创造和丰富了人类物质财富的同时,也催生了"大众侵权行为"这种社会病。在资本市场上,特别是证券市场上这种由侵权行为而引发的民事赔偿纠纷是典型的"现代型纠纷",受其行为侵害的投资者往往人数众多,少则几十上百,多则成千上万。不同于普通民商事纠纷,证券民事纠纷的一个显著特点,是涉及的投资者尤其是中小投资者人数比较多,一个侵权行为可能会侵害众多不特定投资者的权益,③而散户投资者的抗风险能力又比较弱,因而有可能使纠纷演变为过激的群体

---

① 吴晓求等:《中国资本市场三十年:探索与变革》,中国人民大学出版社2021年版,第426—440页。
② 肖钢:《中国资本市场变革》,中信出版社2021年版,第313—314页。
③ 盛学军、刘如翔:《诉讼代表与纠纷调解:我国证券投资者保护基金公司的职能拓展与制度创新》,载《云南师范大学学报(哲学社会科学版)》2010年第6期。

行为。① 证券交易的特点决定了,因内幕交易、虚假陈述、操纵市场等侵权行为而引发证券民事赔偿纠纷具有典型的涉众性特点,牵涉其中的投资者往往人数众多。涉及人数众多的证券期货民事纠纷案件,尽管其共同特点是索赔额十分庞大,但就个体而言大多数投资者的实际损失并不大,因而此类证券纠纷具有典型的"小额多数"特征。

群体性纠纷又分为大规模侵害纠纷和小额分散性侵害纠纷。前者是指受害人数量众多、单个受害人受损数额也较大的那类群体性纠纷;后者则指个别侵害虽微不足道但受害人分布广泛且为数众多的那类群体性纠纷。② 在证券期货市场上,既有大规模侵害纠纷也有小额分散性侵害,我国当前的证券期货纠纷尤以后者居多。救济与恢复受大众侵权行为所侵害的权利是世界各国面临的共同难题,目前主要依靠公共执法和私人执法两种模式。③ 前者主要由立法机关或经授权的行政机关通过制定法律并由行政机关执行的方式进行,重在事前规制和事中监管,并辅之以事后的行政制裁。而后者即私人执法之具体措施又包括公力救济、社会救济和私力救济。其中,以私人执法模式治理大众侵权行为的典型方式即为民事诉讼,而处理群体性纠纷的诉讼程序就是群体诉讼。证券民事赔偿案件的特点之一是被告相对固定而原告人数众多,是典型的群体诉讼。大规模诉讼对作为传统民法体制核心的个体价值形成了挑战。对法院而言,这种挑战就是开发出能有效且公平地应对和解决大规模诉讼的手段。④ 因此,对于群体诉讼,世界各国和地区都相应地变革了诉讼制度,⑤由此形成了一系列具体的群体诉讼形式,其中最知名的莫过于美国的集团诉讼、英国的集体诉讼、德国的团体诉讼以及日本的选定当事人诉讼。⑥

当前,我国证券期货市场纠纷频发且群体性特征显著,无论是纠纷解决的传统机制还是实践中出现的新型机制,无论是英美法系还是大陆法系抑或

---

① 沈四宝等:《仲裁是解决证券纠纷的有效方式》,载《法制日报》2002年9月18日。
② 转引自吴泽勇:《群体性纠纷解决机制的建构原理》,载《法学家》2010年第5期。
③ 〔日〕田中英夫、〔日〕竹内昭夫:《私人在法实现中的作用》,李薇译,载梁慧星主编:《为权利而斗争》,中国法制出版社2000年版,第377页。
④ Deborah R. Hensler, Revisiting the Monster: New Myths and Realities of Class Action and Other Large Scale Litigation, *Duke Journal of Comparative & International Law*, Vol. 11, 2001, pp. 179-213.
⑤ 宋一欣:《可否同时引入集团诉讼与团体诉讼》,载《上海证券报》2006年12月27日C08版。
⑥ 陈巍:《欧洲群体诉讼机制介评》,载《比较法研究》2008年第3期。

我国法律体系的群体性纠纷解决方案,在化解我国的群体性证券纠纷问题上都存在着种种缺陷。迹象表明,我国证券期货市场以中小投资者为主的散户型格局在一定时期内难以改变,这使得保护投资者尤其是中小投资者权益的任务尤为重要。如何在现有机制的基础上探索建立适合我国的群体性证券纠纷解决机制无疑是一个极为迫切的现实问题。在我国群体诉讼的模式问题上,示范诉讼程序比有着现行法明文规定的代表人诉讼更具实践应用基础。我国证券领域的示范诉讼实践始于"东方电子虚假陈述案"。[①] 示范诉讼的出现为世界各国共同面临的大众侵权行为引发的群体性纠纷解决难题提供了新的思路,因而越来越多的国家正在尝试确立并运用这一制度。我国的证券示范诉讼目前还停留在实践层面,经由司法实践形成的裁判经验终究不过是一种权宜之计,难以成为纠纷解决的常态机制。因此,必须对证券示范诉讼的裁判经验进行制度化的程序构造,赋予其相对稳定的内容和形态,才能使其成为解决群体性证券民事纠纷的常规机制。[②]

三、资本市场系统性金融风险的法治应对

自2016年开始,中共中央、国务院及各金融监管部门逐步将防范化解系统性金融风险作为我国资本市场发展及监管工作最核心的主题。党的十九大报告再次强调要"守住不发生系统性金融风险的底线"。2017年底召开的中央经济工作会议,将防范化解重大风险,重点是防控金融风险,作为随后3年要重点抓好决胜全面建成小康社会的三大攻坚战之首。系统性金融风险的预警和防范成为当前十分迫切而紧要的课题。[③]

当前,世界正处于国际金融危机后的深度调整期和加速演变期,在新冠疫情和中美摩擦等因素的共同作用下,世界经济增长的不确定性增强、增速持续放缓甚至陷入负增长。对此,我们需要高度警惕国际资本市场系统性金融风险交叉传染,包括国际资本市场联动共振带来的输入性金融风险、金融

[①] 1997年1月,山东烟台东方电子信息产业股份有限公司(简称"东方电子")在深圳证券交易所上市。2001年8月,证监会对东方电子涉嫌违规问题进行调查。2003年1月,东方电子3名高管因提供虚假财务报告被烟台市中级人民法院作出刑事判决。随着刑事判决的作出,相应的民事赔偿诉讼接踵而来。
[②] 冯果、窦鹏娟:《群体性证券民事纠纷的示范诉讼及其程序构造》,载《投资者》2019年第2期。
[③] 聂庆平、李广川、董辰珂:《新时代中国资本市场:创新发展、治理与开放》,中信出版社2021年版,第261页。

市场"脱实向虚"引发的内生性金融风险,以及地缘政治经济变动在"金融加速器效应"下加剧的市场震荡。此外,我们还要对市场微观主体发生联动共振所引发的金融风险做好防范应对。

随着经济下行压力的增大,在市场交易价格下行的过程中,可能会造成金融机构的投资损失超出其资产负债表所能承受的程度而导致其资产负债表出现恶化甚至衰退,加剧有毒资产的形成。这些金融机构后续大量抛售金融资产的行为,往往会导致市场行情急剧下跌,由此引发金融风险转化为金融震荡甚至金融危机的可能性。另外,金融控股公司过度占用经济和金融资源、股权质押比例过高加剧市场下行风险、交易杠杆率过高增加投资者的脆弱性、产业链"串联式"财务造假严重打击市场信心等现象也需要引起足够重视。[①] 在开放条件下,政府掌控金融安全工具的影响力趋于弱化,这使得市场高度繁荣与系统风险加速聚集同时并存。因此,必须从宏观和微观两个层面,从提升管理部门监管责任的角度,加大对违法违规者的惩处力度,尤其要在财产利益上对大股东行为进行有效钳制,这样才能促进资本市场安全稳定发展。[②]

在我国构建国内国际双循环新发展格局这一时代背景下,加强对资本市场系统性风险的前瞻性研判尤为必要且重要,它有利于我们提高资本市场防范和化解金融风险的能力,[③] 有利于形成金融风险治理体系新框架,有利于我们探索抵御外部负面冲击的关键途径,有利于我们寻求资本市场释放风险和高质量发展的新路径。

---

① 姚云:《"双循环"格局下资本市场风险化解》,载《中国金融》2020年第17期。
② 黄复兴:《后股改时代资本市场安全问题研究》,载《社会科学》2007年第3期。
③ 宋玉臣、李洋:《突发事件与资本市场系统性风险:制度解释与实证证据》,载《上海经济研究》2021年第4期。

第七章　产业安全法治

产业是国民经济的组成单位,是从事相同或相似生产或服务等行为的聚合。一个国家产业越安全,越能够保障本国内部物资供应和外部经贸稳定。随着科技与社会的发展,全球产业供应链已将各国上下游产业紧密联系在一起,使得各国之间的产业安全具有相互依赖性,因此,一国所采取的产业措施可能正面或负面影响其他国家的产业安全。产业安全法治即以法治手段处理与产业相关的安全问题。各国为保护或促进本国产业发展,以政策或法律形式作出相应规定是最常见的法治手段。然而,并非所有立法均符合法治精神,个别国家为维护本国产业霸权地位,可能制定歧视性法律打压其他国家的产业。为全面理解产业安全法治,本章将从产业安全、产业安全法治的三个维度、产业安全法治面临的挑战、产业安全法治的建设与完善四个方面予以阐释。

第一节　产　业　安　全

一、产业安全概念

"产业"一词,有广义与狭义之分。中国国家统计局在《三次产业划分规定》中所作出的第一产业、第二产业、第三产业的分类,即是广义上使用"产业"这一表达。在狭义层面,"产业"有时与"行业"互换使用,中国质量监督检验检疫总局和国际标准化管理委员会联合发布的《国民经济行业分类》所使用的"行业"这一表达,即为狭义层面的"产业"。国家统计局根据《国民经济行业分类(GB/T 4754-2017)》,于 2018 年对三次产业划分作出了调整。第一产业包括农、林、牧、渔业。第二产业包括采矿业,制造业,电力、热力、燃气及水生产和供应业,建筑业。第三产业批发和零售业,交通运输、仓储和邮政业,住宿和餐饮业,信息传输、计算机服务和软件业,金融业,房地产业,租赁和商务服务业,科学研究和技术服务和地质勘查业,水利、环境和公共设施管理业,文化、体育和娱乐业等。在国际上,世界贸易组织(WTO)《反倾销协议》第 4 条关于"国内产业"的定义,即在狭义上使用"产业"一词,将"国内产业"解释为国内同类产品的全部生产商或合计总产量构成全部国内产品产量的大部分生产商。产业安全是国民经济安全的基础,是国家产业发展和产业利益不受外部或内部因素破坏与威胁的一种状态。①

二、产业安全范畴

产业安全具有宏观和微观两个层面。宏观产业安全是抽象化的综合安全,是一国整体经济实力的体现;微观产业安全是具体的,是分行业、分领域的微观考察。② 产业安全问题与国家的内部和外部因素密切相关,内部因素包括国家的天然资源禀赋、科技与生产力发展状况、国家政策导向、法治营商环境等要素,外部因素包括国际竞争环境、国际法治营商环境、外部不确定风险等要素。其中,以科技为基础的产业竞争力的强弱是关于产业安全的重要指数。科技越发达,越能够采用先进理念和生产方式改善产业发展,促进智慧产业、绿色产业等可持续发展。

在农业方面,中国自然资源相对丰富,拥有东北平原、关中平原、河套平原、珠江三角洲、广西盆地等,这些地区适宜农作物生长,为我国农业安全奠定了基础。然而,经过数千年的耕种与灌溉,中国农业自然资源潜力不足,大面积连片的农业开发几乎没有可能。③《2020 中国生态环境状况公报》显示,中国农用地土壤环境状况整体稳定,对土壤构成首要污染的重金属是镉;若将中国耕地质量划分为十个等级,2019 年全国耕地质量平均等级为 4.76 等;2019 年全国水土流失面积为 217.08 万平方千米,比 2018 年减少 2.61 万平方千米;全国荒漠化土地面积为 261.16 万平方千米,沙化土地面积为 172.12 万平方千米。农业发展不仅受制于土壤、水源等自然环境限制,同时受制于技术对农业的支持程度、市场对农产品价格波动的影响、政策对农业治理等多要素影响。具体而言,第一,自然风险指台风、暴雨、干旱、地震等自然灾害对农业生产所造成的风险。虽然人类已取得了突飞猛进的科技进步,但尚不

---

① 周新苗:《对外经济开放与中国产业安全研究:福利视角》,上海交通大学出版社 2014 年版,第 1 页。
② 王东光:《外国投资国家安全审查制度研究》,北京大学出版社 2018 年版,第 11 页。
③ 梁书民:《全球农业自然资源的空间分布与综合评价研究》,载《世界农业》2007 年第 6 期。

能控制自然灾害的发生，仅能在有限程度上减缓自然灾害程度及其对农业所造成的不利影响。投保农业气象灾害保险不失为受灾农户减轻自然灾害影响的一种自救措施，也有利于发挥农业生产的互助共济原则。第二，技术风险是指农业技术落后对农业生产造成的风险。中国已在农业育种、农业灌溉、农业养殖等方面取得了长足进步，但科技对农业成果的转化贡献率仍有待提高。① 第三，市场风险包括国际农产品市场竞争所引发的农产品价格波动，市场竞争下可能出现"谷贱伤农"现象或淘汰质低价高的农产品。美国是农产品出口大国，美国的小麦、玉米、大豆在国际市场上的价格较低，对我国相关农业生产造成了一定程度的冲击。② 第四，政策风险主要表现为由于政策不稳定或者实施偏差而对农业生产者可能造成的风险。③ 家庭联产承包责任制是中国于20世纪80年代在农业改革方面实施的重要举措，该制度激发了农民生产经营的活力，促进了农业进步和农村经济繁荣。但仍需注意的是，改革开放后大规模的农民工进城削减了农村劳动力，导致农业生产过程中的人工投入不足，化肥、杀虫剂等工业品投入过量，这对农业可持续发展造成了挑战。④

在工业方面，经过改革开放以来的多年发展，中国已成为全世界唯一拥有联合国产业分类中全部工业门类的国家，已成为制造业大国。⑤ 中国光伏、新能源汽车、家电、智能手机、消费级无人机等重点产业居于世界前列，通信设备、工程机械、高铁等一大批高端品牌已经走向世界，2012年至2020年间中国的制造业占全球比重由22.5%提高至30%。⑥ 然而，中国工业发展仍遭受两个方面的挑战：一是核心技术方面，中国制造业依然存在受制于人的现象；二是粗放型发展模式下的高耗能产业向低碳、新能源产业转向的阵痛。

在核心技术方面，我国高端装备很多部分领域中的重要组件严重依赖进口。就半导体产业而言，中国虽然已陆续形成一批规模企业，但由于研发投资回报慢、周期长、收益不明显等特点，市场几乎被美、日、欧企业垄断，中国

---

① 董秀华：《中国农业科学技术发展的若干思考》，载《农民致富之友》2019年第1期。
② 侯盛：《我国农业产业安全困境与破解》，载《农业经济》2021年第2期。
③ 侯守杰：《农业风险视域下确保国家粮食安全：问题甄别与应对之策》，载《农业经济》2021年第9期。
④ 乐波：《农民工进城与农村环境问题》，载《湖北工程学院学报》2013年第5期。
⑤ 许精策、张园、买亚宗：《能源互联网将发挥重要作用》，载《国家电网报》2021年10月12日第8版。
⑥ 黄鑫：《中国制造业何以稳居世界第一》，载《经济日报》2021年9月22日第1版。

高端芯片的供应能力不足。① 近年来,中国频繁遭受美国对华高科技企业的打压,限制美国企业及采用美国专利技术的企业向中国企业提供高端芯片。2018年4月,美国商务部工业安全局将中兴通讯列入出口管制"实体清单",禁止美国企业向中兴通讯提供其生产所必需的部件和组件,中兴通讯因此陷入停产;2018年6月,美国时任总统特朗普与中国政府沟通后,美国工业安全局与中兴通讯签署《替代和解协议》,中兴通讯以缴纳罚款及提高出口合规审查的方式换取美国解除"限制令";2018年9月,中兴通讯发布出口合规函,宣布重启正常业务运营,配合美国工业安全局指定的特别合规协调员共同强化中兴出口合规项目。② 无独有偶,美国认为华为公司威胁其国家安全和外交利益,自2019年5月起,美国将华为及其多家非美国境内的分支机构纳入"实体清单",限制华为获取美国相关技术及其产品。③ 2021年11月,美国总统拜登签署《安全设备法》,要求联邦通信委员会制定规则,不再审查或批准有关威胁国家安全设备的授权申请,这意味着被美国列入"实体清单"的中国高科技企业难以获得载有美国技术的芯片等高科技产品。

在传统产业方面,就电力能源而言,2021年下半年我国全国范围内20多个省出现不同程度的"拉闸限电",其核心原因是煤炭价格持续处于高位,火电企业燃料成本上涨,上网电价长期低于标杆电价水平,出现"发一度亏一度"局面。④ 这说明中国电力供应仍主要依赖煤炭火力发电,对清洁可再生能源发电的利用率仍有待提高。电力行业是国民经济中的基础行业,对其他制造业发展起到支撑作用。如若缺乏稳定的电力供应,不仅生产活动不能持续进行,居民的生活质量也会受到影响。就钢铁产业而言,中国消费的铁矿石大部分来源于淡水河谷、力拓、必和必拓三大矿业公司,在国际谈判定价中长

---

① 梁琪:《我国半导体芯片产业安全评价体系》,载《区域治理》2020年第2期。

② Alison J. Stafford Powell, Joseph Schoorl, Meghan Hamilton, Commerce Department Terminates ZTE Denial Order Issued April 15, 2018, https://sanctionsnews.bakermckenzie.com/commerce-department-terminates-zte-denial-order-issued-april-15-2018/,2021年10月1日访问;《2018年9月致业务合作伙伴的出口合规函》,https://www.zte.com.cn/china/about/trust-center/Legal-and-Compliance/Export-Control-Compliance/201809191425,2021年10月1日访问。

③ Bureau of Industry and Security of the US Department of Commerce, Addition of Huawei Non-U.S. Affiliates to the Entity List, the Removal of Temporary General License, and Amendments to General Prohibition Three (Foreign-Produced Direct Product Rule), *Federal Register*, Vol. 85, 2020.

④ 刘晓星:《高耗能行业电价"天花板"被打开传递出哪些信号?》,载《中国环境报》2021年10月31日第4版。

期处于弱势地位。[①] 此外,中国钢铁行业存在产能过剩状况,部分西方国家不断指责中国在全球倾销钢铁产品,进而损害了西方国家相关产业及其工人的利益。目前,中国钢铁产业碳排放量占全球碳排放总量的15%左右,依然是制造业31个门类中碳排放量最大的行业。[②] 虽然中国政府不断加强对钢铁产业的节能减排要求,但如何大幅减少钢铁行业的碳排放仍是挑战。

随着信息与通信技术的发展,各行各业已迈入数字化时代,数据安全已成为网络安全的重中之重,同时,网络空间已成为陆地、海洋、天空和太空之外的第五战场。其中,关键信息基础设施是关键基础设施的神经中枢,一旦遭到入侵或损坏,金融、电信、交通、供电等关键基础设施即可能停止运转,国家机密、商业秘密、个人隐私等敏感数据可能被窃取或传输出境。关键信息基础设施治理的安全关乎个人安全、社会安全和国家安全,是关键基础设施治理安全的重中之重。关键信息基础设施因其具有网络的互联性、分散性、广泛性、虚拟性等特点,导致其运营中面临着多维风险,容易遭受外来风险侵害与内部风险隐患等不利影响。

第二节 产业安全法治的三个维度

产业安全法治要求产业安全治理采取法治形式,以良法善治来治理产业安全问题。产业安全法治涉及国际和国内两个层面,以 WTO 为代表的多边协定和各国所签署的区域协定构成产业安全法治建设在国际层面的重要法律渊源,各国有关国家安全和产业安全的立法是国内层面产业安全法治的组成部分。当然,并非所有法律及其实践均符合良法善治要求,有些国家在本国立法中制定歧视性立法,打击新兴国家的产业发展及其产业安全,这有违法治精神及其原则。

一、关于产业安全的 WTO 多边法治

在 WTO 多边层面,多数协定均与产业规制相关,如《关税与贸易总协定》《农业协定》《反倾销协定》《补贴与反补贴措施协定》《保障措施协定》《与贸易有关的知识产权协定》《服务贸易总协定》《与贸易有关的投资措施协定》《纺

---

① 李然、李文兴:《京津冀钢铁产业安全链评价指标体系研究》,载《理论探讨》2018年第3期。
② 张彧希:《三问钢铁行业"碳达峰"》,载《四川日报》2021年10月30日第4版。

织品与服装协定》《国际牛肉协定》《国际奶制品协定》。其中,《纺织品与服装协定》《国际牛肉协定》《国际奶制品协定》已失效。

1994年《关税与贸易总协定》(GATT1994)旨在削减货物进出口的关税壁垒,促进货物跨境自由流动。货物贸易是一种古老的贸易形式,关税对货物贸易能够起到促进或阻碍作用。较高的关税不利于外国商品进入本国境内,但能够保护本国境内同类产品产业;然而,对本国产业的过度保护不利于市场发挥优胜劣汰的作用,亦不符合"比较优势"理论。GATT1994包含最惠国待遇、国民待遇、削减关税承诺等条款,但同时也规定了约束关税的几种例外情况,允许成员在满足一定条件下采取反倾销和反补贴措施,而反倾销和反补贴是公认的产业救济措施。① GATT1994第二十条"一般例外"和第二十一条"安全例外"条款允许成员为保护非贸易利益而背离一般贸易规则。

《农业协定》旨在为各成员提供有关农业政策和农产品贸易长期改革的框架性规定,不断削减农业补贴并促进农产品在国际市场的公平竞争。就农业纪律而言,《农业协定》主要包括以下内容:(1)各成员遵守其在减让表中就国内支持和出口补贴所作出的承诺;(2)除非另有规定,不得维持、采取或重新使用已被要求转换为普通关税的任何措施;(3)仅在满足特定条件下,方可采取特殊保障措施;(4)不以除符合《农业协定》和减让表承诺以外的方式提供出口补贴;(5)对发展中国家成员提供特殊和差别待遇,最不发达国家成员无需作出减让承诺。在《农业协定》的执行方面,农业委员会负责审议各成员对于各自承诺的执行情况。若成员之间发生有关《农业协定》之争议,可适用GATT1994第二十二条和第二十三条所规定的磋商和争端解决程序解决争议。《农业协定》有利于提高各国关于农业规制的透明度,促进国际农产品的公平竞争。然而,农业与粮食安全紧密相关,同时也是农民安身立命之所在。发达国家成员虽然在《农业协定》下作出减让承诺,但不会轻易放弃农业补贴或大幅度削减农产品关税。如何实现更公平的国际农业市场,仍是WTO谈判中的重要议题。

《反倾销协定》《补贴与反补贴措施协定》《保障措施协定》是WTO成员为保护本国特定产业而采取贸易救济措施应遵守的法律规定。《反倾销协定》旨在禁止WTO成员的企业采用倾销方式占领其他成员的市场,对其他成员

---

① 韩立余:《世贸规则与产业保护》,北京大学出版社2014年版,第98页。

的产业造成损害或重大损害威胁。关于倾销的确定,《反倾销协定》第 2 条规定,一项产品从一国出口到另一国,该产品的出口价格在正常的贸易过程中,低于出口国旨在用于本国消费的同类产品的可比价格,也即以低于其正常价值的价格进入另一国的商业,则该产品即被认为是倾销。关于损害的确定,《反倾销协定》第三条要求根据倾销的进口产品的数量、倾销的进口产品对国内市场同类产品价格造成的影响,以及这些进口产品对国内该同类产品生产商造成的后续影响作出客观判断。关于重大损害威胁的确定,应依据事实,而不是仅仅依据宣称、猜测或者遥远的可能性,某种倾销将会导致出现损害情况的变化必须是明确地被预见得到的,并且是迫近的。一旦进口成员的主管部门认定出口商的倾销行为对其相关产业造成损害或重大损害威胁,即可采取临时措施①、接受出口商作出价格承诺②或征收反倾销税。《补贴与反补贴措施协定》旨在规制各成员对本国产业的补贴行为,以及规制成员为抵销补贴而采取的反补贴措施。《补贴与反补贴措施协定》将补贴分为三类,即"不可诉补贴""可诉补贴""禁止性补贴"。其中,"不可诉补贴"主要包括科技研发类补贴,此等补贴为 WTO 规则所允许,其他成员不得对其采取反补贴措施或提起诉讼;"可诉补贴"是指既不属于"不可诉补贴",也不属于"禁止性补贴"的其他类别补贴,只要某一成员有理由认为其他成员所采取的补贴对其国内产业产生损害、使其利益丧失或减损或产生严重侵害,即可采取补救措施;"禁止性补贴"主要是指出口补贴。《保障措施协定》规定,当由于进口产品激增而对本国生产同类或直接竞争产品造成严重损害或严重损害威胁时,WTO 成员被允许采取保障措施。

《与贸易有关的知识产权协定》(TRIPS)是旨在保护知识产权、鼓励创新,以及在知识产权保护与公共利益保护之间寻求平衡的法律规制。该协定并非孤立存在,而是与国际知识产权组织项下的诸多协定之间有着千丝万缕的关联。该协定第二条明确规定,各成员不得背离其可能在《巴黎公约》《保护文学和艺术作品伯尔尼公约》《保护表演者、音像制品制作者和广播组织罗马公约》和《关于集成电路的知识产权条约》项下相互承担的现有义务。版权和

---

① 临时措施可以采取征收临时税的形式,或者采用担保方式,即出口商支付现金或保证金。其数额相等于临时预计的反倾销税,但不得高于临时预计的倾销幅度。临时措施不得早于开始调查之日 60 天内采取。

② 进口成员主管当局可以提出价格承诺的建议,但不能强迫出口商达成该项价格承诺协议。

相关权利、商标、地理标志、工业设计、专利、集成电路布图设计、商业秘密,均受协定保护。与其他知识产权协定不同的是,TRIPS 不仅强化知识产权保护本身,还建立了强有力的执行机制。但应注意的是,知识产权保护主要是对企业赋予的权利,涉及产品设计、生产和销售等,是在产品和企业两个层面进行保护,从而赋予知识产权权利人法定的竞争优势,这有利于掌握先进科技的国家发展本国高科技产业,进而形成产业优势。[①] 但对于最不发达国家而言,由于没能掌握先进科技并获取专利,它们难以突破专利对产业发展所造成的壁垒。在公共健康领域,发达国家掌握了大量的药品专利,这不利于最不发达国家应对传染病等公共健康问题。为此,WTO 成员于 2001 年发布了《TRIPS 协定与公共健康多哈宣言》,重申 WTO 成员有权利用 TRIPS 中的灵活性条款,包括授权强制许可。

《服务贸易总协定》(GATS)旨在不断促进服务贸易自由化,减少各成员为保护本国服务业所建立的贸易壁垒,确立服务贸易的多边法律规制。GATS 规定了四种服务贸易模式:(1) 跨境提供,即服务贸易由一国境内流入另一国境内,如通过电信提供的银行服务;(2) 跨境消费,即消费者进入他国境内获取服务;(3) 商业存在,即服务提供者通过在他国境内建立运营场所来提供服务,如外国保险公司分支机构;(4) 自然人存在,即自然人作为服务提供者,进入他国境内提供服务。GATS 主要规定了两类义务:一类是所有 WTO 成员均应遵守的最惠国待遇义务和透明度义务,前者指各成员给予某一成员在服务贸易领域的优惠待遇应立即无条件地给予其他成员,后者指各成员应公开适用于服务贸易的所有一般性措施;另一类义务是各成员依据自己在减让表中作出的承诺开放本国服务业,同时给予进入本国市场的外国服务和服务提供者以国民待遇。GATS 第十四条第二款规定了"安全例外",即(1) 本协定的任何规定不得解释为:(a) 要求任何成员提供其认为如披露则会违背其根本安全利益的任何信息;或(b) 阻止任何成员采取其认为对保护其根本安全利益所必需的任何行动,包括与直接或间接为军事机关提供给养的服务有关的行动、与裂变和聚变物质或衍生此类物质的物质有关的行动、在战时或国际关系中的其他紧急情况下采取的行动;或(c) 阻止任何成员为履行其在《联合国宪章》项下的维护国际和平与安全的义务而采取的任何行

[①] 韩立余:《世贸规则与产业保护》,北京大学出版社 2014 年版,第 118 页。

动。(2)根据第一款(b)项和(c)项采取的措施及其终止,应尽可能充分地通知服务贸易理事会。服务贸易的开放是各成员自主承诺开放的,各成员希望通过国外服务和服务提供者来促进本国服务市场的竞争、提升本国参与国际服务贸易的能力。① 但对于发展中国家成员和最不发达国家成员而言,本国服务业在多大程度上可以经受外来服务竞争,仍是值得探讨的问题。

《与贸易有关的投资措施协定》(TRIMs)旨在便利跨国投资,提高所有贸易伙伴特别是发展中国家成员的经济增长,同时保证自由竞争。不同于GATT1994,TRIMs是围绕企业而设,要求成员不得限制企业的权利,包括(1)不得要求企业购买或使用当地产品或来自当地的产品;(2)不得要求企业购买或使用的进口产品限制在与其出口的当地产品的数量或价值相关的水平;(3)不得限制企业对用于当地生产或与当地生产相关产品的进口,或将进口限制在与其出口的当地产品的数量或价值相关的水平;(4)不得将企业可使用的外汇限制在与可归因于该企业外汇流入相关的水平,从而限制该企业对用于当地生产或与当地生产相关产品的进口;(5)不得限制企业产品出口或供出口产品的销售。TRIMs同时要求各成员遵守透明度规则,将领土内中央和地方所实施的与贸易相关的投资措施通知秘书处刊载于TRIMs的出版物上。

二、关于产业安全的区域法治

在区域层面,多数区域经贸协定均以WTO规则为蓝本,深化并扩展了国际经贸规则。WTO自多哈回合谈判失败后,没能随着科技进步与经济活动方式的转变更新贸易规则,但区域经贸规则作为各国加深区域融合、扩展区域经贸治理的工具,得到了长足发展。例如,2021年11月,东盟十国与中国、澳大利亚、日本、韩国、新西兰签署了《区域全面经济伙伴关系协定》,该协定既包含传统自由贸易协定所涉的货物贸易、原产地规则、贸易救济等规定,也包含具有时代特征的电子商务规则,同时兼具充满人文关怀的中小企业规则。② 2018年,日本、澳大利亚、加拿大等国所签署的《全面与进步跨太平洋伙伴关系协定》包括了"竞争政策""国有企业""劳工"等新规定。区域协定在一

---

① 韩立余:《世贸规则与产业保护》,北京大学出版社2014年版,第115页。
② 费秀艳、韩立余:《〈区域全面经济伙伴关系协定〉的包容性评析》,载《国际商务研究》2021年第5期。

定程度上填补了 WTO 规则空白，不失为多边规制的前期实验，为重塑全球经济秩序奠定了基础。但值得注意的是，美国主导的《美墨加协定》含有"毒丸"条款，其第三十二条要求成员与非市场经济国家进行自由贸易谈判时必须履行通知与披露义务，同时其他成员可以因此终结二者之间的《美墨加协定》。该条款实际上起到威慑作用，为加拿大或墨西哥与不符合美国"市场经济"标准的国家进行经贸协定谈判设置障碍。总体而言，区域经贸协定能够促进区域内部产业整合，促进区域协调发展，但对于未能参与区域协定的国家或地区而言，可能对其产业发展造成不利影响。部分区域协定为发达国家所主导，这些协定究竟能够在多大程度上改善发展中国家的发展状况并促进其产业进步，仍需实践检验。

三、关于产业安全的国家法治

在国家层面，中国、日本、德国、美国、欧盟等国家和地区均在不同程度采用工业政策为特定产业发展提供特殊优惠待遇或补贴，以期促进该产业发展并确保其在国际竞争中立于不败之地。早在 14 世纪，英国即采用关税、出口限制和其他措施来促进本国羊毛产业的发展。美国亚历山大·汉密尔顿在 1791 年《关于制造业的报告》中就提出综合运用关税和补贴措施来促进美国制造业发展。二战后，美国利用军事采购、为前沿科技研发提供资金的方式实现国民经济现代化，大幅提升了美国在网络、卫星、航天、疫苗、超级计算机等领域的产业发展。[①] 到了 20 世纪 80 年代至 90 年代，美国已稳占世界经济霸主地位，于是开始倡导私有化和自由贸易，进而削减了产业扶植政策。然而，随着新冠疫情的暴发与中国经济地位的崛起，美国开始反思产业政策及其对国民经济的作用。2017 年，美国发布了《购买美国货与雇用美国人》行政令，要求联邦政府及联邦财政资助应在法律允许的最大限度内购买美国产品，要求各级行政部门严格执行移民法、控制来美务工人员。到了 2021 年，美国又发布了《确保未来所有美国制造产品由全美国工人生产》法令，要求联邦政府在法律允许的最大范围内采购美国生产的产品、材料和服务。2021 年 11 月，美国总统拜登签署了《基础设施投资和就业法案》，计划向美国基础设施

---

① Dylan Gerstel, Matthew P. Goodman, *From Industrial Policy to Innovation Strategy: Lessons from Japan, Europe, and the United States*, https://www.csis.org/analysis/industrial-policy-innovation-strategy-lessons-japan-europe-and-united-states, 2021 年 11 月 1 日访问

产业拨款1.2万亿美元,受到资助的产业包括道路、桥梁、网络、宽带、水和能源系统等。这些立法的出台或出于维护国家安全视角或源于经济振兴理念,实质上均属于产业政策范畴,是为了保障国家产业安全而制定的。实际上,各国通常为保护本国较弱产业而制定相应立法,但过度保护本国产业可能导致竞争力匮乏、内部腐败等问题,如何实现适度产业保护与产业充分竞争之间的平衡仍是各国经济发展中需要不断探索的问题。

第三节 产业安全法治面临的挑战

产业安全法治涉及国际与国内两个层面,无论哪个层面出现问题,均会影响相关国家的产业安全法治建设。WTO上诉机构自2019年停止运作后,尚未得到恢复,这导致提交至WTO的争议得不到有效解决,有损国际法治对于产业安全治理方面作用的发挥。中国在WTO中被诉的案件,多与产业政策、产业方面的立法和实践相关。诚然,被诉并不意味着一定违法,但被诉在一定程度上挑战了中国产业安全法治建设。截至2021年11月,中国在WTO框架下被美国、欧盟、加拿大等成员提起共47起诉讼,这些案件涉及中国采取的反倾销、反补贴、保障措施、国有企业规制等领域。下文将简要介绍几个相关案件。

一、集成电路增值税案[①]

该案是中国"入世"后被诉的第一起案件。2004年3月18日,美国申请就中国国内生产及中国设计的集成电路增值税问题与中国展开磋商。美国控诉中国违反GATT1994中的国民待遇和最惠国待遇,具体指控包括:(1)中国对境内生产的集成电路征收17%的增值税,但征税后向国内企业返回部分税款,这导致国内生产企业比国外企业缴纳较少税收,造成进口集成电路产品受到较差待遇;(2)对于中国设计但不能生产的集成电路,中国对海外生产的这些集成电路产品给予更优惠待遇,这造成不同进口商之间受到了差别待遇。此案涉及的中国相关政策性文件包括2000年国务院《关于印发鼓励软件产业和集成电路产业发展若干政策的通知》、2000年财政部、国家税务

---

① China-Value-Added Tax on Integrated Circuits,DS309.

总局和海关总署《关于鼓励软件产业和集成电路产业发展有关税收政策问题的通知》、2002年信息产业部、国家税务总局《关于印发〈集成电路设计企业及产品认定管理办法〉的通知》、2002年财政部和国家税务总局联合发布的《关于进一步鼓励软件产业和集成电路产业发展税收政策的通知》等。该案并未进入专家组程序,2004年7月14日,中国和美国通知WTO争议解决机构,双方就此达成协议,中国同意修改或取消争议措施。2005年10月5日,中国和美国再次通知WTO争议解决机构,中国已履行协议条款并已彻底解决争议。

二、汽车零部件案①

该案涉及中国发展汽车产业过程中所采取的一些措施是否符合WTO相关规定。中国对进口汽车零部件征收10%关税,对整车进口征收25%关税。2006年3月30日,欧共体和美国分别请求就中国对进口汽车零部件所采取的税收措施展开磋商。2006年4月13日,加拿大就相同措施请求与中国进行磋商。欧共体认为:用于中国境内汽车生产的进口零部件,若达到一定标准,中国即对进口零部件按照整车征税,违反了GATT1994中的国民待遇原则和中国在减让表中作出的承诺,违反了TRIMs第二条"国民待遇和数量限制"规定,违反了《补贴与反补贴措施协定》第三条关于禁止性补贴规定。美国认为:中国采取的这些税收措施带有惩罚生产商使用进口零部件之嫌疑,汽车进口零部件关税远低于整车进口关税,中国对达到一定标准的进口零部件按照整车来征收关税,这违反了WTO相关规定。加拿大认为:中国依据生产商在生产过程中使用国产零部件的比例差异而征收不同税负,这为使用国产零部件的生产商提供了优惠待遇,不利于外商投资中国汽车产业;中国根据汽车出口实绩和使用国产零部件情况给予税收优惠,构成出口补贴。本案涉及的中国政策性规定包括2004年国家发展和改革委员会第8号令《汽车产业发展政策》、2005年海关总署、国家发展和改革委员会、财政部、商务部第125号令《构成整车特征的汽车零部件进口管理办法》、2005年海关总署第4号令《进口汽车零部件构成整车特征核定规则》。这一系列政策旨在促进中国汽车产业发展,为国产汽车及中国汽车制造商提供税收优惠。本案争议的

---

① China-Measures Affecting Imports of Automobile Parts,DS319,DS340,DS342.

焦点是中国对进口零部件所采取的税收措施的定性问题,即此等税收是关税还是国内税。中国是按照关税来设计、适用这些政策的,主管机关为海关,中国政府认为这些措施是关税措施。① 然而,专家组和上诉机构认为:对于按照整车征税的进口零部件,缴税行为发生在零部件进入中国海关之后,税收产生于中国境内,此等税收应为国内税;而中国对进口零部件的征税高于国产零部件,这违反了国民待遇原则。2009 年 8 月 15 日,中国工业和信息化部、国家发展和改革委员会联合发布命令,停止执行《汽车产业发展政策》相关规定。2009 年 8 月底,海关总署联合相关机构发布命令,废除了《构成整车特征的汽车零部件进口管理办法》和《进口汽车零部件构成整车特征核定规则》。

三、知识产权措施案②

该案涉及中国知识产权保护与执行方面的措施。美国于 2007 年 4 月 10 日请求与中国进行磋商,提出四项控诉:(1)《中华人民共和国刑法》及其司法解释规定,侵犯著作权的违法行为只有构成严重情节时才能追究刑事责任,而侵犯著作权的产品合计 500 份以上才属于规定的"严重情节",这违反了 TRIPS 第四十一条和第六十一条规定;(2)《中华人民共和国知识产权海关保护条例》及海关总署 2007 年底 16 号公告规定,对于那些能够消除侵权特征的侵犯知识产权产品,有可能进入商业渠道予以销售,而这违反了 TRIPS 第四十六条和第四十九条规定;(3)《中华人民共和国著作权法》第四条第一款规定,依法禁止出版、传播的作品,不受该法保护,违反了 TRIPS 第九条关于各成员应遵守《保护文学和艺术作品伯尔尼公约》第五条规定的要求,即享有和行使著作权无需履行任何手续,也无论作品起源国是否给予保护;(4)基于商业规模的恶意盗版,包括对受版权保护的作品未经授权而复制(不包括未经授权的分销),根据中国法律可能不受到刑事处罚,这违反了 TRIPS 第四十一条和第六十一条规定。2007 年 9 月,WTO 争议解决机构成立专家组。2009 年 1 月,专家组发布报告,裁定《中华人民共和国著作权法》第四条和海关相关措施违反 TRIPS 规定,建议中国作出改进措施。2010 年 2 月,中国全国人大常委会同意修改《中华人民共和国著作权法》。2010 年 3 月,中国国务院修改

---

① 韩立余:《世贸规则与产业保护》,北京大学出版社 2014 年版,第 301 页。
② China-Measures Affecting the Protection and Enforcement of Intellectual Property Rights, DS362.

《中华人民共和国知识产权海关保护条例》。

四、电子支付案[①]

该案涉及中国银联支付措施。美国于 2010 年 9 月 15 日请求与中国进行磋商，提出如下控诉：中国仅允许中国银联在中国境内以人民币提供电子支付服务，其他 WTO 成员服务供应商仅能提供以外币形式结算的电子支付交易，同时，中国要求所有支付处理设备必须与中国银联系统兼容且载有中国银联标识，这不符合中国在 GATS 减让表中就服务模式一和服务模式三所作出的市场准入承诺，违反了 GATS 第十六条和第十七条规定。2011 年 3 月 25 日，WTO 争议解决机构设立专家组。2012 年 7 月 16 日，专家组发布报告，裁定要点如下：中国未就电子支付服务的模式一市场准入作出承诺，但中国就模式三作出了承诺，中国应允许外国服务提供者在中国境内以商业存在方式提供电子支付服务；中国要求内地发行的银行卡在香港、澳门交易只能由中国银联结算清算，这违反了 GATS 第十六条规定，即禁止 WTO 成员以数量配额、垄断、专营服务等形式限制服务提供者的数量。2013 年 8 月，中国和美国联合通知 WTO 争议解决机构，双方已就专家组报告的执行问题达成协议。

上述所列案例仅为中国产业政策及法律规制在 WTO 遭受挑战的缩影。其他国家和地区不断以 WTO 规则检视中国产业法治是否存在瑕疵，进而在 WTO 框架下提起控诉，这给中国产业发展带来挑战。但鉴于 WTO 规则的多边性及其协商一致原则，WTO 对中国产业法治建设所带来的挑战是可控的，能够促进中国产业法治建设更完备。与 WTO 相比，部分国家背离 WTO 多边机制，以国内法或其主导的区域协定来挑战中国现行经济体制，试图打击中国产业发展，这是中国产业安全法治建设中应格外注意的问题。

第四节　产业安全法治的建设与完善

产业安全法治建设应遵循产业发展规律，在为幼稚产业发展提供法治保障的同时，亦应为成熟产业发展引入充分竞争，不断推动产业升级，综合运用贸易、投资、税收、科研等各方面的法律治理手段来完善产业安全法治建设。

---

① China-Certain Measures Affecting Electronic Payment Services，DS413.

同时,任何一个国家的产业安全法治建设都不能脱离国际法治环境。统筹国际法治与国内法治,加深对国际产业安全法律规则的理解与运用,完善国内相关立法与实践,是产业安全法治建设的关键。中国产业安全法治建设应坚持以顶层设计为指导,以社会主义市场经济建设为基础,不断探索高端产业链发展路径,推动中国产业结构升级。

一、我国国内层面的产业安全法治建设与完善

在农业领域,《民法典》对土地经营权作出了明确规定,肯定了家庭联产承包责任制对农业发展的重要作用。其一,在农用土地经营原则层面,《民法典》第三百三十条规定,农村集体经济组织实行家庭承包经营为基础、统分结合的双层经营体制。农民集体所有和国家所有由农民集体使用的耕地、林地、草地以及其他用于农业的土地,依法实行土地承包经营制度。其二,在农民权利保障方面,《民法典》从土地承包经营权人的权利、土地承包期限、对发包人的权利限制、土地征收补偿几个方面作出规定。具言之,土地承包经营权人对其承包的耕地、林地、草地等享有占有、使用和收益的权利,有权从事种植业、林业、畜牧业等农业生产。① 此外,土地承包经营权人对其承包的土地享有流转经营权,可以自主决定以出租、入股或其他方式流转土地经营权。② 在承包期限方面,耕地的承包期为三十年,草地的承包期为三十年至五十年,林地的承包期为三十年至七十年。③ 在对发包人的权利限制方面,发包人在承包期内不得调整土地、不得收回土地。④ 在土地征收补偿方面,土地承包经营权人对被征收的土地有权获得相应补偿,包括土地补偿费、安置补助费以及农村村民住宅、其他地上附着物和青苗等补偿费用,还应安排被征地农民的社会保障费用。⑤

在制造业领域,国务院于 2015 年印发《中国制造 2025》,确立了中国制造业发展的十年规划。《中国制造 2025》包含以下要点:(1) 准确研判了国际发展形势和环境。《中国制造 2025》指出,新一代信息技术与制造业深度融合,科技创新对于制造业发展起到至关重要的作用,制造业生产方式正在发生变

---

① 《民法典》第三百三十一条。
② 《民法典》第三百三十九条。
③ 《民法典》第三百三十二条。
④ 《民法典》第三百三十六条、第三百三十七条。
⑤ 《民法典》第三百三十八条、《中华人民共和国土地管理法》第四十八条。

革。全球产业竞争格局正在发生重大调整,发达国家纷纷实施"再工业化"战略,发展中国家也在积极参与全球产业再分工,中国面临发达国家和发展中国家"双向挤压"的严峻挑战。中国制造业优势在于门类齐全、独立完整,但与先进国家相比还存在较大差距。(2)确立了中国制造业十年发展的战略方针和目标。制造业发展的基本方针包括:第一,创新驱动,将创新摆在制造业首位,突破一批重点领域关键共性技术,促进制造业数字化、网络化、智能化;第二,质量为先,加强质量技术攻关、自主品牌培育;第三,绿色发展,把可持续发展作为建设制造强国的生命线,由粗放、高耗能发展模式向绿色制造体系转型;第四,结构优化,优化产业布局,培育具有世界竞争力的产业集群和企业集群;第五,人才为本,加快人才培养,建设优质的人才队伍。制造业发展的基本原则是市场主导、政府引导,坚定不移地走中国特色社会主义市场经济体制发展道路。在战略支撑与保障方面,《中国制造2025》提出六项要点:(1)深化机制体制改革。全面推进依法行政,加快转变政府职能,创新政府管理方式,加强制造业发展战略、规划、政策、标准等制定和实施,强化行业自律和公共服务能力建设,提高产业治理水平。(2)营造公平竞争的市场环境。深化市场准入制度改革,实施负面清单管理,加强事中事后监管,全面清理和废止不利于全国统一市场建设的政策措施。(3)完善金融扶持政策。深化金融领域改革,拓宽制造业融资渠道,降低融资成本。(4)加大财税政策支持力度。不仅充分利用现有财政支持渠道,还将运用政府和社会资本合作模式,为制造业发展提供资金。(5)健全多层次人才培养体系。加大专业技术人才、经营管理人才和技能人才的培养,强化职业教育和技能培训,采取多种形式选拔优秀人才。(6)完善中小微企业政策。落实完善支持小微企业发展的财税优惠政策,加快构建中小微企业征信体系,建设中小微企业公共服务网络,为其提供更好的营商环境。(7)进一步扩大制造业对外开放。深化外商投资管理体制改革,建立外商投资准入前国民待遇加负面清单管理机制,落实备案为主、核准为辅的管理模式。(8)健全组织实施机制。成立国家制造强国建设领导小组,强化部门协同和上下联动。

应注意的是,个别国家或地区担心中国崛起会威胁其经济霸主地位,因此抨击《中国制造2025》充满国家干预色彩,指责中国产业政策扭曲市场竞争,并对此采取不利于中国产业发展的措施。美国国会研究处2020年发布了《〈中国制造2025〉产业政策:国会面临的问题》,认为中国通过《中国制造

2025》强化外资进行技术转让、专利授权等方面的合资要求,加强了中国政府指导之下的专利窃取行为,扩张了政府资金进行战略领域的收购行为。① 显然,这些指控捕风捉影,但其恶意抹黑中国产业发展政策,依然给中国带来了不利影响。美国已将华为等一批高科技产业列入实体清单,限制中国企业获得美国高科技产品。此外,欧盟在 WTO 框架下已就中国强制技术转让问题提起诉讼,但该案尚未进入专家组程序,案件进展尚不明了。②

在信息产业领域,中国工业和信息化部于 2021 年发布了《"十四五"信息通信行业发展规划》(简称《规划》),确立了通信行业未来五年发展规划。《规划》包含四个部分,分别为"发展环境""总体思路""发展重点""保障措施"。首先,《规划》回顾了中国信息通信行业取得的成绩,同时指出信息通信行业的发展现状与人民美好数字生活的需求还存在一定差距,国际环境日趋复杂,为中国信息通信行业的发展带来了新风险与新挑战。其次,《规划》阐明了中国信息通信行业发展的指导思想、基本原则、发展目标。其中,统筹发展与安全是信息通信行业发展的一项原则,以总体国家安全观为指引,树立正确的网络安全观,安全发展贯穿信息通信发展各领域和全过程。再次,《规划》确定了 5 个方面 26 项发展重点和 21 项重点工程,首次明确提出了加强跨地域跨行业统筹协调的重点任务,并通过增加工程数量进一步明确了任务落地实施的重点和抓手。③ 最后,《规划》提出将完善相关立法、加大资金支持、加强人才队伍建设、强化落地实施。此外,中国于 2016 年至 2021 年还出台了一系列信息通信立法,包括《中华人民共和国个人信息保护法》《关键信息基础设施安全保护条例》《中华人民共和国数据安全法》《网络安全审查办法》《中华人民共和国密码法》《中华人民共和国网络安全法》等,这些立法构成信息产业法治安全建设的基石。

二、我国参与国际层面的产业安全法治建设与完善

在国际层面,WTO 作为多边贸易治理机构,在促进全球产业协同发展方面发挥着不可忽视的作用,为各国产业安全建设保驾护航。中国积极参与

---

① Karen M. Sutter, "Make in China 2025" Industrial Policies: Issues for Congress, Congress Research Service IF10964.
② China-Certain Measures on the Transfer of Technology, DS549.
③ 《〈"十四五"信息通信行业发展规划〉解读》,https://www.miit.gov.cn/zwgk/zcjd/art/2021/art_8f8e9251b74940979e1f422203eeb6af.html,2021 年 11 月 25 日访问。

WTO 建设，尊重 WTO 争议解决机构裁决及其权威性，为 WTO 改革献计献策。2018 年，中国发布《中国与世界贸易组织》白皮书，回顾了中国为履行"入世"承诺所作出的努力，表达了中国坚决支持 WTO 多边组织的决心，阐释了中国"入世"后对世界作出的贡献，分享了中国推动更高水平对外开放的实践。2019 年，中国提交了《中国关于世贸组织改革的建议文件》[①]，提出了四个方面的建议：其一，在解决 WTO 生存所涉的关键问题上，中国提出应打破上诉机构成员遴选僵局，加严对滥用国家例外措施的纪律，加严对不符合 WTO 规则的单边措施的纪律约束；其二，在提升 WTO 对于全球经济治理的相关性方面，中国提出应解决农业领域纪律的不公平问题，完善贸易救济领域相关规则，完成渔业补贴议题谈判，推动电子商务谈判的开放性和包容性，推动新议题多边讨论；其三，在提高 WTO 运行效率方面，中国提出应加强成员通报义务的履行，改进 WTO 机构的工作机制；其四，在增强 WTO 作为多边组织的包容性方面，中国提出应尊重发展中成员享受特殊与差别待遇的权利，坚持贸易和投资的公平竞争原则。中国在参与 WTO 建设过程中，不仅表达了中国立场和关切，同样代表发展中国家提出了国际社会包容发展的建议。此外，中国还积极参与区域经贸规则建设，不仅参加了有利于亚洲一体化建设的《区域全面经济伙伴关系协定》，还表达了加入更高标准的《全面与进步跨太平洋伙伴关系协定》的意愿，这一系列举措有利于加强国际社会的相互融合与共进发展，为区域稳定与繁荣作出了贡献。

---

① China's Proposal on WTO Reform，WT/GC/W/773.

第八章 安全生产法治

生产是一切经济活动的中心,只有在生产的基础上,人类的知识技能与自然之物相结合,商品的出现才成为可能。基于生产的重要性,安全生产成为经济安全的重要组成部分,安全生产得不到保障,经济活动也会因此受到严重影响。因此,安全生产是经济安全的重中之重,也是经济安全法治建设的核心内容。1949 年以来,我国逐步建构了较为高效完备的安全生产法律体系,明确了生产经营单位和劳动者在安全生产中的权利和义务,形成了高效的行政执法体系,有力地维护了我国的安全生产环境。

第一节 安全生产法治概述

一、安全生产法治的内涵

安全生产的核心在于"安全"。在字面含义上,"安全"首先指向的是对事实状态的重现,"是对物质体或精神体处于握紧或关紧状态的表述或描述,是一种意识或观念存在和语言形式。"[①]因此,安全生产指向的首先是对生产状态的描述,即生产的过程未对劳动者的人身、财产及其周围环境造成负面影响。当然,在法学语境下,当"安全生产"与"法律"或"法治"相关联时,安全生产的内涵就超出了对事实状态的客观描述,而隐含了一定的价值追求。换言之,法律作为调整社会活动的规则,其指向的不是客观现状,而是一种应然状态,通过对法律关系主体之行为的调整而致力于此种状态的实现。因此,在法治语境下理解安全生产,其指向的就是生产过程不产生负面影响的理想状态,与此同时还内含了为实现这一理想状态而对相关法律关系主体之权利义务的设定。具体包括:第一,劳动者的安全生产权利。安全生产的目的是维护经济社会秩序的稳定和劳动者的人身财产不受侵害。因此,安全生产法治

---

① 石少华:《安全生产法治总论》,煤炭工业出版社 2011 年版,第 16 页。

内含了劳动者安全生产的权利。也就是说,法治语境下的安全生产是对理想生产秩序的描述,这一理想状态的实现一方面要明确劳动者的安全生产权利,使劳动者充分认识到他在劳动过程中为保障自身安全可以为或不可以为的行为,安全生产才有可能得到实现。另一方面,安全生产更应当以对劳动者安全生产权利的保障为其根本目的。也就是说,从法治的角度出发,权利保障是法的核心价值追求,是多数法律应当内含的精神实质,安全生产法治的实现,不仅应以劳动者安全生产权利的维护为手段,也应以劳动者安全生产权利的保障为目的。第二,用人单位提供安全生产环境的义务。在私法层面,劳动者安全生产权利的指向对象是用人单位,在劳动者享有权利的情况下,用人单位自然应当承担提供安全生产环境的义务。换言之,安全生产法治隐含了对用人单位安全生产义务的赋予。实际上,用人单位的安全生产义务在我国相关法律上也有明确体现,除《中华人民共和国安全生产法》(简称《安全生产法》)进行专章规定之外,《中华人民共和国劳动法》(简称《劳动法》)第五十二条也明确规定,用人单位必须建立、健全劳动安全卫生制度,严格执行国家劳动安全卫生规程和标准,对劳动者进行劳动安全卫生教育,防止劳动过程中的事故,减少职业危害。第三,国家的安全生产保障义务。实际上,劳动者安全生产权利不仅是私法上的权利,要求用人单位这一义务主体承担对应义务,也是公法上的权利。作为公法上的权利,劳动者的安全生产权利的相对方是国家,这意味着国家应当承担安全保障的义务。我国宪法对这一义务也有明确规定,《宪法》第四十二条规定,国家通过各种途径,创造劳动就业条件,加强劳动保护,改善劳动条件,并在发展生产的基础上,提高劳动报酬和福利待遇。当然,国家承担安全生产环境保障义务的方式具有多样性,除安全、职业培训等直接方式之外,国家也可以通过市场准入控制、处罚等手段为劳动者提供安全生产环境。

二、我国安全生产法治的演进

我国是工人阶级领导的、以工农联盟为基础的人民民主专政的社会主义国家,这一国家性质决定了保护工人阶级利益应是我国相关法律的核心内容。而作为工人利益保护制度最为重要的组成部分,安全生产的法治化在中华人民共和国成立之初就获得了高度重视。安全生产法律制度在作为宪法性文件的《中国人民政治协商会议共同纲领》中得了明确体现,其第三十二条规定;逐步实行劳动保险制度。保护青工女工的特殊利益。实行工矿检查制度,以改进工矿的安全和卫生设备。其中的劳动保险、工矿检查等,都是安全生产制度的重要内容。不仅如此,安全生产法治建设甚至早于中华人民共和国第一部宪法的制定。1950年,交通、重工业等部门相继出台了一系列法律文件,包括《关于消灭事故保证行车安全的命令》《全国公私营厂矿职工伤亡报告办法》《关于大力开展安全教育的指示》等,政务院更是于1951年公布了《中华人民共和国矿业暂行条例》,在铁道、矿山等重点领域建立了较为完备的安全生产法律制度。

1954年,中华人民共和国制定第一部宪法。"五四宪法"第九十一条规定,中华人民共和国公民有劳动的权利。国家通过国民经济有计划的发展,逐步扩大劳动就业,改善劳动条件和工资待遇,以保证公民享受这种权利。这一条款中明确指出,国家改善劳动条件,其中的劳动条件即包括安全生产条件。因此,这一条款明确规定了国家在安全生产方面承担的保障义务。当然,需要说明的是,在当时的计划经济体制下,国家既是生产的组织者,也是社会的管理者。因此,国家承担的安全生产保障义务体现在两个方面,一方面是作为生产的组织者,在具体的生产过程中为劳动者提供物质层面的安全生产条件;另一方面,作为社会管理者,通过立法、执法和司法等方式打造安全生产的社会环境。在"五四宪法"颁布之后,政府继续制定了一系列安全生产方面的法律文件,如《工厂安全卫生规程》《建筑安装工程安全技术规程》《工人职员伤亡事故报告规程》,这三大规程进一步完善了安全生产规范体系。相关部委也在各自领域内制定了许多安全生产规范,如《公私营煤矿暂行管理办法》《土采煤窑暂行处理办法》和《公私营煤矿安全生产管理要点》等。

现行宪法继承和发展了"五四宪法"中的安全生产制度,其第四十二条规定,中华人民共和国公民有劳动的权利和义务。国家通过各种途径,创造劳动就业条件,加强劳动保护,改善劳动条件,并在发展生产的基础上,提高劳动报酬和福利待遇。劳动是一切有劳动能力的公民的光荣职责。国有企业和城乡集体经济组织的劳动者都应当以国家主人翁的态度对待自己的劳动。国家提倡社会主义劳动竞赛,奖励劳动模范和先进工作者。国家提倡公民从事义务劳动。国家对就业前的公民进行必要的劳动就业训练。依该条的规定,国家将在多个方面承担安全生产保障的义务,如创造劳动就业条件、加强劳动保护等。尤其是"国家对就业前的公民进行必要的劳动就业训练",这是国家通过职业训练方式提高劳动者劳动技能和劳动安全素养的重要依据。

"八二宪法"的制定标志着我国社会主义法治建设进入了新征程，在此基础上我国安全生产法律制度也获得了高速发展，立法机关和其他享有立法权的主体相继制定或修订了《中华人民共和国工会法》《中华人民共和国劳动法》《中华人民共和国劳动合同法》《中华人民共和国煤炭法》《中华人民共和国消防法》等法律规范，2002年颁行的《安全生产法》更是标志着我国安全生产进入了全面法治化的新阶段。

三、我国安全生产法律体系

现行宪法制定至今已有四十年，经过四十年的法治建设，目前我国已形成了层次结构合理、内容完备的安全生产法律体系。

第一，宪法。如上所述，现行宪法继承和发展了"五四宪法"中的安全生产制度，从多个方面规定国家承担的安全生产保护义务。除此之外，其第四十五条还规定，中华人民共和国公民在年老、疾病或者丧失劳动能力的情况下，有从国家和社会获得物质帮助的权利。国家发展为公民享受这些权利所需要的社会保险、社会救济和医疗卫生事业。这一条实际上也是对安全生产的兜底性保护，即在公民因安全生产事故丧失劳动能力的情况下，能够获得国家的物质帮助，构成了对安全生产的补充。

第二，安全生产的综合立法。在我国，安全生产方面的综合性立法就是《安全生产法》。《安全生产法》于2002年6月29日由九届全国人大常委会二十八次会议通过，分别于2009年、2014年和2021年进行了修正。该法共有7章119条，分别规定了安全生产的目标与原则、安全生产的执法机制和职能部门、生产经营单位的安全生产保障、从业人员的安全生产权利义务、安全生产的监督管理、生产安全事故的应急救援与调查处理、法律责任等内容。作为综合性立法，《安全生产法》确立了安全生产的基本规则，构成安全生产法律规范的"总则"，标志我国安全生产立法水平的重大进步。

第三，各领域的安全生产单行法律规范。生产活动需要在各行业各领域内开展。有些行业如建筑、矿产开采等具有高度危险性。为有效规制各单行领域内的安全生产风险，我国还在重点领域制定了安全生产的法律规范，其中最为重要的有《中华人民共和国矿山安全法》《中华人民共和国消防法》《中华人民共和国道路交通安全法》《中华人民共和国建筑法》《中华人民共和国煤炭法》,这些法律规范也建构了各自领域内的安全生产法律制度。如《中华人民共和国建筑法》专设一章规定了建筑安全生产管理,并在第三十八条中明确规定,建筑施工企业在编制施工组织设计时,应当根据建筑工程的特点制定相应的安全技术措施;对专业性较强的工程项目,应当编制专项安全施工组织设计,并采取安全技术措施。各领域内的单行安全生产法律规范也是我国安全生产法律规范体系的重要组成部分。

第四,劳动法规范。生产活动最终需要通过人的劳动来实现,生产与劳动实际上是一体两面的人类行为。安全生产的实现,最终需要体现在劳动者人身财产安全上。因此,劳动法也是我国安全生产法律规范体系的重要组成部分。《劳动法》同样专设一章规定劳动安全卫生,其第五十二条规定,用人单位必须建立、健全劳动安全卫生制度,严格执行国家劳动安全卫生规程和标准,对劳动者进行劳动安全卫生教育,防止劳动过程中的事故,减少职业危害。这就明确了劳动过程中的安全保障责任主要由用人单位承担。

第五,安全生产技术标准和技术规范。严格来说,安全生产技术标准和技术规范不是由立法机关制定的具有正式法律渊源地位的法律规范。当然,安全生产技术标准和技术规范依然对相关主体的行为有规范和约束作用,违反安全生产技术标准和技术规范也可能需要承担相应的不利后果。[1] 因此,安全生产技术标准和技术规范可被界定为"软法",[2]是安全生产法律规范的重要组成部分。安全生产技术标准和技术规范在制定主体和表现形式上非常繁杂。各行业主管部门在本行业安全生产技术标准和技术规范制定中起到了重要作用。例如,2005年,建设主管部门印发了《建筑工程安全生产监督管理工作导则》《建筑工程安全防护、文明施工措施费用管理规定》等多个规范性文件;发布了《建筑拆除工程安全技术规范》《建筑施工现场环境与卫生标准》《建筑现场施工临时用电安全技术规范》等技术标准。这些文件的发布施行,进一步完善了我国建设领域安全生产技术标准体系。

第二节 生产经营单位的安全生产保障

生产的过程就是生产经营单位组织劳动者将原料改造为商品的过程。

---

[1] 柳经纬:《标准与法律的融合》,载《政法论坛》2016年第6期。
[2] 罗豪才、周强:《软法研究的多维思考》,载《中国法学》2013年第5期。

在这一过程中,生产经营单位作为劳动的组织者,自然也应当承担安全生产保障的义务。《安全生产法》从多个方面规定了生产经营单位在安全生产方面的义务。

一、生产经营单位的主体责任

生产经营单位承担安全生产的主体责任。所谓主体责任,是指一定的法律关系主体负担的为或不为一定行为的义务。生产经营单位承担安全生产的主体责任,意味着生产经营单位需对本单位的安全生产负责,要建立相应制度机制防止安全生产事故的发生,对于维护安全生产环境的工作不到位的,也需要承担相应法律后果。《安全生产法》明确规定了生产经营单位的安全生产责任,主要体现在三个方面。

第一,对生产经营单位安全生产责任的总体规定。《安全生产法》第二十条规定,生产经营单位应当具备本法和有关法律、行政法规和国家标准或者行业标准规定的安全生产条件;不具备安全生产条件的,不得从事生产经营活动。这一条款就是对生产经营单位安全生产责任的总体规定,意味着安全与生产同等重要,生产经营单位不能提供安全生产条件的,就不能从事生产经营活动。除此之外,该法第四十七条还规定了生产经营单位提供安全生产用品的义务。

第二,生产经营单位负责人的安全生产管理职责。主要负责人是生产经营单位的重要代表,也是生产经营单位开展生产经营的具体组织者,生产经营单位承担的安全生产责任,最终需要主要责任人加以落实。据此,《安全生产法》从多个方面规定了主要负责人的安全生产职责。例如,该法第二十一条规定,生产经营单位的主要负责人对本单位安全生产工作负有下列职责:(1)建立健全并落实本单位全员安全生产责任制,加强安全生产标准化建设;(2)组织制定并实施本单位安全生产规章制度和操作规程;(3)组织制定并实施本单位安全生产教育和培训计划;(4)保证本单位安全生产投入的有效实施;(5)组织建立并落实安全风险分级管控和隐患排查治理双重预防工作机制,督促、检查本单位的安全生产工作,及时消除生产安全事故隐患;(6)组织制定并实施本单位的生产安全事故应急救援预案;(7)及时、如实报告生产安全事故。这一条款规定的主要负责人的安全生产责任范围较广泛,基本覆盖了安全生产的各方面内容。

第三,生产经营单位中专门负责安全生产的机构。对特定类型的生产经营单位而言,安全生产管理机构的设置和专职安全生产管理人员的配备是法定义务,只要符合法律规定的条件,该单位就应当设置安全生产管理机构,起码要配备专职安全生产管理人员。《安全生产法》第二十四条规定了两种必须配备上述机构或人员的情形,分别为矿山、金属冶炼、建筑施工、运输单位和危险物品的生产、经营、储存、装卸单位或从业人员超过一百人的其他生产经营单位。安全生产管理机构代表所在单位负责安全生产管理,主要履行以下职责:(1)组织或者参与拟订本单位安全生产规章制度、操作规程和生产安全事故应急救援预案;(2)组织或者参与本单位安全生产教育和培训,如实记录安全生产教育和培训情况;(3)组织开展危险源辨识和评估,督促落实本单位重大危险源的安全管理措施;(4)组织或者参与本单位应急救援演练;(5)检查本单位的安全生产状况,及时排查生产安全事故隐患,提出改进安全生产管理的建议;(6)制止和纠正违章指挥、强令冒险作业、违反操作规程的行为;(7)督促落实本单位安全生产整改措施。另外,安全生产管理机构以及安全生产管理人员还可参与生产经营单位涉及安全生产的经营决策,生产经营单位应当听取其意见。与此同时,安全生产管理人员的工资、福利等待遇及其劳动合同受法律保护,生产经营单位不得因安全生产管理人员依法履行职责而对其作出不利决定。

二、生产经营单位安全生产的主要制度

第一,资金投入。只有有了充足的资金投入,安全生产的条件才有可能实现。因此,资金投入保障是生产经营单位安全生产的主要制度之一。《安全生产法》明确规定,生产经营单位应当具备的安全生产条件所必需的资金投入,由生产经营单位的决策机构、主要负责人或者个人经营的投资人予以保证,并对由于安全生产所必需的资金投入不足导致的后果承担责任。当然,在资金的来源上,安全生产资金在生产经营单位生产经营进入常态之后,可以不由投资人直接支出,而是从经营收入中提取。《安全生产法》规定,生产经营单位按照规定从经营收入中提取安全生产费用是其法定义务,且提取的费用需专款专用,只能用于改善安全生产条件。

第二,安全生产教育。现代生产过程需要运用大量的机器设备,这些机器设备的安全运行需要劳动者具备一定的技能和安全知识。因此,安全生产

要从源头抓起,而这就需要从劳动者进入生产过程之前开始培养,通过强化劳动者的安全生产教育而保障安全生产的实现。[①]《安全生产法》将安全生产教育的义务赋予了生产经营单位,该法规定,生产经营单位应当对从业人员进行安全生产教育和培训,保证从业人员具备必要的安全生产知识,熟悉有关的安全生产规章制度和安全操作规程,掌握本岗位的安全操作技能,了解事故应急处理措施,知悉自身在安全生产方面的权利和义务。更为重要的是,该法还同时规定,未进行安全生产培训合格的从业人员不得上岗作业,这可以从源头上防范安全事故的发生。

第三,"三同时"。所谓"三同时",即生产经营单位新建、改建、扩建工程项目(简称"建设项目")的安全设施,必须与主体工程同时设计、同时施工、同时投入生产和使用。安全设施投资应当被纳入建设项目概算。"三同时"要求安全生产设施与主体工程同时投入生产和使用,这就意味着生产过程中,安全生产设施必须处于运行状态,能够实时为劳动者提供安全保障。

第四,安全警示标志。通过设置安全警示标志的方式可以提高劳动者的警惕,起到防范安全生产事故发生的作用。《安全生产法》同样规定了生产经营单位的安全警示标志设置的义务,生产经营单位应当在有较大危险因素的生产经营场所和有关设施、设备上,设置明显的安全警示标志。

第五,特种设备检测。生产过程中需要运用到一些特殊设备,而这可能存在一定的风险。对于这些设备而言,只有定期或不定期对其进行检测,确保其处于良好状态,才能避免设备发生故障造成人身财产事故。《安全生产法》规定了特种设备的安全检测,该法明确规定,生产经营单位使用的危险物品的容器、运输工具,以及涉及人身安全、危险性较大的海洋石油开采特种设备和矿山井下特种设备,必须按照国家有关规定,由专业生产单位生产,并经具有专业资质的检测、检验机构检测、检验合格,取得安全使用证或者安全标志,方可投入使用。

第六,生产安全事故隐患排查治理制度。《安全生产法》规定,生产经营单位应当建立健全并落实生产安全事故隐患排查治理制度,采取技术、管理措施,及时发现并消除事故隐患。事故隐患排查治理情况应当如实记录,并通过职工大会或者职工代表大会、信息公示栏等方式向从业人员通报。其

[①] 崔俊杰:《我国职业安全健康监管体制的演变、问题及完善》,载《行政法学研究》2018年第5期。

中,重大事故隐患排查治理情况应当及时向负有安全生产监督管理职责的部门和职工大会或者职工代表大会报告。

第七,生产与居住分离。就一些特殊行业而言,其原材料和机器设备存在一定的危害性,可能对人体存在伤害。为最大限度地减少危害的发生,除生产过程采取严格的保护措施外,在生产经营之外,也要确保这些材料或设备与劳动者的物理隔离。为此,《安全生产法》为特定生产经营单位设定了生产与居住分离的义务,即生产、经营、储存、使用危险物品的车间、商店、仓库不得与员工宿舍在同一座建筑物内,并应当与员工宿舍保持安全距离。

三、生产经营单位安全生产的法律责任

《安全生产法》规定了生产经营单位及其主要负责人在安全生产方面应承担的义务,生产经营单位及其主要负责人如果不履行义务就需要承担相应法律责任。依《安全生产法》等法律规范的规定,生产经营单位及其主要负责人承担的责任形式有行政责任、刑事责任和民事责任。

第一,行政责任。行政责任是生产经营单位及其主要负责人承担的主要责任。《中华人民共和国行政处罚法》第九条规定,行政处罚的种类包括警告、通报批评、罚款、没收违法所得、没收非法财物,暂扣许可证件、降低资质等级、吊销许可证件,限制开展生产经营活动、责令停产停业、责令关闭、限制从业等,生产经营单位及其主要负责人的行政责任形式覆盖了上述大部分行政处罚类型。例如,就罚款而言,《安全生产法》规定,生产经营单位未按照规定设置安全生产管理机构或者配备安全生产管理人员、注册安全工程师;或危险物品的生产、经营、储存、装卸单位以及矿山、金属冶炼、建筑施工、运输单位的主要负责人和安全生产管理人员未按照规定经考核合格的,会被责令限期改正,并处十万元以下的罚款。就责令停产停业而言,生产经营单位未按照规定对矿山、金属冶炼建设项目或者用于生产、储存、装卸危险物品的建设项目进行安全评价;或矿山、金属冶炼建设项目或者用于生产、储存、装卸危险物品的建设项目没有安全设施设计或者安全设施设计未按照规定报经有关部门审查同意的,可处以停产停业整顿的行政处罚。当然,需要说明的是,在安全生产行政处罚当中,财产罚、资格罚、声誉罚等责任形式可能是并存的,针对同一违法行为,行政机关可以同时处以多种行政处罚。

第二,刑事责任。刑法是其他法律的保护法,当法律关系主体的行为对

其他法律秩序的破坏具有严重社会危害性时,该种行为就可能需要运用刑法加以制裁。同样,在安全生产领域,当行为人的行为违反《安全生产法》的规定,且情节或后果严重,具有了相当的社会危害性时,就需要运用刑法加以制裁。据此,《安全生产法》规定,行为人的相关行为构成犯罪的,依照刑法有关规定追究刑事责任,其具体的刑事责任则由刑法加以规定。[1] 刑法规定了重大责任事故罪和重大劳动安全事故罪两种安全生产的刑事责任形式,其中,第一百三十四条规定,在生产、作业中违反有关安全管理的规定,因而发生重大伤亡事故或者造成其他严重后果的,处三年以下有期徒刑或者拘役;情节特别恶劣的,处三年以上七年以下有期徒刑。第一百三十五条规定,安全生产设施或者安全生产条件不符合国家规定,因而发生重大伤亡事故或者造成其他严重后果的,对直接负责的主管人员和其他直接责任人员,处三年以下有期徒刑或者拘役;情节特别恶劣的,处三年以上七年以下有期徒刑。

第三,民事责任。生产经营单位存在安全生产违法行为的,除承担行政责任或刑事责任之外,同时还可能需要承担民事责任。民事责任主要有违约责任和侵权责任两种责任形式,生产经营单位的安全生产民事责任包括上述两种责任形式。违约责任是指合同当事人违反合同所承担的法律责任。《劳动合同法》规定,劳动保护、劳动条件和职业危害防护是劳动合同的必备要件,所有劳动合同的签订都应当涉及对劳动保护等事项的规定。据此,当生产经营单位违反劳动合同中关于劳动保护、劳动条件和职业危害防护的条款时,就需要承担相应的违约责任,具体可包括在劳动者要求解除劳动合同时解除合同、赔偿等。就侵权责任而言,当生产经营单位违反合同约定或者法律规定的安全生产要求,造成劳动者的人身、财产损失时,需要承担侵权责任。当然,《民法典》侵权责任编并没有把安全生产责任规定为特殊的责任类型。因此,生产经营单位承担的安全生产民事责任适用一般的侵权责任规则,具体可适用《民法典》第一千一百六十五条等条款的规定,当生产经营单位因过错侵害他人民事权益造成损害时,可以要求其承担侵权责任。

---

[1] 罗丽、代海军:《中国安全生产行政执法与刑事司法衔接机制研究》,载《北京理工大学学报(社会科学版)》2020年第1期。

第三节 从业人员的安全生产权利义务

生产的过程就是劳动者运用其技能将原料转化为商品的过程。在这一过程中,劳动者既需要在安全有序的环境下工作,其自身的活动也是构成安全有序环境的重要组成部分,只有劳动者遵守劳动安全规范,安全生产的环境才得以维护。因此,《安全生产法》第六条规定,生产经营单位的从业人员有依法获得安全生产保障的权利,并应当依法履行安全生产方面的义务。这一条款在赋予劳动者安全生产权利的基础上,也规定了应履行的义务。

一、从业人员的安全生产权利

应该说,安全生产的权利是就业权的重要组成部分,国家对公民就业权的保障,就隐含了对公民获得安全生产条件的保障。我国宪法规定,国家通过各种途径,创造劳动就业条件,加强劳动保护。在此意义上而言,安全生产权是劳动者享有的与休息和获得报酬同等重要的权利,是对劳动者人身财产的直接保护。在此基础上,《安全生产法》将劳动者安全生产的权利细化为诸多项目。

第一,安全生产状况的知情权。在生产实践中,不同的工种存在不同的危害性。譬如,就高空作业而言,其危害性显然大于一般的生产经营活动。基于此,在生产经营单位与劳动者签订合同的过程中,生产经营单位应将劳动者拟从事工作所存在的危险性告知劳动者,劳动者在知情的基础上方能做出合理选择。换言之,知情权也是劳动者择业自由的重要组成部分,只有将风险充分告知劳动者,劳动者的择业自由才真正得到保障。《安全生产法》对劳动者的知情权也有明确完整的保护,该法规定,生产经营单位的从业人员有权了解其作业场所和工作岗位存在的危险因素、防范措施及事故应急措施,有权对本单位的安全生产工作提出建议。

第二,批评、检举、控告和拒绝违章作业的权利。从其本质上而言,破坏安全生产规章制度的行为是违法行为,公民自然享有对违法行为进行批评、检举和控告的权利。更为重要的是,安全生产与从业人员的人身、财产安全紧密相关,当生产经营者发生破坏安全生产规章制度的行为时,此种行为将有可能对劳动者的人身财产权利造成直接损害。据此,劳动者自然有权进行批评、检举和控告。在此基础上,如果生产经营单位不听取批评建议,强令劳动者违章作业的,劳动者有权拒绝。另外,《安全生产法》还明确规定,从业人员发现直接危及人身安全的紧急情况时,有权停止作业或者在采取可能的应急措施后撤离作业场所。

第三,获得救治的权利。所谓获得救治的权利,是指安全生产事故发生之后,劳动者的人身受到损害的,生产经营单位应当给予救治。此种救治包括两方面内容:一方面是现场、即时的救治。也就是说,在安全生产事故发生时,生产经营单位有义务组织救援,为受到伤害的劳动者提供救治。另一方面是后续救治费用的承担。也就是说,在现场即时救援结束之后,劳动者的后续治疗费用也应当由生产经营单位负责。《安全生产法》明确规定,因生产安全事故受到损害的从业人员,除依法享有工伤保险外,依照有关民事法律尚有获得赔偿的权利的,有权提出赔偿要求。

《安全生产法》除了规定从业人员的上述权利之外,还规定了生产经营单位不能因从业人员行使上述权利而作出对其不利的决定。这意味着,从业人员的上述权利为法定权利,由法律直接赋予,不能被劳动合同所限制和剥夺,也不能因行使法定权利而遭受不公待遇。具体而言,《安全生产法》一方面规定,生产经营单位不得以任何形式与从业人员订立协议,以免除或者减轻其对从业人员因生产安全事故伤亡依法应承担的责任。另一方面,针对上述权利的行使,《安全生产法》规定,生产经营单位不得因从业人员对本单位安全生产工作提出批评、检举、控告或者拒绝违章指挥、强令冒险作业,或者在紧急情况下停止作业而降低其工资、福利等待遇或者解除与其订立的劳动合同。

二、从业人员的安全生产义务

从业人员是生产经营活动的直接参与者,也是劳动任务的承担者。安全生产目标的达成,不仅要求生产经营者提供良好的外部环境,更需要从业人员严格遵守安全生产的规章制度。据此,《安全生产法》在规定从业人员权利的基础上,也规定了其在安全生产方面的义务。

第一,遵守安全生产规章制度和操作规程。在大机器生产背景下,生产的开展与机器的运行密不可分。但现代科学技术在生产中的应用,既可能带来生产力质的飞跃,也有可能带来风险。为了有效规避风险,机器的运作就必须符合一定的流程。这就决定了劳动者在劳动过程中必须遵守本单位的安全生产规章制度和操作规程,也只有劳动者遵守安全生产规章制度,才能从源头上防范安全生产事故的发生。从这个角度而言,劳动者遵守安全生产规章制度,不仅是对自身安全负责,也是对生产秩序和他人人身财产安全负责。因此,遵守本单位的安全生产规章制度和操作规程被《安全生产法》规定为劳动者的义务。

除此之外,劳动者在劳动过程中正确佩戴和使用劳动防护用品也是有效防范安全生产事故发生的重要手段,因此正确佩戴和使用劳动防护用品也是劳动者的义务。

第二,接受安全生产教育和培训的义务。劳动者只有具备一定的劳动技能及安全生产知识,在劳动过程中才能最大限度地避免违规操作,实现安全生产的目的。因此,《安全生产法》规定,接受安全生产教育和培训是劳动者的义务。需要注意的是,接受安全生产教育和培训作为劳动者的义务,这一义务的相对方为生产经营单位,但《安全生产法》同样也规定了生产经营单位承担对劳动者进行安全生产教育的义务。这就意味着,劳动者不履行这一义务的,生产经营单位可以对其作出不利决定;而生产经营者不履行这一义务时,劳动者同样可以通过法定渠道追究生产经营单位的责任。

第三,报告的义务。所谓报告义务,是指从业人员在发现事故隐患时,有义务向安全生产管理人员进行报告。劳动者是直接从事生产经营活动的主体,是生产经营活动当中与原料或机器设备近距离接触的人员,因此也可能是安全事故隐患的第一发现人。据此,《安全生产法》规定,从业人员发现事故隐患或者其他不安全因素,应当立即向现场安全生产管理人员或者本单位负责人报告;接到报告的人员应当及时予以处理。

三、从业人员的安全生产责任

《安全生产法》第一百零七条规定,生产经营单位的从业人员不落实岗位安全责任,不服从管理,违反安全生产规章制度或者操作规程的,由生产经营单位给予批评教育,依照有关规章制度给予处分;构成犯罪的,依照刑法有关规定追究刑事责任。据此,从业人员的安全生产责任包括批评教育、处分和刑事责任三种形式。

第一,批评教育。批评教育是从业人员之行为较为轻微、未引发严重危害后果的情况下需要承担的责任。批评教育的主体为生产经营单位。也就是说,这一责任实现主要由生产经营单位予以实施。需要说明的是,《行政处罚法》规定了通报批评这一处罚形式,但由于《安全生产法》规定的批评教育的主体为生产经营单位,因此《安全生产法》中的批评教育并非行政处罚,而是生产经营单位对本单位劳动者实施的一种声誉惩戒。

第二,依照有关规章制度给予处分。此处的规章制度主要是指生产经营单位内部的规章制度。也就是说,生产经营单位可以通过内部规章制度的形式,规定从业人员违反安全生产规章制度或者操作规程时的处分形式,具体可包括调整岗位、取消奖金待遇等。《中华人民共和国劳动合同法》第三十九条规定,劳动者严重违反用人单位的规章制度的,用人单位可以解除劳动合同。据此,用人单位依照有关规章制度给予处分的形式可以包括解除劳动合同。

第三,刑事责任。《中华人民共和国刑法》第一百三十四条规定,在生产、作业中违反有关安全管理的规定,因而发生重大伤亡事故或者造成其他严重后果的,处三年以下有期徒刑或者拘役;情节特别恶劣的,处三年以上七年以下有期徒刑。这一条款规定的责任主体不仅包括生产经营单位的主要负责人,也包括其他从业人员,也就是说,其他从业人员违反有关安全管理的规定造成重大事故等后果的,需要承担刑事责任。需要注意的是,批评教育和处分等责任并非结果责任,而是行为责任,这也就意味着,从业人员只要违反了安全生产规章制度或者操作规程,不管此种行为是否引发危害后果,一律需要承担责任;而刑事责任则是结果责任,从业人员的行为不仅需要违反有关安全管理的规定,且其行为需直接引发重大伤亡事故或者造成其他严重后果,这一行为才能够被认定为刑法上的严重危害社会的行为,在此基础上方可追究其责任。

第四节 安全生产行政管理制度

生产经营的本质是市场活动。当然,在市场经济背景下,市场有其自发性、滞后性等缺陷,需要政府有形的手加以调控。安全生产行政管理制度就是政府通过有形的手弥补市场不足的重要体现,只有将安全生产工作置于政府的严厉监管之下,市场的稳定性方能得到实现。

一、安全生产的行政管理机构与职能

第一,国务院和县级以上地方各级人民政府。我国《宪法》规定,国务院行使的职权包括,规定各部和各委员会的任务和职责,统一领导各部和各委员会的工作,并且领导不属于各部和各委员会的全国性的行政工作;编制和执行国民经济和社会发展计划和国家预算;领导和管理经济工作和城乡建设、生态文明建设等。县级以上地方各级人民政府的职权则是管理本行政区域内的经济、教育、科学、文化、卫生、体育事业、城乡建设事业和财政、民政、公安、民族事务、司法行政、计划生育等行政工作;发布决定和命令;任免、培训、考核和奖惩行政工作人员。安全生产工作属于经济工作的重要组成部分,因此当然属于国务院和县级以上地方各级人民政府的管理范围。在安全生产方面,国务院和县级以上地方各级人民政府享有广泛的职权,具体有:根据国民经济和社会发展规划制定安全生产规划,并组织实施;加强安全生产基础设施建设和安全生产监管能力建设,将所需经费列入本级预算;组织有关部门建立完善安全风险评估与论证机制,按照安全风险管控要求,进行产业规划和空间布局,并对位置相邻、行业相近、业态相似的生产经营单位实施重大安全风险联防联控。

第二,应急管理部。应急管理部是根据第十三届全国人民代表大会第一次会议批准的国务院机构改革方案设立的,其主要职责有组织编制国家应急总体预案和规划,指导各地区各部门应对突发事件工作,推动应急预案体系建设和预案演练。建立灾情报告系统并统一发布灾情,统筹应急力量建设和物资储备并在救灾时统一调度,组织灾害救助体系建设,指导安全生产类、自然灾害类应急救援,承担国家应对特别重大灾害指挥工作。应急管理部门的组建体现了整体化治理的思维,[①]公安消防部队、武警森林部队转制后,与安全生产等应急救援队伍一并作为综合性常备应急骨干力量,由应急管理部管理,实行专门管理和政策保障,采取符合其自身特点的职务职级序列和管理办法。

第三,标准化行政主管部门。《安全生产法》规定,国务院有关部门应当按照保障安全生产的要求,依法及时制定有关的国家标准或者行业标准,并

[①] 戚建刚、乌兰:《应急管理部的行政法建构——基于整体性治理理念的分析》,载《北京行政学院学报》2018年第5期。

根据科技进步和经济发展适时修订。生产经营单位必须执行依法制定的保障安全生产的国家标准或者行业标准。国务院有关部门按照职责分工负责安全生产强制性国家标准的项目提出、组织起草、征求意见、技术审查。而《中华人民共和国标准化法》第五条规定,国务院标准化行政主管部门统一管理全国标准化工作。国务院有关行政主管部门分工管理本部门、本行业的标准化工作。县级以上地方人民政府标准化行政主管部门统一管理本行政区域内的标准化工作。县级以上地方人民政府有关行政主管部门分工管理本行政区域内本部门、本行业的标准化工作。因此,标准化行政管理部门负责安全生产的标准编制工作。

第四,其他部门。其他部门主要包括发展改革、科技、工商、公安、交通、民航等部门。《安全生产法》规定,这些部门在各自的职责范围内对有关行业、领域的安全生产工作实施监督管理;县级以上地方各级人民政府有关部门依照本法和其他有关法律、法规的规定,在各自的职责范围内对有关行业、领域的安全生产工作实施监督管理。对新兴行业、领域的安全生产监督管理职责不明确的,由县级以上地方各级人民政府按照业务相近的原则确定监督管理部门。

二、安全生产行政管理的主要制度

第一,行政许可。所谓行政许可,即由行政主体依相对人的申请,对符合法定条件的申请人,通过颁发许可证等方式,准许其从事特定活动或进入特定领域的行政活动。行政许可是行政管理的重要手段。行政许可具有"普遍禁止"和"特定情况准入"相结合的属性。所谓普遍禁止,即行政许可的设定本质上是对一般的行政相对人权利的限制,如驾驶证制度的设立首先禁止了一般公民驾驶机动车上路行驶。所谓特定情况准入,即在普遍性禁止的基础上,准许符合法定条件的相对人从事某种活动。因此,行政许可是重要的市场准入制度,行政许可制度的设定与运行,可以提高市场主体的资质或商品、服务的质量。① 行政许可也是安全生产管理的重要手段,《安全生产法》规定,负有安全生产监督管理职责的部门依照有关法律、法规的规定,对涉及安全生产的事项需要审查批准或者验收的,必须严格依照有关法律、法规和国家

---

① 〔爱尔兰〕Colin Scott、石肖雪:《作为规制与治理工具的行政许可》,载《法学研究》2014年第2期。

标准或者行业标准规定的安全生产条件和程序进行审查;不符合有关法律、法规和国家标准或者行业标准规定的安全生产条件的,不得批准或者验收通过。对未依法取得批准或者验收合格的单位擅自从事有关活动的,负责行政审批的部门发现或者接到举报后应当立即予以取缔,并依法予以处理。对已经依法取得批准的单位,负责行政审批的部门发现其不再具备安全生产条件的,应当撤销原批准。这一条款规定的就是行政许可制度。

第二,行政检查。所谓行政检查,是指行政主体对行政相对人开展生产经营管理活动所实施的监督与检查,目的在于发现和整改违法行为。行政检查是一种事实行为,本身不会对相对人的权利义务造成影响;当然,行政检查又可能与行政处罚相结合,即行政主体在检查过程中发现问题的,就有可能启动行政处罚程序。[①]《安全生产法》规定,县级以上地方各级人民政府应当根据本行政区域内的安全生产状况,组织有关部门按照职责分工,对本行政区域内容易发生重大生产安全事故的生产经营单位进行严格检查。应急管理部门应当按照分类分级监督管理的要求,制定安全生产年度监督检查计划,并按照年度监督检查计划进行监督检查,发现事故隐患,应当及时处理。这一条款规定的就是行政检查。实践中,行政检查的方式有抽查和定期或不定期检查等,检查的过程一般不宜对生产经营单位的生产经营管理活动造成不必要干扰。

第三,行政处罚。行政处罚是行政主体做出的对相对人之权利进行限制剥夺或增加其额外义务的惩戒行为。行政处罚的作用在于,通过对相对人权利的限制而产生惩戒的功能,使相对人的违法行为受到应有的制裁。《中华人民共和国行政处罚法》对行政处罚的设定、管辖及其实施程序等进行了明确具体的规定,即行政处罚应由法定机关实施,且需要有法律、法规或规章依据。行政处罚也是安全生产管理中的重要手段,《安全生产法》规定了诸多违法行为及对应的处罚措施。譬如,该法第一百零二条规定,生产经营单位未采取措施消除事故隐患的,责令立即消除或者限期消除,处五万元以下的罚款;生产经营单位拒不执行的,责令停产停业整顿,对其直接负责的主管人员和其他直接责任人员处五万元以上十万元以下的罚款;构成犯罪的,依照刑法有关规定追究刑事责任。

---

① 刘铮:《论行政检查的概念:学理研究与法律规定》,载《宁波大学学报(人文科学版)》2012年第3期。

三、生产安全事故的应急救援

生产安全事故的应急救援是安全生产制度的重要组成部分,在所有安全防范举措皆不能发生效果而造成生产安全事故发生时,政府及有关部门即有义务启动救援,这是国家尊重和保障人权的要求,也是政府应承担的重要义务。

第一,生产安全事故救援的义务主体。如上所述,在生产安全事故发生时,政府及有关部门即有义务启动救援。简言之,生产安全事故救援的义务主体应定位为国家。依《安全生产法》的规定,具体承担救援义务的主体是国家安全生产应急救援机构和各级应急管理部门,国家在重点行业、领域建立应急救援基地和应急救援队伍,并由国家安全生产应急救援机构统一协调指挥。

第二,生产安全事故救援预案的制定。凡事预则立,不预则废,事故救援也是如此。只有提前做好事故救援预案,在事故发生时,按救援预案积极组织救援力量参与救援,才能提高救援效率。《安全生产法》规定,应急救援预案由县级以上地方各级人民政府组织有关部门制定,并建立相应的应急救援体系;乡镇人民政府和街道办事处,以及开发区、工业园区、港区、风景区等则负责各自区域内的应急救援预案的制定。

第三,事故上报。事故一般由事故现场的有关人员首先发现。因此,在发生生产安全事故时,也应由事故现场有关人员向本单位负责人报告。本单位负责人收到报告之后,一方面要迅速组织救援,防止事故扩大;另一方面需按规定向当地安全生产监督管理部门上报。当地安全生产监督管理部门接到报告后,同样需要按规定层层上报。

第四,组织救援。在当地政府及其应急管理部门接到事故报告之后,需启动应急救援预案,并立即赶到事故现场进行救援。事故救援过程中,有关单位和人员应服从统一指挥,支持、配合事故抢救,并提供一切便利条件。

第五,事故调查和责任追究。在现场救援结束之后,由国务院或地方政府有关部门组织调查,查明事故性质和责任,提出整改措施。在批复事故调查报告后一年内,组织有关部门对事故整改和防范措施落实情况进行评估,并及时向社会公开评估结果。生产经营单位发生生产安全事故,经调查确定为责任事故的,由有关部门启动对生产经营单位及安全生产监督管理单位相关责任人员的追责。

第九章 科技安全法治

2019年,《中共中央关于坚持和完善中国特色社会主义制度推进国家治理体系和治理能力现代化若干重大问题的决定》提出,要加快建设创新型国家,强化国家战略科技力量,健全国家实验室体系,构建社会主义市场经济条件下关键核心技术攻关新型举国体制。加大基础研究投入,健全鼓励支持基础研究、原始创新的体制机制。国家战略科技力量、国家实验室体系和基础研究、原始创新的体制机制是维护科技安全的重要依托,也成为推进科技创新的首要任务,说明在新形势下维护科技安全是科技法治建设的重要方面。

第一节 科技安全法治概述

一、科技安全的内涵

科技安全的核心在于"安全"。科技安全指向的首先是对科技研发和应用状态的描述,意指科技研发和应用的过程未对劳动者的人身、财产及其周围环境造成负面影响。党的十九届四中全会明确,以人民安全为宗旨,以政治安全为根本,以经济安全为基础,以军事、科技、文化、社会安全为保障,健全国家安全体系,增强国家安全能力。加强自主创新,强化科技安全,为维护和塑造国家安全提供强大的科技支撑,成为新时代科技工作的重大任务。因此,科技安全又是与国家安全和经济安全相联系的重要安全状态。从党的十九届四中全会决定来看,科技安全主要包含以下内容。

首先,科技安全应体现为我国能够做到科技自立自强。新一轮科技革命的兴起极大改变了世界产业格局,是否掌握核心技术不仅影响全球产业布局,更成为衡量综合国力的重要标志。党的十八大以来,习近平总书记多次强调核心技术的重要性,即"关键核心技术是国之重器""核心技术受制于人是我们最大的隐患"。中美贸易冲突以来,关键领域核心技术受制于人使我们感受到了切肤之痛。2018年4月,美国商务部发布对中兴通讯出口权限禁令,要求美国企业7年内禁止以直接或间接的方式向中兴通讯出售零部件、商品、软件和技术。消息一出,中兴通讯股票连续跌停,市值蒸发700亿元。中兴通讯是中国具有代表性的科技企业,但在芯片、操作系统等核心配件和关键技术的供给方面,却非常依赖美国公司。由此可见,科技安全首先需要我国在科技领域做到自立自强,尤其是在关键领域核心技术方面不受制于人。

其次,科技安全意味着科技研发能够满足经济社会发展之需。在我国经济社会发展过程中,诸多发展问题的解决最终都依赖于科技进步。一方面,就经济发展而言,近年来我国提出了创新驱动发展战略,要求经济的发展从过去依赖资源、投资的传统路径向依赖科技创新的新路径转变,这是我国经济质量提档升级所必需的,也是发展高端制造业、提高我国在全球产业链中的地位的必经之路。而这一过程的实现,就需要依赖科技发展。换言之,科技安全的提出,意味着科技发展应为经济安全提供保障。另一方面,我国社会在发展过程中遇到的诸多问题也需要以科技发展为保障。以本次新冠疫情为例,没有医疗技术和生物技术的进步,就没有控制住疫情的大好局面。换言之,科技安全同时意味着科技应为社会安全提供保障。

最后,科技安全意味着科技研发和应用的风险能够得到最大限度地规避。近年来,诸多新技术得以广泛应用,以人工智能、量子信息、移动通信、物联网、区块链为代表的新一代信息技术正在加速突破应用,以合成生物学、基因编辑、脑科学、再生医学等为代表的生命科学领域在孕育新的变革,融合机器人、数字化、新材料的先进制造技术正在加速推进制造业向智能化、服务化、绿色化转型,以清洁高效、可持续为目标的能源技术的加速发展也将引发全球能源变革。但新技术的广泛应用存在不可预知的风险,对现有社会规则体系可能造成巨大冲击。例如,在人工智能技术应用方面,全国首辆自动驾驶出租车于2018年11月在广州投入试运营,但不足一星期就被叫停。自动驾驶出租车投入试运营被叫停有其合理性,即在相关的技术性能及交通规则、损害赔偿规则等未明确的情况下,叫停试运营确实能够防范人工智能技术风险的发生和扩大。在此意义上而言,科技安全的提出,意味着科技研发及其应用的风险应得到有效规避。

二、我国的科技安全战略

我国高度重视科技对国家安全和经济安全的维护作用,科技安全战略是我国科技发展战略的重要组成部分。中华人民共和国成立之初,举国体制是我国科学技术发展的重要条件。换言之,通过举国体制促进科技发展是我国维护科技安全的重要手段。在此基础上,改革开放后,新型举国体制在经济制度改革的探索和实践中逐步形成。新型举国体制更具科学性,不仅关注现阶段国家的重大战略需求,同时还强调激发各类创新主体的活力,充分发挥市场对资源配置的决定性作用,最大程度确保资源配置的高效与合理。在新型举国体制的推动下,我国在许多重要的科技领域都实现了重大突破。2019年10月28日至31日,中国共产党第十九届中央委员会第四次全体会议在北京召开,会议通过了《中共中央关于坚持和完善中国特色社会主义制度推进国家治理体系和治理能力现代化若干重大问题的决定》,该决定提出"构建社会主义市场经济条件下关键核心技术攻关新型举国体制",还明确:"加大基础研究投入,健全鼓励支持基础研究、原始创新的体制机制。建立以企业为主体、市场为导向、产学研深度融合的技术创新体系,支持大中小企业和各类主体融通创新,创新促进科技成果转化机制,积极发展新动能,强化标准引领,提升产业基础能力和产业链现代化水平。"该决定为我国建设新型举国体制指明了方向。

近年来,在中美贸易冲突背景下,我国科技安全面临更为严峻的形势。据此,我国提出了强化国家战略科技力量以维护国家科技安全。"国家战略科技力量"首次出现在党和国家领导人的表述中是2004年底,时任中共中央总书记胡锦涛同志在视察中国科学院时提出,"中国科学院作为国家战略科技力量,不仅要创造一流的成果、一流的效益、一流的管理,更要造就一流的人才"[①]。2016年5月,习近平总书记在全国科技创新大会、两院院士大会、中国科协第九次全国代表大会上讲话指出,"强化国家战略科技力量"。同年7月,国务院印发《"十三五"国家科技创新规划》,"战略科技力量"一词首次出现在政府文件中。在十九大报告中"战略科技力量"正式上升为党和国家意志,成为国家战略体系之一。国家战略科技力量的培育实际上以十九大为分界点被分为前期培育和后期强化。十九大之前对于国家战略科技力量的培育尚没有上升至国家战略层面,未从一个更高的角度进行建构。十九大指出要"强化战略科技力量",是在前期培育的基础上,提出目标更高、任务更为重

---

① 秦杰:《胡锦涛考察中科院强调提高科技自主创新能力》,http://www.gov.cn/ldhd/2004-12/29/content_9206.htm,2019年8月28日访问。

要、工程更为系统的长远战略目标。国家战略科技力量是科技安全的"牛鼻子",是国家科技创新能力的根基,直接关系到国家安全和经济安全。国家竞争在很大程度上是科技创新能力体系的比拼,①决定了一个国家在世界发展潮流中的地位,而国家战略科技力量正是科技创新体系中国与国之间最直接的对话。

三、科技安全法治的原则

(一)科技与经济社会协同发展原则

第一,科技发展与社会发展协同原则。该原则要求,"经济建设和社会发展应当转到依靠科学技术进步和提高劳动者素质的轨道上来,走内涵发展的道路,而不能像以往那样主要依靠资金、劳力、资源等方面的投入而得到的外延式发展。"②科技进步与社会发展协同原则要求将科技进步放置于经济社会发展的大环境中进行考量。一方面,社会经济的发展需要依赖技术进步,将科学技术作为推动经济发展的核心要素,从而提高经济增长的含金量;另一方面,技术进步也需要依托经济的发展。如上所述,科技研发更多的是一项经济活动,这项活动既以经济发展为基础,其产生的结果又需要反馈到经济运行当中来。科技研发本身是耗资巨大的活动,因此科技进步与社会发展协同的原则要求政府在投入科研经费时也考虑到经济发展的进程,使科技研发服务于经济发展。

第二,科技进步与生态保护协同原则。生态保护与科技进步的协同,要求科技研发服从于可持续发展的战略,优先研发能源耗费低、污染排放少的技术。

第三,科技进步与人的全面发展协同原则。科技进步与人的全面发展协同具有两方面的含义:一是科技进步应以人的发展权保障为目的。发展权属于第三代人权,既是集体人权,也是个人权利。作为集体人权,它指向全人类的共同发展;作为个人权利,它是人的全面自由发展的权利。③科技创新的目的应既在于促进全人类的发展,又在于促使个人充分发挥其潜能而实现全面自由发展。二是科技进步还应以提升人的生产水平为目的。也就是说,科技

---

① 李扬:《强化战略科技力量是建设创新型国家的关键》,载《学习时报》2018年1月3日第3版。
② 沈仲衡主编:《科技法学》,暨南大学出版社2007年版,第35页。
③ 汪习根:《发展权与中国发展法治化的三维研究》,载《政治与法律》2007年第4期。

研发既要发挥人的潜能,促进其全面发展,研发的成果也要致力于解放生产力,改善普通民众的生活。

(二)创新激励与风险规制并重原则

基于科技研发行业的特殊性,政府有必要对科技发展进行干预,干预的缘由在于科技研发与应用有可能产生巨大风险。以人工智能为例,自"人工智能"概念提出起,人类对其风险的担忧就从未间断。有学者认为,人工智能作为一项技术,在技术层面,存在行为偏激、数据污染等风险;也有学者担心,人工智能可能全面超越人类智能,且超越的速度远超人们的预期。《新一代人工智能发展规划》也指出,人工智能可能带来改变就业结构、冲击法律与社会伦理、侵犯个人隐私、挑战国际关系准则等问题。现实中,有媒体归纳了"人工智能元年"即 2016 年中人工智能领域发生的十大失败案例,其中的种族主义、致命伤害、数据污染、隐私泄露等问题着实触目惊心。由此可见,人工智能既能够带来生产力的颠覆性变革,也存在不可预知的巨大风险,如何在发挥人工智能之于产业变革的引领力的同时最大限度地防范其风险,就需要政府予以强有力的规制。当然,基于科技研发行业的特殊性,其发展本就离不开政府的激励。有学者统计了科研经费投入与创新型国家建设之间的关系,得出的结论为:世界主要创新型国家 R&D(Research and Development)经费与 GDP 的比值明显高于发展中国家,这些创新型国家的指标值一般都在 2%以上,甚至大多数国家高于 2.5%;而发展中国家明显落后,这一指标值只能维持在 1%以下。[①] 这表明,政府的创新激励对于推动科技发展是必不可少的。实际上,科技产业存在投入大,周期长的特点,市场主体往往不愿意投入过多的经费以支持基础性研究。市场自身存在的这一缺陷也表明政府应在科技领域予以适度激励,这也是科技发展规律使然。

第二节 国家战略科技力量培育制度

中美贸易冲突使我们意识到发展关键领域核心技术的重要性,国家战略科技力量的培育因此成为我国突破西方国家关键核心技术封锁、维护国家科技安全和经济安全的必由之路。2019 年 1 月,习近平总书记在省部级主要领

[①] 李方毅、郑垂勇:《发达国家促进财政科技研发投入的经验与借鉴》,载《科技管理研究》2015 年第 11 期。

导干部坚持底线思维着力防范化解重大风险专题研讨班上再次强调,"要强化事关国家安全和经济社会发展全局的重大科技任务的统筹组织,强化国家战略科技力量建设。"国有科研院所是国家战略科技力量培育的主要依托,顺应知识生产模式代际转换的趋势,国有科研院所在创新体系中的地位与作用也发生了根本性改变。

一、国家战略科技力量培育战略的提出

近年来,随着西方国家在科技领域的"卡脖子"行为日益严重,通过国家战略科技力量的培育改变关键领域核心技术受制于人的状况成为我国政府与社会的普遍共识。2017年10月,党的十九大报告提出,加强国家创新体系建设,强化战略科技力量。这意味着国家战略科技力量的培育被正式确立为全党全国关于科技发展的核心战略。2019年,在省部级主要领导干部专题研讨班上,习近平总书记将国家战略科技力量培育提升到了保障国家科技安全的高度;2020年3月15日,在疫情防控形势取得根本性好转的背景下,习近平总书记在《求是》杂志撰文提出,要加快提高疫病防控和公共卫生领域战略科技力量和战略储备能力。① 结合党中央、国务院相关政策文件及党和国家领导人对国家战略科技力量培育的重要论述,国家战略科技力量的培育对国有科研院所的改革和发展提出了一系列新要求。

二、国有科研院所在国家战略科技力量培育中的地位

第一,国有科研院所是国家战略科技的中坚力量。早在2013年,习近平总书记在视察中科院时就指出,中国科学院是党、国家、人民可以依靠、可以信赖的国家战略科技力量。2018年,总书记进一步指出:中国科学院、中国工程院要继续发挥国家战略科技力量的作用,同全国科技力量一道,把握好世界科技发展大势,围绕建设世界科技强国,敏锐抓住科技革命方向,大力推动科技跨越发展,勇攀科技高峰。应该说,除中国科学院和中国工程院之外,其他国有科研院所也是国家战略科技力量的重要组成部分。具体而言,国家战略科技力量培育的主要内容在于科技力量的建制化,只有实现科技力量的建

---

① 习近平:《为打赢疫情防控阻击战提供强大科技支撑》,载《求是》2020年第6期。

制化,才可能形成诸多科研机构围绕关键领域核心技术开展集中攻关的工作机制,进而充分发挥国家战略科技力量的后发优势、规模优势和技术优势。在此意义上而言,国有科研院所是国家战略科技的中坚力量,我国国家战略科技力量的培育,需要以中国科学院、中国工程院为核心,并鼓励和支持其他国有科研院所的发展,形成层级化的战略科技组织。

第二,国有科研院所承担国家战略性目标和任务。如上所述,国家战略科技力量的培育被提升到了维系国家科技安全和经济安全的高度。实际上,西方国家在关键领域核心技术上的"卡脖子"对我国科技安全和经济安全构成了重大威胁。近几年,美国在芯片、光刻机等领域对我国所实施的技术封闭给相关企业经营造成重大影响。国家战略科技力量的重要性就是在这种背景下突显出来的。因此,国家战略科技力量培育的总目标应当是突破西方国家在核心技术上对我国所实施的封锁,进而维护我国在科技、经济乃至政治领域的独立自主地位。从这个角度而言,国家战略科技力量应当具备战略眼光和思维,不为短暂诉求和局部利益所动,从科学发展的自身规律出发,着眼于基础科学和前沿科学领域,承担国家战略性目标。

三、将国有科研院所转变为国家战略科技力量的路径

第一,重申科研机构自治和科研自由的价值。历史上,学术自由和自治是大学的合法性基础之所在,[1]由大学衍生的科研机构当然也需要尊崇学术自由这一价值,"只有学术自治和独立的环境氛围得以确立,公益类科研院所才可能真正建立起目标与价值相一致的现代科研院所制度"[2]。为进一步提升科研院所的自治程度,保障其自主从事科研活动,在已有的下放自主权的基础上,在外部关系上,需要通过科研机构组织立法保障其整体上的独立性及自主地位;[3]在内部关系上,一方面有必要进一步确立科研人员终身职位制,对符合特定条件的科研人员给予终身教职或研究职位,允许其在该岗位上长期自主从事科学研究工作,非经法定事由不得解聘,日常研究工作也不

---

[1] 张继明:《知识生产模式变迁视角下大学治理模式的演进及其反思》,载《江苏高教》2019年第4期。
[2] 李政刚:《"去行政化"背景下公益类科研院所改革与治理的新探索》,载《科学学与科学技术管理》2015年第8期。
[3] 李万:《深化科技体制改革的新思路》,载《中国党政干部论坛》2019年第7期。

受考核制度约束;另一方面是探索建立长期稳定的扶持机制,对于获得终身教职或科研职位的科研人员或其他符合条件的科研人员,应当给予其长期稳定的经费支持,允许其自主开展研究,研究工作同样不受日常考核机制约束。

第二,强化国有科研院所的社会责任。去行政化和去商业化改革所要解决的是科研院所的组织及其运行不受行政力量和市场利益制约的问题,当然,去行政化和去商业化只是手段,不是目的。去行政化和去商业化改革的真正目的应当是将国有科研院所从行政体制和市场利益的"俗务"中解放出来,使之在选人用人、项目设定、经费使用等科学研究的全部过程中都具有超然地位,能够依科学规律独立行使科研自主权,并切实承担在学术上产生引领性新思想、在科学上承载人类对未知领域进行探索的崇高使命,这也是国有科研院所向国家战略科技力量转变的关键。据此,国有科研院所的去行政化和去商业化改革应与社会化、民主化改革相结合,在去行政化和去商业化之后,需强化国有科研院所的社会责任,明确其在科研自由的基础上承担引领学术新思想、探索科学新发现、指明产业新方向等方面的使命与责任。2020年9月11日,习近平总书记在科学家座谈会上指出,广大科学家和科技工作者要肩负起历史责任,坚持面向世界科技前沿、面向经济主战场、面向国家重大需求、面向人民生命健康,不断向科学技术广度和深度进军,"四个面向"即国有科研院所社会责任的具体指向。

第三,推进国有科研院所内部管理的民主化和社会化。相较于知识生产模式2.0的三螺旋结构体系,知识生产模式3.0提出了四螺旋结构体系,这一体系最为显著的发展在于增加了市民社会这一主体。市民社会作为四螺旋动力机制中的重要一极,其作用不仅在于影响企业技术研发活动,还在于对科研院所的科研工作同样存在推动作用。市民社会是公共利益的代表,"从知识论角度出发,应将'产业——大学——政府——市民社会'利益群体相结合,从而赋予知识生产模式Ⅲ最大生命力,实现公益性引导"①。在具体的制度机制上,需要搭建科研院所与公众之间的桥梁,这可通过科普工作的推进以强化公众的参与力度,也需要国有科研院所建立面向公众开放的创新网络。为达到上述目的,国有科研院所治理体制应当进行以下改革:一是在国

---

① 黄瑶、马永红、王铭:《知识生产模式Ⅲ促进超学科快速发展的特征研究》,载《清华大学教育研究》2016年第6期。

有科研院所与政府的关系上,建立政府对国有科研院所的长期稳定支持机制。2019年9月,李克强总理在国家杰出青年科学基金工作座谈会上明确指出,各级政府要加大对基础研究长期稳定支持力度。长期稳定支持的作用在于,在为科学研究尤其是基础科学研究提供充足的经费保障的基础上,减少政府部门通过经费支出对科研院所实施干预。"长期稳定支持"的核心在于"稳定",因此,有必要通过立法或相关政策固定政府对国有科研院所的长期稳定支持义务,确保这一义务不因政府工作重心转移而改变。二是在国有科研院所的内部管理体制上,采取团队制的管理体制,国有科研院所内部不再设行政层级和行政编制,赋予团队负责人在研究项目的选定、经费使用、人员构成等方面广泛的自主权。三是在创新过程中,国有科研院所应具备开放性创新思维,建构国有科研院所、企业和市民社会间的协同创新网络,创意的产生及创新过程不应限于本单位的研究人员,而应吸纳公众和企业的参与,通过吸纳公众创意或企业市场计划而调整优化其研究方向,甚至可以借鉴美国《创新与竞争力法案》中的"众包科学"方式,[1]或参考设置咨询型、改革型或协作型"公众科学"项目,[2]搭建国有科研院所与企业、其他社会组织和公众间的协作创新网络。

第三节 人工智能技术安全监管制度

一、人工智能技术安全监管的现状

针对人工智能技术应用的监管问题,我国各地监管部门制定了种类繁多的规范性文件。以自动驾驶汽车为例,2017年,国务院《新一代人工智能发展规划》提出要构建人工智能安全监测预警机制。这是涉及人工智能技术应用风险监管的较早文件。在此基础上,北京、上海、天津、浙江等地相继制定了智能网联汽车道路测试的相关管理办法。总的来说,《新一代人工智能发展规划》作为指导性文件,未直接规定监管主体与相对人之间的权利义务关系,因此只能作为监管机制建设的依据,而不能作为监管实施的直接依据,监管的实施主要以相关地区的智能网联汽车道路测试管理规范为直接依据。在

---

[1] 周海源:《国家创新体系立法的美国实践及其启示》,载《中国软科学》2019年第3期。
[2] 杨正:《"公众科学"研究——公民参与科学新方式》,载《科学学研究》2018年第9期。

此意上而言,当前对自动驾驶技术应用的监管主要着眼于测试环节,在手段上以准入控制为主,而自动驾驶技术蓬勃发展且商品化应用势不可挡的潮流,则暴露了监管机制的一系列问题。

自动驾驶技术应用监管存在的问题表现为监管的包容性不足,具体来说是对自动驾驶技术的监管大体上沿用了原有的汽车产品监管体系,且以规制性手段为主,其具体表现有二:一是就自动驾驶汽车而言,现有的监管机制除了通过测试许可的方式为自动驾驶汽车上路测试提供狭小制度空间之外,其总体上还在沿用已有的针对普通机动车的监管机制。这一监管机制体现在道路交通安全法中,主要包括汽车上路准入规制和驾驶员准入规制两个环节。在这两个环节中,自动驾驶汽车要获得上路行驶的资格,依然需要符合道路交通安全法关于车辆和驾驶员的规定,并需要获得行政机关的准入许可,而这些规定与自动驾驶技术的本质属性不相符,这表明监管的包容性不足。二是纵使在测试监管这一狭小的制度空间内,现有监管也主要采用规制性手段。如《上海市智能网联汽车道路测试管理办法(试行)》即主要采取准入控制和技术标准这两项规制手段。就准入控制而言,该办法第七条规定了提出智能网联汽车道路测试申请、组织测试并承担相应责任的单位的条件,第八条规定了测试驾驶人需满足的条件,第九条规定用于道路测试的智能网联汽车需符合的条件,第十一条规定了智能网联汽车道路测试的申请和审核,这即是典型的准入控制手段。就技术标准而言,该办法规定,测试汽车应当具备车辆状态在线监控功能,能够实时回传有关测试数据信息,能够自动记录和存储在车辆事故或者失效状况发生前至少 90 秒内的各种车辆运行数据信息。上述内容明确了自动驾驶汽车在技术上应达到的标准,并将之作为准入条件之一,本质上属于规制手段。在此意义上而言,即使测试领域对自动驾驶技术应用的监管有所"松动",但此种"松动"还是存在包容性不足的问题。

而更为重要的是,这种有所"松动"的包容性监管,其背后还存在合法性不足的问题。以《上海市智能网联汽车道路测试管理办法(试行)》为例,如上所述,该办法明确规定了自动驾驶汽车在公共交通道路上进行测试的准入条件和申请程序。这些条款所设置的测试准入具有"一般性禁止"与"申请后解禁"的双重属性,实际上与行政许可法规定的行政许可无本质区别。但自动驾驶汽车测试关系到在测试道路上行驶的其他车辆和行人的安全,而这属于

《行政许可法》第十二条规定的"直接涉及国家安全、公共安全、经济宏观调控、生态环境保护以及直接关系人身健康、生命财产安全等特定活动"的事项范围,且其他车辆、行人的安全显然不能通过《行政许可法》第十三条规定的相对人自主决定或市场竞争机制调节而得到充分保障,因此针对这一事项应当设定行政许可。而依《行政许可法》的规定,只有规章以上的规范性文件才能够设定行政许可。《上海市智能网联汽车道路测试管理办法(试行)》是由上海市经济信息化委、市公安局、市交通委联合发布的规范性文件,显然不是《行政许可法》所要求的规章以上规范性文件。上述问题在北京、天津、浙江等地的规定中同样存在。因此,严格来说,上述规范既无权设定在公共交通道路上进行的测试许可,其设置的许可又与道路交通安全法的上路行驶许可不一致,因此存在合法性问题。换言之,各地制定的智能网联汽车道路测试管理办法在内容上突破了道路交通安全法关于机动车上路行驶及驾驶员资质的准入控制条件,这是自动驾驶汽车上路测试监管更具包容性的基础;但此种包容性又恰恰建立在合法性缺失的基础上,亦即上述各地道路测试管理办法的制定机关既无权设定行政许可,其测试许可也与道路交通安全法的规定存在冲突,因此出现了主体权限和内容上的双重合法性缺失。在此意义上而言,自动驾驶技术应用监管的包容性以牺牲合法性为代价,监管的合法性与包容性处于对立关系中。

二、包容审慎监管的提出

针对新技术及其应用采取更为包容开放的态度,这是科技发展规律的必然要求。实际上,早在2013年,习近平总书记即提出了要大力营造勇于创新、鼓励成功、宽容失败的社会氛围。2016年,习近平总书记在全国科技创新大会、两院院士大会、中国科协第九次全国代表大会上的讲话再次强调,要营造良好学术环境,弘扬学术道德和科研伦理,在全社会营造鼓励创新、宽容失败的氛围。在此基础上,我国针对新技术、新业态提出了"包容审慎监管"的市场监管原则,并在外卖、移动支付、共享单车、网络预约出租车等新业态、新模式监管中广泛应用。包容审慎监管与法权理论的基本要求相契合,能够作为自动驾驶技术应用监管的基本模式。

包容审慎监管源于金融领域。20世纪末,人们对金融危机的破坏力有了更为深刻的认识,世界各国对金融采取了更为严厉的监管,这种监管通常被称为审慎监管。巴塞尔银行监管委员会制定的《银行业有效监管核心原则》对审慎监管原则作了较为细致的规定,并在此原则指引下对资本充足率、风险管理、内部控制、跨国银行监管和纠正措施等五个方面实施了更为严厉的监管。1997 年,该文件被国际货币基金组织通过而成为国际通行的银行业监管标准。① 当然,尽管审慎监管能够有效规避风险,提高金融市场的稳定性,但审慎监管与苛刻的监管制度相伴而生,其存在显著的局限性,主要表现为监管过于严苛并对金融业务经营构成严重束缚。② 尤其是随着金融科技的发展,金融本身具备更多的包容性,这就要求基于金融科技而产生的金融创新产品或服务能够获得更具包容性的监管。针对这种情况,英国率先展开的"监管沙盒"改革成了包容审慎监管的典范。所谓"监管沙盒"制度,指由监管机构预设一定的安全空间,在该安全空间内,开展创新业务的金融科技企业和金融机构可依简易程序在特定范围内对新产品进行测试。"监管沙盒"制度主要面向拥有创新产品或服务的金融企业开放,③经企业提出申请之后,监管机构可以提供完全授权或限制性授权,在 3—6 个月测试期满后,企业可申请延长测试时间,如企业对测试结果满意,则可在更大范围内推广这一技术方案。④

在我国,包容审慎监管在微信、网络预约出租车、互联网金融、电子商务、移动支付等多个领域得到广泛应用。以网络预约出租车为例,依交通运输部《巡游出租汽车经营服务管理规定》的规定,从事巡游出租汽车经营的主体需要有符合机动车管理要求的车辆、有取得符合要求的从业资格证件的驾驶人员等方面的条件;尤其是其中的车辆还必须是由县级以上地方人民政府出租汽车行政主管部门发放车辆经营权的巡游出租汽车。而在网络预约出租车管理当中,用于运营的车辆为运营服务者的私家车,因此网络预约出租车经营平台显然无法满足《巡游出租汽车经营服务管理规定》关于运营车辆的规定。针对这一情况,交通运输部等七部委出台的《网络预约出租汽车经营服务管理暂行办法》第 5 条则根据网络预约出租车经营平台的实际情况,在网络

---

① 刘太刚:《从审慎监管到包容审慎监管的学理探析——基于需求溢出理论视角下的风险治理与监管》,载《理论探索》2019 年第 2 期。
② 廖凡:《论金融科技的包容审慎监管》,载《中外法学》2019 年第 3 期。
③ 马骏、刘嘉龙、徐稼轩:《英国在监管科技领域的探索及对中国的启示》,载《清华金融评论》2019 年第 5 期。
④ 陈游:《英国监管沙盒制度对我国金融科技监管的启示》,载《中国内部审计》2019 年第 5 期。

预约出租车经营主体资格的规定上,取消了车辆、驾驶员等方面的规定,仅规定经营主体需要具备企业法人资格、信息数据交互及处理能力等方面的条件,这使得对网络预约出租车的监管更具包容性。

三、人工智能技术安全监管的制度建构

结合人工智能技术监管的已有实践,以自动驾驶技术为例可以对目前的人工智能技术安全监管的制度建构进行分析。自动驾驶技术应用可划分为内部测试、公开转化测试、试运营和正式上市四个阶段,每一阶段中涉及的个人利益与公共利益之间的关系各不相同,需要在实施有效监管和不妨碍科技创新的前提下,[①]通过不同阶段不同监管强度的设置合理配置权利与权力的比重。

第一,内部测试阶段的弱度监管。内部测试即企业在非用于公众通行的封闭环境下所进行的自动驾驶汽车测试。苏宁物流研究院于2018年5月在上海奉贤的苏宁物流园区对无人重卡进行的道路测试即为内部测试。内部测试在封闭的环境下进行,测试的过程没有公众的参与,不会对公共交通安全造成影响。由于内部测试不涉及公共利益,这一过程实际上是纯粹的科学研究过程,测试活动的开展应受科研自由的保护。从技术与经济的角度而言,在相当长一段时期内,人工智能的发展还需要予以鼓励和引导,[②]"对此最有效的方式就是运用科技市场法的赋权、交易和转化激励机制"[③]。因此,在这一阶段,剩余权可不转化为法权;与此相对应,这一阶段内政府的监管应为弱度监管。当然,实验的过程实际上可能涉及科研人员的人身安全,尤其是在有科研人员随车监控时更是如此。因此,政府部门采取完全放任不管的态度也不可行,合适的做法是,依据相关科研伦理,由科技管理部门对测试中科研人员人身安全问题进行监管。

第二,公开测试阶段的中度监管。以上海为例,上海在嘉定、临港等地的公共交通道路中划定了无人驾驶汽车的测试路段,在这一路段内,无人驾驶汽车可在有社会车辆行驶时进行测试。一方面,公开测试属于科学研究的必

[①] 马长山:《人工智能的社会风险及其法律规制》,载《法律科学(西北政法大学学报)》2018年第6期。
[②] 龙卫球:《人工智能立法的"技术—社会+经济"范式——基于引领法律与科技新型关系的视角》,载《武汉大学学报(哲学社会科学版)》2020年第1期。
[③] 龙卫球:《科技法迭代视角下的人工智能立法》,载《法商研究》2020年第1期。

经环节,其作用在于测试自动驾驶汽车能否真正适应真实状态下复杂的交通运行环境,是科技成果转化的必经环节。作为科技成果的必经环节,公开测试当然受到科研权利的保护。另一方面,公开测试在公众可驶入的公共交通道路上开展,测试的过程可能对公共交通秩序乃至社会车辆乘坐人和行人的人身财产安全造成影响,因此公开测试阶段构成对公共利益的影响。此阶段需要法律的介入,换言之,此阶段内的剩余权应转化为法权。当然,由于公开测试在特定空间内进行,且需要通过发布通告等方式告知公众,因此其对公共利益的影响有限。在此意义上,考虑到科研权利与公共利益的平衡,公开测试环节中剩余权的分配应确保权利与权力的比例基本相等,因此这一阶段应予以中度监管。而由于监管的内容主要在于自动驾驶汽车对公共道路交通安全的影响,因此应当由交警部门予以监管。

第三,试运营阶段的较强监管。例如,2018年11月,广州公交集团白云公司宣布推出全国第一辆自动驾驶出租车,并于当天开始在大学城投入试运营。试运营相较于公开测试,其所要验证的内容不仅在于自动驾驶汽车的性能,同时也在于验证其经营模式。自动驾驶汽车试运营不仅涉及运营范围内其他行车和行人的安全,还涉及不特定乘坐人的人身安全。据此应可认定,相较于公开测试,试运营涉及的公共利益更大,因此剩余权的分配可稍稍偏向权力,实施更为严格的监管。而此过程涉及的公共利益实际上包括公共交通安全和运营车辆安全,因此可由交警部门和交通管理部门实施监管。

第四,上市销售阶段的强度监管。当前自动驾驶技术还未发展到上市销售阶段,但从技术发展的基本情况看,这一阶段的到来指日可待。这一阶段的监管需要考虑两方面因素:一方面,自动驾驶技术上市销售应建立在技术成熟的基础上,因此该阶段的监管不仅涉及科研权利,而且涉及对企业经营自主权的限制。另一方面,上市销售使自动驾驶技术应用的影响扩展到全社会,即自动驾驶汽车上市销售后上路行驶的影响范围包括不特定的其他车辆乘坐人、行人以及不特定购买人的人身财产安全。据此,针对自动驾驶汽车的上市销售剩余权分配应向权力倾斜而予以强度监管。由于这一阶段涉及公共交通安全、产品质量等问题,监管的主体应为公安交警部门、交通管理部门、市场监管部门、质量监管部门等。

第四节 科技伦理治理制度

近年来,我国科技事业获得长足发展,科学技术人员队伍不断壮大,新技术层出不穷,科技创新成为驱动我国经济结构转型升级和社会稳定发展的动力。当然,在科学技术迅速发展的背景下,各地爆发出的科技伦理问题也触目惊心。例如,2008年5月美国科研人员在湖南省非法开展转基因大米食用试验,2018年11月南方科技大学贺建奎对婴儿基因进行编辑,同月广州公交集团白云公司未经许可在广州大学城试运营自动驾驶汽车,2020年1月接受判决的中国工程院院士李宁,其贪污案中高达1017万元的贪污款项为销售实验室淘汰动物和牛奶所得。有鉴于此,推动构建覆盖全面、导向明确、规范有序、协调一致的科技伦理治理体系成为当前科技体制改革的重要任务。当然,伦理作为软性的道德约束,只有借助刚性的法律机制加以保障,才可能贯穿于科研活动的全部过程。因此,我国科技伦理治理体系建设还应打造确保科技伦理得以遵守的科技伦理审查制度。

一、科技伦理在现代科技发展中的重要性

科技伦理是科技工作者及科技工作相关人员在从事与科学研究相关工作的过程中应当遵循的价值观念和行为准则。在现代科技发展中,科技伦理之所以重要,其原因在于:一方面,科学技术既可以转化为生产力,也可能释放巨大的破坏力。印度博帕尔毒气泄漏事故、乌克兰切尔诺贝利核事故和日本福岛核事故等无不显示出现代科学技术对人类社会的巨大破坏力。这种破坏力在近些年高速发展的新科技中也同样存在。例如,就人工智能而言,暂且不考虑其替代人类的可能性,单是其运行系统本质上不受人类提前预置的概念、经验法则、传统智慧等因素的限制,人工智能就有可能做出人类根本没有考虑过的决策,进而带来不可预知的风险。而病毒编辑、转基因等技术可能存在的风险更使人们难以预测。据此,在某种程度上而言,科学技术是被人类智慧驯服的巨兽,只有掌握在人类手中才不至于发生吞噬人类的风险,而科技伦理则是贯穿于创意提出、项目设计、研发、成果转化、应用等环节的控制这只巨兽的工具。另一方面,科研自由是文明社会所尊崇的基本价值,它提倡人所享有的自由探索未知世界的权利,这也是人类文明得以不断推陈出新的动力之所在。科研自由同样是我国法律所保护的公民基本权利。在公民享有科研自由的情况下,针对现代科学技术"可能发生"而非"已然暴露"的风险,国家权力需要保持基本的谦抑态度,不宜随意动用强制力加以干预。此时,科技伦理就有必要"从幕后走向台前"。科技伦理一方面强调科研人员的自律,要求其严格遵守科研活动所应当遵循的基本规则;另一方面也突出行业自律,调动行业力量形成对科研人员的外部制约。在此意义上,科技伦理是在国家权力不宜介入的情况下规范科研活动、平衡科研自由保障与科技风险规制的有力工具。

二、科技伦理审查是科技伦理刚性化的基础

应该说,经过数十年的发展,我国在实验动物管理、涉及人的生物医学的研究等方面已制定出较详尽的法律文件,主要包括《实验动物管理条例》《人体器官移植条例》《涉及人的生物医学研究伦理审查办法》等,科技伦理体系的总体架构也已初步形成。

当然,在科技伦理体系基本形成的基础上,如何确保科技伦理真正起到规范科研活动的效果则是我们当前应当予以高度重视的问题。科技伦理是科学共同体在科学技术研究当中所共同遵守的行为规范,其作为一种伦理规则,首先需要内化为科研人员内心的道德准则,并借助同行评价形成外部舆论压力而得到遵守。但是,科学技术的发展使很多新技术拥有了强大的破坏力,此时,单纯依赖科研人员的内心操守可能难以达成规范科研活动的效果。因此,科技伦理制度有必要"长出牙齿",对违反伦理的行为人强加负面效果——这就是科技伦理审查应扮演的角色。

科技伦理审查之于科技伦理的保障作用体现在两个方面:一是科技伦理审查制度能够强化科技伦理实施的行业约束。以《涉及人的生物医学研究伦理审查办法》为例,该办法规定,从事涉及人的生物医学研究的医疗卫生机构应当设立伦理委员会,负责对本机构开展涉及人的生物医学研究项目进行伦理审查,促进生物医学研究规范开展。伦理委员会作为主要由同行业及伦理学、法学、社会学等领域的专家组成的机构,其审查活动本质上是科研共同体对其成员之行为的一种约束。二是科技伦理审查制度能够对接法律上的制裁措施。例如,《实验动物管理条例》规定,对违反该条例规定的单位和个人,由相关部门予以行政处罚或行政处分。行政处罚和行政处分本质上属于法

律制裁。只有通过科技伦理审查实现科技伦理与法律制裁的对接,方能最大限度强化科技伦理之于科研活动的约束力。

三、完善科技伦理审查法律制度的举措

科技伦理的刚性化需要借助科技伦理审查对接法律制度,因此,进一步完善科技伦理审查法律制度应是科技伦理治理体系建设的关键。尽管我国在科技伦理审查方面制定了大量法律规范,但相关规定分散于《实验动物管理条例》等单行法律规范当中,这导致了科技伦理审查制度体系不完备、法律依据位阶较低和伦理审查范围过小等问题。有鉴于此,我国科技伦理审查制度还应从以下几个方面加以完善。

第一,在国家层面的综合性科技立法中明确科技伦理审查制度。2020年1月通过的《上海市推进科技创新中心建设条例》规定,科学技术、教育、卫生健康等部门应当依法组织开展对新兴技术领域研发与应用的伦理风险评估,且将科技伦理审查的范围拓展到生命健康之外的其他领域,首创了设立综合性科技伦理审查制度的先例。《上海市推进科技创新中心建设条例》作为综合性立法的优势在于,一方面,该法由上海市人大制定,在法律位阶上高于行政规章和规范性文件,因此赋予了科技伦理审查制度更高的法律效力。另一方面,作为综合性立法,该条例可用来规范所有科研活动,而不仅限于医学、实验动物管理等有限领域,能够实现对科技伦理实施的全面保障。借鉴上述经验,我国可以在《中华人民共和国科学技术进步法》的修改当中明确科技伦理审查制度。

第二,适当扩大科技伦理所规范的科研活动范围。在当前社会背景下,人工智能、病毒编辑、转基因等领域的研发与成果转化活动可能带来不可预知的社会风险,对此类风险的规制需要通过科技伦理加以实现。为确保科技伦理对全部高风险科研活动的约束效力,《中华人民共和国科学技术进步法》应扩大科技伦理所规范的行为范围和行为方式,将人工智能、病毒编辑、转基因等领域中违反知情同意、保护隐私等规定以及违反实验动物伦理规范、从事禁止研究或违反程序从事限制研究的领域和技术的行为等,纳入伦理审查和科研不端惩戒的范围。

第三,形成多部门衔接的伦理审查和责任追究机制。依《涉及人的生物医学研究伦理审查办法》的规定,从事涉及人的生物医学研究的医疗卫生机构所设立的伦理委员会负责该机构科研活动的伦理审查。但是,在"贺建奎基因婴儿编辑事件"中,行为人所在医疗卫生机构的伦理审查形同虚设。有鉴于此,我国还应形成多部门衔接的伦理审查和责任追究机制。一是在组织体系上,应在国家和省市等层级分行业设立科技伦理委员会,负责指导医疗卫生和科研单位设立伦理委员会的工作。二是在工作制度上,医疗卫生和科研单位的伦理委员会的事前和事后审查需向所属省市伦理委员会报备,省市伦理委员会不同意其意见的,可作为直接责任主体启动调查;伦理委员会的审查结论交由科研人员所在单位及其行业主管部门,由所在单位或行业主管部门做出处理决定。

第十章　数据安全法治

对"数据""大数据""信息""数据安全""信息安全""网络安全"以及"数据治理"等概念有比较清晰的认识,是讨论数据安全法治的前提条件。随着数字安全问题的逐渐暴露,各国相继推出了相关法律法规及配套措施以便对数据安全问题进行规制。我国目前在数据安全领域的立法已经基本形成了以《国家安全法》为基础,《中华人民共和国网络安全法》(简称《网络安全法》)、《中华人民共和国数据安全法》(简称《数据安全法》)以及《中华人民共和国个人信息保护法》(简称《个人信息保护法》)并驾齐驱的数据安全保护法律体系。

第一节　数据安全基本概念

一、何为"数据"？

（一）数据

《现代汉语词典》将"数据"一词定义为:进行各种统计、计算、科学研究或技术设计等所依据的数值。在当今数据爆炸的时代到来之前,"数据"一词通常被简单地理解为"数值",是观察、实验或计算得出的结果。除了数字,其表现形式还可以是文字、字母、图像、符号、视频或者声音等。在计算机科学中,数据是所有能输入计算机并被计算机程序处理的符号的介质的总称,是用于输入电子计算机进行处理,具有一定意义的数字、字母、符号和模拟量等的通称。计算机存储和处理的对象十分广泛,表示这些对象的数据也随之变得越来越复杂。[①] 通常来讲,数据本身具有差异性和规律性两大特点。数据的差异性主要指基于所反映的事物特性的不同,数据从表面上看可能多是杂乱无章。数据的规律性主要指通过一定的分析研究可以从数据中得出一定的规律或者关联。

---

① 王珊、萨师煊编:《数据库系统概论(第5版)》,高等教育出版社2014年版,第4页。

(二) 大数据

"大数据"是独立于"数据"而存在的新概念,两者不能混为一谈。《现代汉语词典》将"大数据"一词定义为:大规模数据的集合,具有数量巨大、类型多样、收集处理及时、数据来源可靠性低等特点。根据维基百科的定义,大数据是指规模大且复杂,以至于很难用数据库管理工具或数据处理的数据集。它涵盖了数据采集、存储、分析、使用等各个方面,包括预测分析、用户行为分析以及其他先进的数据分析方法在内的,从大量数据中提取有价值信息的处理方法。① 《大数据时代》一书指出,大数据的精髓在于我们分析信息时的三个转变,这些转变将改变我们理解和组建社会的方法。第一个转变是数据分析不再依赖于随机采样,而是全体数据。第二个转变是数据分析不再追求精确度,而是混杂性的。第三个转变是数据分析不再热衷于因果关系,而是相关关系。② 业界普遍认为,大数据具有数据规模海量(volume)、数据流转快速(velocity)、数据类型多样(variety)和数据价值巨大(value)四大特征。③ 数据规模海量意味着需要更为强大的数据存储、分析以及计算的技术才能满足大数据分析的需求。数据流转快速需要更为快速的数据处理能力才能实现数据价值最大化。数据类型多样使得数据加工分析更为复杂,需要设计一套专门的格式和标准来统一庞杂的数据。数据价值巨大不是天然的,而是在对庞大的数据进行一系列加工和处理的基础上才可能获得的,是以海量的数据和先进的数据处理能力为基础的。

(三) 信息

这里所指的信息专指科学领域内的概念,与我们日常所称的"消息""音讯"以及"通讯"等概念并不相同。科学领域的"信息"通常是指,对客观世界中各种事物的运动状态和变化的反映,是客观事物之间相互联系和相互作用的表征,表现的是客观事物运动状态和变化的实质内容。

信息与数据既有联系,又有区别。数据是信息的表现形式和载体,可以是符号、文字、数字、语音、图像、视频等。而信息是数据的内涵,信息是加载于数据之上,对数据做具有含义的解释。数据和信息是不可分离的,信息依

---

① 冯登国等编:《大数据安全与隐私保护》,清华大学出版社2018年版,第1页。
② 〔英〕维克托·迈尔—舍恩伯格、〔英〕肯尼思·库克耶:《大数据时代》,盛杨燕等译,浙江人民出版社2013年版。
③ 张莉主编:《数据治理与数据安全》,人民邮电出版社2019年版,第5页。

赖数据来表达，数据则生动具体地表达出信息。数据是符号，是物理性的，信息是对数据进行加工处理之后所得到的并对决策产生影响的数据，是逻辑性和观念性的；数据是信息的表现形式，信息是数据有意义的表示。数据是信息的表达、载体，信息是数据的内涵，是形与质的关系。数据本身没有意义，数据只有对实体行为产生影响时才成为信息。[①]

二、数据安全与数据治理

（一）数据安全

一般而言，数据安全的概念可以从技术和国家安全观两个层面来理解。

从技术层面看，数据安全主要指如何保证数据本身及其在采集、传输、存储、分析和使用、分享、销毁等全生命周期中的各个环节不被泄漏、破坏或者更改。2021年9月1日开始生效的《数据安全法》将"数据安全"定义为通过采取必要措施，确保数据处于有效保护和合法利用的状态，以及具备保障持续安全状态的能力。一般而言，数据采集、数据传输、数据存储以及数据分析与使用这四个阶段最容易出现数据安全风险问题。

在数据采集阶段，被采集的真实数据完全脱离用户的自身控制而存在，如何通过技术手段实现隐私保护成为这一阶段的主要任务。在数据传输阶段，如何保证数据本身的安全性是这一阶段的主要目标。需要采用更高级别的密码技术保证数据内容在传输过程中不被恶意攻击者收集或者破坏。数据被采集后通常被存储在大型数据中心，数据中心非常容易成为被攻击的对象。因此，数据存储阶段所面临的数据安全问题也更为复杂一些，除了要防范外部黑客的攻击以及内部人员的窃取以外，还要解决涉及隐私保护的数据使用权限的问题。大数据采集、传输、存储的主要目的是分析与使用，通过数据挖掘、机器学习等算法处理，从而提取出所需的知识。本阶段的焦点在于如何实现数据挖掘中的隐私保护，降低多源异构数据集成中的隐私泄露，防止数据使用者通过数据挖掘得出用户刻意隐藏的信息，防止分析者在进行统计分析时得到具体用户的隐私信息。[②]

传统概念中的数据安全更偏重对数据机密性、完整性以及可用性的保护，需要满足传统信息安全要求。通常实现信息系统安全需要结合攻击路径

[①] 周屹、李艳娟主编：《数据库原理及开发应用（第二版）》，清华大学出版社2013年版，第2页。
[②] 冯登国等编：《大数据安全与隐私保护》，清华大学出版社2018年版，第8页。

分析、系统脆弱性分析以及资产价值分析等,全面评估系统面临的安全威胁的严重程度,并制定对应的保护、响应策略,使系统达到物理安全、网络安全、主机安全、应用安全和数据安全等各项安全要求。① 但是在大数据时代,对如何平衡数据使用的安全与效率、如何实现数据的安全共享以及如何实现数据真实性验证和可信溯源提出了新的要求。高速流动的数据以及越来越多样和复杂的数据处理方式使得维持数据使用的安全与效率之间的平衡变得更为困难。因为访问数量和角色的多样性,对数据访问控制提出了更多高要求。大量的数据集合是大数据分析和使用的基础,但是如何在巨量的数据中去伪存真,筛选出真实有用的数据,则显得十分困难。

从国家安全观的角度看,数据安全不仅仅是一个技术问题,更是一个关乎国家主权安全的政治问题和宪法问题。我国《数据安全法》第一条指出,制定数据安全法旨在"维护国家主权、安全和发展利益"。保障数据安全是保障数据主权安全,促进数据经济发展的需要。

加强数据共享是破解数字经济发展难题、实现数字经济健康发展的有效方式。如今世界经济已经不可逆转地进入了数字经济发展的时代。数据已经成为数字经济时代的关键生产要素。只有流动的数据才是具有生命力的,实现数据共享是实现数据价值最大化的前提条件。孤立、封闭的数据是没有任何价值可言的。习近平在第二届世界互联网大会开幕式上指出:"国际社会应该在相互尊重、相互信任的基础上,加强对话合作,推动互联网全球治理体系变革,共同构建和平、安全、开放、合作的网络空间,建立多边、民主、透明的全球互联网治理体系。"只有实现全球数据共享,才能最大限度提高数据资源的配置效率和利用水平,最大程度降低经济组织的运营成本与交易成本,促进实现普惠科技、普惠金融与普惠贸易,让世界各国人民共享数字经济发展成果。

数据共享是发展数字经济的前提,推进数据共治是保障数据安全的手段。在2020年9月8日举行的"抓住数字机遇,共谋合作发展"国际研讨会上,中国提出了《全球数据安全倡议》,并愿以此为基础,同各方探讨全球数字治理规则。《全球数据安全倡议》认为,各国都有责任和权利保护涉及本国国家安全、公共安全、经济安全和社会稳定的重要数据及个人信息安全。各国

---

① 冯登国等编:《大数据安全与隐私保护》,清华大学出版社2018年版,第5页。

应以事实为依据全面客观看待数据安全问题,积极维护全球信息技术产品和服务的供应链开放、安全、稳定。各国应反对利用信息技术破坏他国关键基础设施或窃取重要数据,以及利用其从事危害他国国家安全和社会公共利益的行为。[①] 习近平指出,要深入实施网络安全法,加强数据安全管理,加大个人信息保护力度,规范互联网企业和机构对个人信息的采集使用,特别是做好数据跨境流动的安全评估和监管。[②] 数据安全不仅局限于维护本国境内的数据活动,同时还应当对在本国境外开展的损害国家安全、公共利益或公民、组织合法权益的数据处理活动依法追究其责任。大数据时代下,国家安全领域的关键数据信息早已经不局限于传统的国家数据的认知,而是已经扩展到与个人、企业相关的方方面面的信息。用户画像、算法推荐等大数据技术的发展给国家安全带来了巨大的隐患。国外企业利用其生产产品以更为隐蔽的方式收集各种数据。同时,国内企业的数据安全保护意识不足,尤其是对数据海外存储、跨境数据流动等过程缺乏安全管理措施,以致大量涉及关键信息基础设施、地理测绘信息、人口法人基础、人类遗传资源等方面的数据流失。

(二)信息安全、网络安全与数据安全

1. 信息安全

国际标准化组织将信息安全定义为,为数据处理系统建立和采用的技术、管理上的安全保护,为的是保护计算机硬件、软件、数据不因偶然和恶意的原因而遭到破坏、更改和泄露。[③] 在大数据技术发展之前,信息安全一词一般用来表述整个信息系统的安全体系。一般来说,信息安全不仅仅指网络空间中的信息安全,而是一个外延更大的泛概念,还包含计算机硬件及软件安全,以及计算机系统之外的信息安全。

2. 网络安全

笼统来讲,网络安全是指网络空间安全,即网络系统的硬件、软件及其系统中的数据受到保护,不因偶然的或者恶意的原因而遭受到破坏、更改、泄

[①] 《全球数据安全倡议(全文)》,http://www.gov.cn/xinwen/2020-09/08/content_5541579.htm,2021年10月20日访问。

[②] 中共中央党史和文献研究院编:《习近平关于网络强国论述摘编》,中央文献出版社2021年版。

[③] 商书元主编:《信息技术导论》,中国铁道出版社2016年版,第321页。

露,系统连续可靠正常地运行,网络服务不中断。[①] 网络安全在不同的应用环境下有不同的解释。针对网络中的一个运行系统而言,网络安全就是指信息处理和传输的安全。它包括硬件系统的安全、可靠运行,操作系统和应用软件的安全,数据库系统的安全,电磁信息泄露的防护等。狭义的网络安全,侧重于网络传输的安全。[②] 网络安全的核心是数据安全。

3. 信息安全、网络安全与数据安全之间的关系

从所指范围来讲,信息安全、网络安全与数据安全有交叉但又不完全重合。信息安全主要侧重于对一切价值的信息的保护,不仅局限于网络系统领域。网络安全则侧重于网络空间范围内的数据、信息等内容的保护,是以网络系统为界限的。数据安全则侧重于数据全生命周期内的安全防护,其目的是实现数据的安全保障。

从所起作用来讲,信息安全、网络安全和数据安全都是维护国家安全的重要内容。维护网络安全是保障数据安全和信息安全的基础,数据安全和信息安全是网络安全防护的核心内容,是网络安全的目标。从根本上讲,三者应通盘考量,不能完全割裂。

4. 数据治理

2014年6月,IT治理和IT服务管理分技术委员会在悉尼召开第一次全会,中国代表团首度提出"数据治理"的概念,引发国际同行的兴趣和研讨。2014年11月,在荷兰召开的IT治理工作组第二次会议上,中国代表提出了"数据治理白皮书"的框架设想,分析了世界上包括国际数据管理协会、数据治理协会、国际商业机器公司、高德纳咨询公司等在内的主流组织或公司的数据治理方法论、模型,获得国际IT治理工作组专家的一致认可。2015年3月,中国信息技术服务标准数据治理研究小组围绕李克强总理提出的"互联网+"概念,调研了中国的企业实践,形成了金融、移动通信、央企能源、互联网企业在数据治理方面的典型案例,进一步明确数据治理的定义和范围。随着互联网技术到数据处理技术的趋势认同,数据治理研究和应用变得越来越迫切。以此为基础,中国代表团于2015年5月,在巴西圣保罗召开的IT治

[①] 万雅静主编:《计算机文化基础(Windows 7+Office 2010)》,机械工业出版社2016年版,第234页。

[②] 王国才、施荣华主编:《计算机通信网络安全》,中国铁道出版社2016年版,第9页。

理工作组第三次会议上,正式提交了《数据治理白皮书》国际标准研究报告。[①]该报告指出,所谓的数据治理即在数据产生价值的过程中,治理团队对它的评价、指导以及控制。

但是,从国家安全观的角度看,仅仅从企业发展这一微观角度来理解数据治理这一概念显然是不够的。数据治理应该至少包含两层含义:一是数据治理的过程需要有国家参与;二是数据治理的手段应该是多样的。

当今世界,数据已经成为现代国家的一种基础战略资源。保障数据资源的安全及其合理有效利用是国家应有职责。国家和政府治理数据能力的提升必然会带动国家治理能力和政府公共管理能力的提高,促进经济社会的快速健康发展。政府掌握着全社会80%的数据资源,数据治理顶层设计的展开、数据共享体制的建立以及建立完善的数据权责体系都需要政府发挥更为主动的作用。此外,与《数据治理白皮书》依靠模型和框架来治理数据不同,国家范围内的数据治理应该更多地依靠健全的法制、科学合理的数据治理制度、网络安全教育和培训以及从业人员及普通民众数据安全意识的提升。总而言之,国家安全观下的数据治理应该指,由政府、企业以及个人参与的,为了实现数据全过程开发价值最大化、保障数据安全流动,而建立的一系列的安全防范措施,包括但不限于法律法规、政策制定、行业标准、技术规范等。

第二节 数据安全立法

随着数字安全问题的逐渐暴露,各国相继推出了相关法律法规及配套措施对数据安全进行规制。

一、欧盟数据安全保护立法

欧盟对数据安全问题的关注最初体现在对个人信息权和隐私权的保护方面。早在1981年,欧洲议会就通过了《关于自动化处理的个人信息保护公约》,即《1981年个人信息保护公约》。该公约首次尝试将自动化处理的信息保护问题从普通民事法律制度中独立出来,并试图在欧洲层面建立统一的关于保护个人隐私、规范数据使用以及促进数据交流的法律制度。然而令人遗

---

① 张明英、潘蓉:《〈数据治理白皮书〉国际标准研究报告要点解读》,载《信息技术与标准化》2015年第6期。

憾的是,该公约只获得了 7 个欧共体成员国的批准。已获批准的国家也并未将其转化为国内法,最终导致该公约的实际效果并不明显。为了进一步统一规范欧盟各国的信息保护法律制度和保障信息在成员国间依法自由流通,1995 年欧盟正式颁布《关于个人信息处理保护及个人信息自由传输的指令》,即《1995 年个人信息保护指令》。在互联网发展的初期,《1995 年个人信息保护指令》具有里程碑意义,各个成员国相继根据该指令公布了国内的个人信息保护法。但是,因为该"指令"仅适用于欧盟成员国而不能直接适用于欧盟公民,这直接导致各成员国在将其转化为国内法的过程中出现了较大差别。随着互联网经济的蓬勃发展,各方倡议制定一个综合性的个人信息法律保护制度的呼声越来越高。

经过多年的利益博弈,2016 年 4 月,欧洲理事会和欧洲议会分别表决通过了《关于个人信息处理保护及个人信息自由传输的条例》(GDPR)以及《关于有权机关为了预防、发现、调查和起诉刑事犯罪而自由传输个人信息及保护个人信息的指令》(简称《2016 年刑事犯罪领域个人信息保护指令》。其中GDPR 无须各成员国转化为国内法就可以直接适用于各成员国国内的公民和企业。GDPR 将欧盟的数据保护推向了新高度。它不仅提出可以人工审查重要的人工智能中的算法决策,而且严格限定企业、政府对个人信息数据的使用条件,任何收集、传输、保留或处理涉及欧盟所有成员国国内的个人信息的机构组织均受该条例的约束。GDPR 的通过在欧盟 28 个成员国之间建立了一个统一的个人信息保护和流动规则,同时取代欧盟成员国的相关国内法,实现"一个大陆、一部法律"的个人信息保护制度新局面,为欧盟范围的企业创造更加便捷和低廉的营商环境。与此同时,《2016 年刑事犯罪领域个人信息保护指令》则对各成员国公共机构利用个人信息处理刑事犯罪问题提供了便利和必要的限制,从而平衡了个人信息受保护的基本权利和公共安全得到保障的实际需要。① 在此之后,2018 年 10 月,欧盟通过了旨在消除欧盟成员国数据本地化限制,促进非个人数据自由流动的《非个人数据自由流动规则》。2018 年 12 月,欧盟《2019 年网络安全法案》获得通过,并于 2019 年 6 月开始实施。该法案为欧盟提供了产品、流程和服务的网络安全认证框架,并加强了欧盟网络安全机构的授权。2020 年,《欧洲数据战略》发布。该报告概

---

① 刘云:《欧洲个人信息保护法的发展历程及其改革创新》,载《暨南学报(哲学社会科学版)》2017 年 2 期。

述了欧盟未来五年实现数据经济所需的政策措施和投资策略。该战略将在尊重欧洲"以人为本"的核心价值观基础上,通过建立跨部门治理框架、加强数据基础设施投资、提升个体数据权利和技能、打造公共欧洲数据空间等措施,将欧洲打造成全球最具吸引力、最安全和最具活力的数据敏捷经济体。

通过一系列的立法活动,欧盟在其境内建立了统一使用的保护数据安全的法律框架。该法律框架以GDPR为基础,提升个人数据保护的同时,还希望促进个人和非个人数据在欧盟境内的自由流动,最终实现在欧盟境内建立单一数据市场的目标,从而提升欧盟的全球竞争力。

二、美国数据安全保护立法

受制于国家政治体制和立法程序的影响,美国的数据安全领域立法分别从联邦层面和各州层面展开。在联邦层面,美国目前没有统一的具备最高效力的国家数据保护领域的基本法,而是采取了分行业的分散立法模式。美国国会在电信、金融、健康、教育以及儿童在线隐私等领域做了专门的立法。在各州层面,各州根据自己的实际情况也建立了相适应的数据保护法律框架。值得一提的是,美国关于数据安全领域的立法不仅局限于对本国境内的数据安全保护。为了在数据主权之争中占据有利地位,美国还出台了相关法律法规以便获得更为主动的数据控制权。2018年3月,美国时任总统特朗普签署了《澄清境外数据合法使用法案》,该法案又被称为《云法案》。该法案规定,无论用户数据是否存储在美国境内,只要当美国法院认定该企业所存储的数据与美国公民或企业有足够联系,美国司法机构就有权调取这些数据。同年8月,《外国投资风险审查现代化法案》也被签署通过。该法案扩大了投资风险审查的内容,将关键基础设施、关键技术以及敏感个人数据都纳入审查范围内。同时,将管辖范围由"直接投资"扩大到"非控制性投资"。该法案在优化美国安全审查的整体质量的同时,也有助于帮助投资者规避安全审查风险。

三、中国数据安全立法进程

我国目前在数据安全领域的立法已经基本形成了以《国家安全法》为基础,《网络安全法》、《数据安全法》以及《个人信息保护法》并驾齐驱的数据安全保护法律体系。其中,《网络安全法》主要负责网络空间安全整体的治理,《数据安全法》主要负责规制与数据开发利用及数据处理等相关的活动,《个人信息保护法》则更侧重对个人信息的保护。此外,在国家秘密、档案等特殊领域的数据则通过制定单行法律法规的形式加以保护。对特定行业的数据则交由各部门通过制定相应的部门规章加以管理和保护。

在我国,《国家安全法》是最早出现"数据安全"理念的法律。该法第二十五条规定,"国家建设网络与信息安全保障体系,提升网络与信息安全保护能力,加强网络和信息技术的创新研究和开发应用,实现网络和信息核心技术、关键基础设施和重要领域信息系统及数据的安全可控;加强网络管理,防范、制止和依法惩治网络攻击、网络入侵、网络窃密、散布违法有害信息等网络违法犯罪行为,维护国家网络空间主权、安全和发展利益。"这是第一次以法律的形式明确了"实现网络和信息核心技术、关键基础设施和重要领域信息系统及数据的安全可控"是维护国家安全的基本任务。

此后,全国人大常委会于2016年审议通过了《网络安全法》,我国信息网络立法进程又向前迈进了坚实的一步。该法案是整个国家安全立法体系的重要组成部分,同时也对数据安全保护有所涉及。该法规定,建设、运营网络或者通过网络提供服务者,有维护网络数据完整性、保密性和可用性的义务;关键信息基础设施的运营者应对重要系统和数据库进行容灾备份;关键信息基础设施的运营者在我国境内运营中收集和产生的个人信息和重要数据应当在境内存储;国家实行网络安全等级保护制度,网络运营者应当采取数据分类、重要数据备份和加密等措施防止网络数据泄露或者被窃取、篡改;禁止任何个人和组织从事窃取网络数据等危害网络安全的活动。在规定相关主体保护数据安全义务的同时,该法还强调,国家鼓励开发网络数据安全保护和利用技术,促进公共数据资源开放,推动技术创新和经济社会发展。虽然从具体操作上来讲,该法律对数据安全领域的规定略显宽松甚至缺乏一定的可操作性。但是作为第一部具有实际意义的网络安全法,该法律的出台无疑强化了我国网络安全战略以及网络强国建设,为促进网络经济的健康高速发展提供了有利的法律保障。

我国于2021年先后审议通过并开始实施《数据安全法》和《个人信息保护法》。在总体国家安全观的指引下,为了规范数据处理活动,保障数据安全,促进数据开发利用,保护个人、组织的合法权益,维护国家主权、安全和发展利益,制定了《数据安全法》。而为了保护个人信息权益,规范个人信息处理活动,促进个人信息合理利用,我国制定了《个人信息保护法》。这是一部以保护个人信息为主要内容的法律。该法律强调处理个人信息应当遵循合法、正当、必要和诚信原则,不得通过误导、欺诈、胁迫等方式处理个人信息;处理个人信息应当具有明确、合理的目的,并应当与处理目的直接相关,采取对个人权益影响最小的方式;处理个人信息应当遵循公开、透明原则,公开个人信息处理规则,明示处理的目的、方式和范围;处理个人信息应当保证个人信息的质量,避免因个人信息不准确、不完整对个人权益造成不利影响;个人信息处理者应当对其个人信息处理活动负责,并采取必要措施保障所处理的个人信息的安全;任何组织、个人不得非法收集、使用、加工、传输他人个人信息,不得非法买卖、提供或者公开他人个人信息;不得从事危害国家安全、公共利益的个人信息处理活动。《个人信息保护法》的施行标志着我国个人信息保护立法体系进入新的发展阶段。

在构建数据安全领域的基本法律框架体系的同时,一批涉及数据安全领域专门性的条例办法也积极酝酿出台。在医疗领域,2016 年国务院办公厅发布了《关于促进和规范健康医疗大数据应用发展的指导意见》,2021 年国家医疗保障局通过了《关于加强网络安全和数据保护工作的指导意见》。在数据管理方面,《科学数据管理办法》《农村土地承包数据管理办法(试行)》《交通运输政务数据共享管理办法》相继出台。在汽车领域,《汽车数据安全管理若干规定(试行)》于 2021 年被审议通过。该规定倡导汽车数据处理者处理汽车数据应当合法、正当、具体、明确,与汽车的设计、生产、销售、使用、运维等直接相关;利用互联网等信息网络开展汽车数据处理活动,应当落实网络安全等级保护等制度,加强汽车数据保护,依法履行数据安全义务;汽车数据处理者向境外提供重要数据,不得超出出境安全评估时明确的目的、范围、方式和数据种类、规模等。

第三节 中国的数据安全治理法律制度

一、基本原则

(一)坚持总体国家安全观的原则

《数据安全法》第四条明确规定,"维护数据安全,应当坚持总体国家安全观,建立健全数据安全治理体系,提高数据安全保障能力。"在数据安全领域坚持总体国家安全观,就是要规范数据处理活动,保障数据安全,促进数据开发利用,保护个人、组织的合法权益,维护国家主权、安全和发展利益。要在总体国家安全观的指导下,加强关键信息基础设施安全保护,强化国家关键数据保护能力以及增强数据安全预警和溯源能力,积极推进法规制度建设,加强政策、监管、法律的统筹协调。

(二)对境外数据享有管辖权的原则

《数据安全法》第二条明确了该法的适用范围。该条规定,"在中华人民共和国境内开展数据处理活动及其安全监管,适用本法。在中华人民共和国境外开展数据处理活动,损害中华人民共和国国家安全、公共利益或者公民、组织合法权益的,依法追究法律责任。"该条款包含两层含义,一是在我国境内开展的数据处理当然受我国管辖;二是在我国境外开展数据处理活动的,不论主体是否位于我国境内,只要其数据活动损害我国国家安全、公共利益或公民、组织合法权益的都应受我国法律管辖。

(三)中央国家安全领导机构统筹协调行业数据监管原则

《数据安全法》第五条规定,"中央国家安全领导机构负责国家数据安全工作的决策和议事协调,研究制定、指导实施国家数据安全战略和有关重大方针政策,统筹协调国家数据安全的重大事项和重要工作,建立国家数据安全工作协调机制。"此处所指的"国家数据安全工作协调机制"主要包含五个层次:一是中央国家安全领导机构负责国家数据安全工作的决策和议事协调,研究制定、指导实施国家数据安全战略和有关重大方针政策,统筹协调国家数据安全的重大事项和重要工作;二是各地区、各部门对本地区、本部门工作中收集和产生的数据及数据安全负责;三是工业、电信、交通、金融、自然资源、卫生健康、教育、科技等主管部门承担本行业、本领域数据安全监管职责;四是公安机关、国家安全机关等依照《数据安全法》和有关法律、行政法规的规定,在各自职责范围内承担数据安全监管职责;五是国家网信部门依照《数据安全法》和有关法律、行政法规的规定,负责统筹协调网络数据安全和相关监管工作。

(四)以数据为关键要素促进数字经济发展原则

《数据安全法》第七条规定,"国家保护个人、组织与数据有关的权益,鼓励数据依法合理有效利用,保障数据依法有序自由流动,促进以数据为关键要素的数字经济发展。"第九条规定,"国家支持开展数据安全知识宣传普及,提高全社会的数据安全保护意识和水平,推动有关部门、行业组织、科研机构、企业、个人等共同参与数据安全保护工作,形成全社会共同维护数据安全和促进发展的良好环境。"第十条规定,"相关行业组织按照章程,依法制定数据安全行为规范和团体标准,加强行业自律,指导会员加强数据安全保护,提高数据安全保护水平,促进行业健康发展。"第十一条规定,"国家积极开展数据安全治理、数据开发利用等领域的国际交流与合作,参与数据安全相关国际规则和标准的制定,促进数据跨境安全、自由流动。"

(五)国家统筹数据安全与发展原则

坚持以数据开发利用和产业发展促进数据安全,以数据安全保障数据开发利用和产业发展。在数据开发利用和产业发展方面,要求省级以上人民政府应当将数字经济发展纳入本级国民经济和社会发展规划,并根据需要制定数字经济发展规划。开发利用数据提升公共服务的智能化水平。而提供智能化公共服务,应当充分考虑弱势群体的需求,避免对弱势群体的日常生活造成障碍。在数据安全方面,国家支持数据开发利用和数据安全技术研究,鼓励数据开发利用和数据安全等领域的技术推广和商业创新,培育、发展数据开发利用和数据安全产品、产业体系。推进数据开发利用技术和数据安全标准体系建设。国务院标准化行政主管部门和国务院有关部门根据各自的职责,组织制定并适时修订有关数据开发利用技术、产品和数据安全相关标准。国家支持企业、社会团体和教育、科研机构等参与标准制定;促进数据安全检测评估、认证等服务的发展,支持数据安全检测评估、认证等专业机构依法开展服务活动,支持有关部门、行业组织、企业、教育和科研机构、有关专业机构等在数据安全风险评估、防范、处置等方面开展协作;建立健全数据交易管理制度,规范数据交易行为,培育数据交易市场;支持教育、科研机构和企业等开展数据开发利用技术和数据安全相关教育和培训,采取多种方式培养数据开发利用技术和数据安全专业人才,促进人才交流。

二、基本制度设计

(一)数据分类分级保护制度

我国根据数据在"经济社会发展中的重要程度",以及"一旦遭到篡改、破坏、泄露或者非法获取、非法利用,对国家安全、公共利益或者个人、组织合法权益造成的危害程度",对数据实行分类分级保护。其中,关系国家安全、国民经济命脉、重要民生、重大公共利益等内容的数据属于国家核心数据,实行更加严格的管理制度。具体到实践操作当中,即国家数据安全工作协调机制统筹协调有关部门制定重要数据目录,加强对重要数据的保护。各地区、各部门应当按照数据分类分级保护制度,确定本地区、本部门以及相关行业、领域的重要数据具体目录,对列入目录的数据进行重点保护。

(二)数据安全风险评估、报告、信息共享、监测预警机制

国家数据安全工作协调机制统筹协调有关部门加强数据安全风险信息的获取、分析、研判、预警工作。《数据安全法》第三十条规定,重要数据的处理者应当按照规定对其数据处理活动定期开展风险评估,并向有关主管部门报送风险评估报告。风险评估报告应当包括处理的重要数据的种类、数量,开展数据处理活动的情况,面临的数据安全风险及其应对措施等。

(三)数据安全应急处置机制

《数据安全法》第二十三条规定,发生数据安全事件,有关主管部门应当依法启动应急预案,采取相应的应急处置措施,防止危害扩大,消除安全隐患,并及时向社会发布与公众有关的警示信息。

(四)数据安全审查制度

数据安全审查制度是国家安全审查制度中重要的一项内容。《国家安全法》第五十九条规定:"国家建立国家安全审查和监管的制度和机制,对影响或者可能影响国家安全的外商投资、特定物项和关键技术、网络信息技术产品和服务、涉及国家安全事项的建设项目,以及其他重大事项和活动,进行国家安全审查,有效预防和化解国家安全风险。"数据安全审查制度是国家安全审查制度在数据安全领域的延伸和具体化。《数据安全法》第二十四条规定,国家建立数据安全审查制度,对影响或者可能影响国家安全的数据处理活动进行国家安全审查。依法作出的安全审查决定为最终决定。

(五)数据出口管制制度

《数据安全法》第二十五条规定,国家对与维护国家安全和利益、履行国际义务相关的属于管制物项的数据依法实施出口管制。第二十六条规定,任何国家或者地区在与数据和数据开发利用技术等有关的投资、贸易等方面对中华人民共和国采取歧视性的禁止、限制或者其他类似措施的,中华人民共和国可以根据实际情况对该国家或者地区对等采取措施。第三十一条规定,关键信息基础设施的运营者在中华人民共和国境内运营中收集和产生的重

要数据的出境安全管理,适用《网络安全法》的规定;其他数据处理者在中华人民共和国境内运营中收集和产生的重要数据的出境安全管理办法,由国家网信部门会同国务院有关部门制定。

三、数据处理者的安全保护义务

根据《数据安全法》的规定,数据处理者的安全保护义务主要包括以下几个方面:

一是开展数据处理活动应当依照法律、法规的规定,建立健全全流程数据安全管理制度,组织开展数据安全教育培训,采取相应的技术措施和其他必要措施,保障数据安全。利用互联网等信息网络开展数据处理活动,应当在网络安全等级保护制度的基础上,履行上述数据安全保护义务。重要数据的处理者应当明确数据安全负责人和管理机构,落实数据安全保护责任。

二是开展数据处理活动以及研究开发数据新技术,应当有利于促进经济社会发展,增进人民福祉,符合社会公德和伦理。

三是开展数据处理活动应当加强风险监测,发现数据安全缺陷、漏洞等风险时,应当立即采取补救措施;发生数据安全事件时,应当立即采取处置措施,按照规定及时告知用户并向有关主管部门报告。

四是重要数据的处理者应当按照规定对其数据处理活动定期开展风险评估,并向有关主管部门报送风险评估报告。风险评估报告应当包括处理的重要数据的种类、数量,开展数据处理活动的情况,面临的数据安全风险及其应对措施等。

五是关键信息基础设施的运营者在中国境内运营中收集和产生的重要数据的出境安全管理,适用《网络安全法》的规定;其他数据处理者在中国境内运营中收集和产生的重要数据的出境安全管理办法,由国家网信部门会同国务院有关部门制定。

六是任何组织、个人收集数据,应当采取合法、正当的方式,不得窃取或者以其他非法方式获取数据。法律、行政法规对收集、使用数据的目的、范围有规定的,应当在法律、行政法规规定的目的和范围内收集、使用数据。

七是从事数据交易中介服务的机构提供服务,应当要求数据提供方说明数据来源,审核交易双方的身份,并留存审核、交易记录。

八是法律、行政法规规定提供数据处理相关服务应当取得行政许可的,服务提供者应当依法取得许可。

九是公安机关、国家安全机关因依法维护国家安全或者侦查犯罪的需要调取数据，应当按照国家有关规定，经过严格的批准手续，依法进行，有关组织、个人应当予以配合。

十是主管机关根据有关法律和中华人民共和国缔结或者参加的国际条约、协定，或者按照平等互惠原则，处理外国司法或者执法机构关于提供数据的请求。非经中华人民共和国主管机关批准，境内的组织、个人不得向外国司法或者执法机构提供存储于中华人民共和国境内的数据。

四、政务数据的安全与开放

（一）政务数据的界定

《数据安全法》对"数据"的概念做了界定，即数据是任何以电子或者其他方式对信息的记录。但《数据安全法》仅对数据一词做了明确的概念，并未对何为"政务数据"进行界定。而《数据安全法》在第三十八条又规定，"国家机关为履行法定职责的需要收集、使用数据，应当在其履行法定职责的范围内依照法律、行政法规规定的条件和程序进行。"由此，我们可以归纳出，政务数据应指行政机关在履行法定职责过程中收集、使用的以电子或其他方式对信息进行的记录。可被称为"政务数据"的数据应该满足两个条件，一是该数据必须是行政机关在履职过程中收集和制作的，二是获得该数据的过程必须是依法定职责、符合法定条件且依法定程序获得的"合法"数据。

（二）特殊类型的政务数据的共享与开放

特殊类型的政务数据包括涉私涉密的政务数据和由被授权组织管理的政务数据。《数据安全法》第三十八条明确规定："国家机关为履行法定职责的需要收集、使用数据，应当在其履行法定职责的范围内依照法律、行政法规规定的条件和程序进行；对在履行职责中知悉的个人隐私、个人信息、商业秘密、保密商务信息等数据应当依法予以保密，不得泄露或者非法向他人提供。"即国家机关工作人员应当对在履行职责中所知悉的个人隐私、个人信息、商业秘密、保密商务信息等数据依法予以保密，尤其是这类数据中涉及公民、法人及其他组织的隐私和个人信息的，不得泄露或非法向他人提供。《数据安全法》第四十三条规定，法律、法规授权的具有管理公共事务职能的组织为履行法定职责开展数据处理活动，也适用《数据安全法》的规定。也就是说,法律、法规授权的管理公共事务的组织在履行法定职责开展数据处理活动中所获取的数据也属于政务数据范畴。这些数据的共享与开放程序一样受《数据安全法》规制。

（三）政务数据公开制度

除依法不能公开的数据,国家机关应当遵循公正、公平、便民的原则,按照规定及时、准确地公开政务数据。国家机关应当依照法律、行政法规的规定,建立健全数据安全管理制度,落实数据安全保护责任,保障政务数据安全。

国家机关委托他人建设、维护电子政务系统,存储、加工政务数据,应当经过严格的批准程序,并应当监督受托方履行相应的数据安全保护义务。受托方应当依照法律、法规的规定和合同约定履行数据安全保护义务,不得擅自留存、使用、泄露或者向他人提供政务数据。

国家制定政务数据开放目录,构建统一规范、互联互通、安全可控的政务数据开放平台,推动政务数据开放利用。目前,我国各级政府大数据平台的安全保障机制还较为落后,互联网的开放性使得政府大数据平台更容易受到攻击,增加了通过平台泄漏数据的风险。因此,应加快政务数据开放平台建设,加强数据平台的安全保障。

第四节 重点行业的数据安全治理

一、金融数据安全治理

（一）金融数据

在立法层面,金融数据概念的使用较为模糊。我国现行法律法规并未界定金融数据的概念。因此,结合《国家安全法》中"数据"的定义,我们认为,金融数据应该指现在任何以电子或者其他方式记录下来的金融信息。一般来说,金融数据兼具经济属性和社会属性。

（二）金融数据治理

从全球范围看,中国开展金融数据治理工作的时间较晚。2018年,中国银行保险监督委员会（简称"银保监会"）发布《银行业金融机构数据治理指引》（简称《指引》。在该文件中,银保监会对金融数据治理内涵进行了重点阐述。《指引》指出,"数据治理是指银行业金融机构通过建立组织架构,明确董事会、监事会、高级管理层及内设部门等职责要求,制定和实施系统化的制度、流程和方法,确保数据统一管理、高效运行,并在经营管理中充分发挥价值的动态过程。""银行业金融机构应当将数据治理纳入公司治理范畴,建立自上而下、协调一致的数据治理体系。""银行业金融机构应当将监管数据纳入数据治理,建立工作机制和流程,确保监管数据报送工作有效组织开展,监管数据质量持续提升。""法定代表人或主要负责人对监管数据质量承担最终责任。"

(三)金融数据治理的基本原则

《指引》还对金融数据治理的基本原则作出了阐释:一是全覆盖原则。数据治理应当覆盖数据的全生命周期,覆盖业务经营、风险管理和内部控制流程中的全部数据,覆盖内部数据和外部数据,覆盖监管数据,覆盖所有分支机构和附属机构。二是匹配性原则。数据治理应当与管理模式、业务规模、风险状况等相适应,并根据情况变化进行调整。三是持续性原则。数据治理应当持续开展,建立长效机制。四是有效性原则。数据治理应当推动数据真实准确客观反映银行业金融机构实际情况,并有效应用于经营管理。

(四)金融数据安全管理

《指引》规定,"银行业金融机构应当制定全面科学有效的数据管理制度,包括但不限于组织管理、部门职责、协调机制、安全管控、系统保障、监督检查和数据质量控制等方面。银行业金融机构应当根据监管要求和实际需要,持续评价更新数据管理制度。""银行业金融机构应当建立数据安全策略与标准,依法合规采集、应用数据,依法保护客户隐私,划分数据安全等级,明确访问和拷贝等权限,监控访问和拷贝等行为,完善数据安全技术,定期审计数据安全。银行业金融机构采集、应用数据涉及到个人信息的,应遵循国家个人信息保护法律法规要求,符合与个人信息安全相关的国家标准。""银行业金融机构应当加强数据资料统一管理,建立全面严密的管理流程、归档制度,明确存档交接、口径梳理等要求,保证数据可比性。""银行业金融机构应当建立数据应急预案,根据业务影响分析,组织开展应急演练,完善处置流程,保证在系统服务异常以及危机等情景下数据的完整、准确和连续。""银行业金融机构应当建立数据治理自我评估机制,明确评估周期、流程、结果应用、组织保障等要素的相关要求。评估内容应覆盖数据治理架构、数据管理、数据安全、数据质量和数据价值实现等方面,并按年度向银行业监督管理机构报送。""银行业金融机构应当建立问责机制,定期排查数据管理、数据质量控制、数据价值实现等方面问题,依据有关规定对高级管理层和相关部门及责任人进行问责。银行业金融机构应结合实际情况,建立激励机制,保障数据治理工作有效推进。"

二、教育领域数据安全治理

（一）教育数据

教育部制定并于2018年开始实施的《教育部机关及直属事业单位教育数据管理办法》（简称《管理办法》）中对教育数据做了如下定义：教育数据主要是指教育部机关及经法律法规授权具有行政职能的直属事业单位在履行职责过程中获取的各类数字化的数据资源,包括法定统计数据和行政记录数据。法定统计数据是指按照《中华人民共和国统计法》的有关规定,通过国家统计局审批备案的统计调查制度采集的数据。法定统计数据为标准时点或时段的静态数据或累计数据。行政记录数据是指行政业务管理信息系统在履行行政管理职责过程中形成的数据资源。行政记录数据主要为动态数据。

（二）教育数据管理的基本原则

《管理办法》第四条重点阐释了教育数据管理的基本原则：(1)统筹管理,各负其责。教育数据的采集、储存、共享、公开和安全管理等工作要在教育部统筹管理、统一标准的基础上,由教育部机关及直属事业单位分头实施、各负其责。(2)推进共享,有序公开。教育数据以共享为原则,不共享为例外。公开教育数据要依照相关法律法规,在满足社会公众知情权的前提下,有序开放公共教育数据资源。(3)规范程序,保障安全。明确教育数据各环节的管理程序,做到教育数据管理全过程有规可依。依托国家信息安全保障体系,完善教育数据共享与公开安全机制,保护个人隐私信息,保障教育数据资源安全。

（三）教育数据安全管理

《管理办法》规定,"教育部机关及直属事业单位设立的教育统计调查项目和行政业务管理信息系统,均应根据有关法律法规,制定涵盖数据采集、存储、共享、公开、使用等全过程的数据安全管理办法,开展数据风险评估,确定数据共享、公开类型,明确责任人,落实安全管理责任制。教育管理信息中心负责共享平台和公开平台的安全防护工作,确保教育数据安全。""教育部网络安全和信息化领导小组办公室负责制定教育数据网络安全管理制度,指导督促教育数据采集、存储、共享、使用全过程的网络安全保障工作,组织开展教育数据安全风险评估和安全管理审查。""共享数据涉及国家秘密、商业秘密和个人隐私的,提供部门和使用部门应当遵守有关保密的法律法规,在数据共享工作中分别承担相应的安全保障责任。"

(四)教育数据的开发与利用

《管理办法》规定,共享教育数据的生产和提供部门应按照"谁主管,谁提供,谁负责"的原则,及时提供、维护和更新共享数据,保障数据的完整性、准确性,确保所提供的共享数据与本部门的数据一致。在向使用部门提供共享数据时,需明确数据的共享范围和用途。公开教育数据不得泄露国家秘密、商业秘密和个人隐私,切实维护数据资源主体的合法权益。经权利人同意公开或者不公开可能对公共利益造成重大影响的涉及商业秘密、个人隐私的数据资源,可予以公开。教育部实行教育政务信息资源目录管理制度。教育政务信息资源目录包括教育信息资源的分类、责任方、格式、属性、更新时限、共享类型、共享方式、公开类型、公开方式、使用要求等内容。教育政务信息资源目录是信息资源共享、公开和业务协同的基础和依据。教育部设立统一的教育数据资源共享交换平台,用于支撑教育数据的共享交换,管理《教育部教育政务信息资源目录》。共享平台应按照涉密信息系统分级保护要求,依托国家电子政务外网进行建设和管理。教育部设立教育数据资源公开平台,面向社会公众提供教育数据服务。公开平台应按照国家互联网及网络安全等相关法律法规及政策建设和管理。部机关及直属事业单位可通过公开平台面向社会公开教育数据资源。

三、健康医疗领域数据安全治理

(一)健康医疗数据

在健康医疗领域,我国先后发布了《关于促进和规范健康医疗大数据应用发展的指导意见》(简称《指导意见》)、《关于促进"互联网+医疗健康"发展的意见》以及《国家健康医疗大数据标准、安全和服务管理办法(试行)》(简称《管理办法》)等多部规范性文件。其中,《管理办法》中对健康医疗数据作了明确的定义。"健康医疗大数据,是指在人们疾病防治、健康管理等过程中产生的与健康医疗相关的数据。""我国公民在中华人民共和国境内所产生的健康和医疗数据,国家在保障公民知情权、使用权和个人隐私的基础上,根据国家战略安全和人民群众生命安全需要,加以规范管理和开发利用。"

(二)健康医疗管理的基本原则

《指导意见》指出,健康医疗管理的基本原则就是要坚持以人为本、创新驱动。将健康医疗大数据应用发展纳入国家大数据战略布局,推进政产学研用联合协同创新,强化基础研究和核心技术攻关,突出健康医疗重点领域和关键环节,利用大数据拓展服务渠道,延伸和丰富服务内容,更好满足人民健康医疗需求。坚持规范有序、安全可控。建立健全健康医疗大数据开放、保护等法规制度,强化标准和安全体系建设,强化安全管理责任,妥善处理应用发展与保障安全的关系,增强安全技术支撑能力,有效保护个人隐私和信息安全。坚持开放融合、共建共享。鼓励政府和社会力量合作,坚持统筹规划、远近结合、示范引领,注重盘活、整合现有资源,推动形成各方支持、依法开放、便民利民、蓬勃发展的良好局面,充分释放数据红利,激发大众创业、万众创新活力。《管理办法》也指出,健康医疗领域的数据发展应"坚持以人为本、创新驱动,规范有序、安全可控,开放融合、共建共享的原则,加强健康医疗大数据的标准管理、安全管理和服务管理,推动健康医疗大数据惠民应用,促进健康医疗大数据产业发展"。

(三)健康医疗数据安全管理

健康医疗大数据安全管理是指在数据采集、存储、挖掘、应用、运营、传输等多个环节中的安全和管理,包括国家战略安全、群众生命安全、个人信息安全的权责管理工作。

第一,责任单位应当建立健全相关安全管理制度、操作规程和技术规范,落实"一把手"责任制,加强安全保障体系建设,强化统筹管理和协调监督,保障健康医疗大数据安全。涉及国家秘密的健康医疗大数据的安全、管理和使用等,按照国家有关保密规定执行。

第二,责任单位应当建立健全涉及国家秘密的健康医疗大数据管理与使用制度,对制作、审核、登记、拷贝、传输、销毁等环节进行严格管理。责任单位应当采取数据分类、重要数据备份、加密认证等措施保障健康医疗大数据安全。

第三,责任单位应当建立可靠的数据容灾备份工作机制,定期进行备份和恢复检测,确保数据能够及时、完整、准确恢复,实现长期保存和历史数据的归档管理。

第四，责任单位应当按照国家网络安全等级保护制度要求，构建可信的网络安全环境，加强健康医疗大数据相关系统安全保障体系建设，提升关键信息基础设施和重要信息系统的安全防护能力，确保健康医疗大数据关键信息基础设施和核心系统安全可控。健康医疗大数据中心、相关信息系统等均应开展定级、备案、测评等工作。

第五，健康医疗大数据相关系统的产品和服务提供者应当遵守国家有关网络安全审查制度，不得中断或者变相中断合理的技术支持与服务，并应当为健康医疗大数据在不同系统间的交互、共享和运营提供安全与便利条件。责任单位应当依法依规使用健康医疗大数据有关信息，提供安全的信息查询和复制渠道，确保公民隐私保护和数据安全。责任单位应当按照《网络安全法》《数据安全法》以及《个人信息保护法》的要求，严格规范不同等级用户的数据接入和使用权限，并确保数据在授权范围内使用。任何单位和个人不得擅自利用和发布未经授权或超出授权范围的健康医疗大数据，不得使用非法手段获取数据。

第六，责任单位应当建立严格的电子实名认证和数据访问控制，规范数据接入、使用和销毁过程的痕迹管理，确保健康医疗大数据访问行为可管、可控及服务管理全程留痕，可查询、可追溯，对任何数据泄密泄露事故及风险可追溯到相关责任单位和责任人。

第七，建立健全健康医疗大数据安全管理人才培养机制，确保相关从业人员具备健康医疗大数据安全管理所要求的知识和技能。

第八，责任单位应当建立健康医疗大数据安全监测和预警系统，建立网络安全通报和应急处置联动机制，开展数据安全规范和技术规范的研究工作，不断丰富网络安全相关的标准规范体系，重点防范数据资源的集聚性风险和新技术应用的潜在性风险。发生网络安全重大事件，应当按照相关法律法规和有关要求进行报告并处置。

第十一章　投资安全法治

投资安全法治是指以法治方式治理投资安全问题。其中,"投资安全"所涉的"投资"主要包括对内投资和对外投资两种形式的资本跨境流动,前者是外资进入本国市场,后者是本国资本走向国外市场。投资安全法治既涉及本国对外资进入的安全规制,也涉及本国投资走向国际市场的安全规制;既涉及宏观层面的投资对国家安全的影响,也涉及微观层面的投资者利益是否得到保护。本章主要以国际直接投资为视角,阐释对外投资和对内投资所涉的安全法治问题。

第一节　投　资　安　全

投资安全问题既涉及山洪、海啸、地震等自然灾害对投资所造成的风险,又涉及东道国经济环境或商业环境变化而导致外商投资收益下降或亏损,还涉及东道国政局变动、局部战争或恐怖袭击、法律修订等其他因素所造成的风险。《世界投资报告 2021》指出,受新冠疫情之严重打击,2020 年全球外国直接投资流量从前一年的 1.5 万亿美元降至 1 万亿美元,远低于 10 年前全球金融危机后的最低点。由此可见,新冠疫情等突发公共卫生事件同样会导致全球投资下滑,因疫情所引发的停工停产、跨境运输困难、跨境旅游不便利等同样会威胁投资安全。该报告还指出,中国于 2020 年成为全球最大资本输出国,对外直接投资持续保持在 1330 亿美元,这一方面得益于中国有效的疫情防控,另一方面得益于中国在"一带一路"项目上的对外投资。

应注意的是,中国对"一带一路"项目进行广泛的投资也伴随着相关风险。从"一带一路"的投资环境看,在宏观层面,沿线国家投资便利化发展水平整体较低、发展不平衡。由于多数沿线国家基础设施薄弱、投资需求大、周期长,在缺乏稳定、可预期的投资环境下,投资前景并不乐观。[①] 在微观层面,

---

[①] 张亚斌:《"一带一路"投资便利化与中国对外直接投资选择》,载《国际贸易问题》2016 年第 9 期;马文秀、乔敏健:《"一带一路"国家投资便利化水平测度与评价》,载《河北大学学报(哲学社会科学版)》2016 年第 5 期。

多数沿线国家营商指数不高、教育资源短缺,不仅缺乏完善的商业服务,更缺乏高素质的劳动力,不利于海外投资在当地的运营与可持续发展。更重要的是,相当一部分沿线国家法制不健全或法律修改频繁,对于外商投资缺乏有效的保护。此外,个别沿线国家对海外投资还设置了苛刻的国家安全审查、武断的反垄断审查、恣意的征收与国有化等,这些都可能导致海外投资者利益受损。而在终极意义上,沿线国家投资便利化水平现状不利于构建人类命运共同体目标的实现。人类社会的发展是一种共生关系,①个体与个体、国家与国家休戚与共。目前,中国在"一带一路"沿线国家进行投资的主体为国有企业,在某种程度上,国有企业肩负着实施"一带一路"倡议、以项目投资和工程承包等方式带动沿线国家共同发展的重任。民营企业与其他私营主体则出于对"一带一路"沿线国家投资风险的担忧,对于是否投资这些国家往往持观望态度甚至望而却步。对于已经进行投资的主体,若"一带一路"沿线国家投资便利化水平不能得到改善,基于现实的考量,既有投资人可能撤出投资。较低的投资便利化水平将导致"一带一路"沿线国家缺少可持续投资、丧失既有投资人,不利于这些国家的资金融通与营商环境的改善,最终不利于他们的可持续发展,损害人类命运共同体的共同发展与进步。

此外,全球单边主义、地缘政治、民粹主义等各种因素也加剧了资本跨境流动所面临的风险。美国于 2018 年率先挑起单边主义,并对中国和其他国家启动经济制裁措施,背离了多边国际法律约束,影响全球经济平稳发展。美国于 2018 年发布的《外国投资风险审查现代化法案》(FIRRMA)具有较强的保护主义倾向,不利于资本的全球流动。特朗普担任美国总统期间,美、欧、日三方贸易部长多次联合发布"零关税"声明,其实质为否定中国市场经济体制、遏制中国企业发展、反对中国补贴政策。拜登担任美国总统后,美国与欧盟于 2021 年 9 月成立了"贸易与科技委员会",声称将加强美欧之间基于"共享的民主价值"观念下的国际经济秩序重构,其实质是继续否定中国的经济体制和发展模式。无论是美国单独采取对华经济制裁措施还是联合盟国打击中国经济体制,均会影响外商对华投资的信心。此外,新冠疫情暴发后,印度也于 2020 年 4 月出台了限制邻国进行投资的"第 3 号命令",规定印度将对与其接壤的邻国投资进行严格审查。这意味着某些原本无需政府审批的投

---

① 邵发军:《习近平"人类命运共同体"思想及其当代价值研究》,载《社会主义研究》2017 年第 4 期。

资将接受政府审批,这不仅延长了外商投资印度所耗费的时间,也加重了外商投资成本及其风险。中国作为与印度接壤的邻国,部分企业出于审查风险的考量会放弃赴印投资或推迟投资。

第二节 投资安全法治的三个维度

一、关于投资安全的多边法治

在投资领域,不存在类似 WTO 那样规制投资的多边机构,但世界银行下设的多边投资担保机构(MIGA)为外商规避非商业风险提供了重要保障。MIGA 成立之想法可追溯至 1948 年,但直至 1985 年世界银行理事会着手创建投资保险机构时才通过了《多边投资担保机构公约》,该公约的目的在于根据发展中国家的发展需求、政策和目的,基于外商投资待遇之公正与稳定标准,促进资本和技术向发展中国家流动,借此促进发展中国家的生产力。1988 年,MIGA 作为世界银行集团的新成员,以独立法人资格开始运营。

《多边投资担保机构公约》规定了 MIGA 的设立目的、运行机制、争议解决等事项。就承保险别而言,MIGA 承保货币汇兑险、征收和类似措施险、东道国违约险、战争和内乱险。"货币汇兑险"指东道国政府采取新的措施,限制其货币兑换成可自由使用货币或被保险人可接受的另一种货币,及汇出东道国境外,包括东道国政府未能在合理的时间内对该被保险人提出的此类汇兑申请作出行动。"征收和类似措施险"指东道国政府采取立法或行政措施或者懈怠行为,实际上剥夺了被保险人对其投资的所有权或控制权,或其应从该投资中得到的大量收益,但政府为管理其境内的经济活动而通常采取的普遍适用的非歧视性措施不在此列。"东道国违约险"指东道国政府不履行或违反与被保险人签订的合同,并且被保险人无法求助于司法或仲裁机关对其提出的有关诉讼作出裁决,或该司法或仲裁机关未能在担保合同规定的合理期限内作出裁决,或虽有这样的裁决但未能执行。"战争和内乱险"指依照该公约第 66 条,适用于东道国境内任何地区的任何军事行动或内乱。[①] 对于被保险人认可或负有责任的东道国政府的任何行为或疏忽,以及发生在担保

[①] 《多边投资担保机构公约》第十一条。

合同缔结之前的东道国政府的任何行为疏忽或其他任何事件,《多边投资担保机构公约》将其明确排除出承保范围。对于国际突发事件,MIGA 根据自身业务及其特点致力于帮助国际社会共同应对风险。例如,为应对新冠疫情对全球投资及经济所带来的负面影响,MIGA 于 2020 年 4 月启动了 65 亿美元的"新冠响应计划",包括应急响应阶段的解决公共部门和金融行业的紧迫需求、恢复阶段的短期和中期支持实体部门和私营企业恢复经济活动、长期韧性阶段的支持对各个公共和私营部门的投资。①

二、关于投资安全的双边和区域法治

双边投资条约和区域经贸协定是国际层面规制投资的重要法律渊源。最早的双边投资条约可追溯至 1959 年德国与巴基斯坦签订的双边投资协定,即 1959 年《德国—巴基斯坦投资协定》。该协定包含十四个条款,主要包括非歧视待遇、征收补偿、争议解决及代位求偿方面的规定。在非歧视待遇方面,该协定规定,缔约方不得基于投资资金的所有权或对于该投资资金的影响来源于另一方缔约国而受到差别待遇,除非该协定生效时相关缔约方的国内法已做出另外规定;任何缔约方不得对来自另一缔约方的国民或公司所进行的投资运营、资金使用及其享有等投资相关活动给予歧视待遇,除非外资准入文件已做出特别规定。② 在征收补偿方面,该协定规定,除非为公共利益之目的,东道国不得征收来自另一缔约方的投资;若征收,东道国需及时以另一缔约方货币按照投资所受影响之等价进行补偿;征收的合法性和补偿金额应受正当程序之审查。③ 在争议解决及代位求偿方面,该协定规定,任何缔约方作为投资者母国,应对其国民或公司在另一缔约方境内的所有投资资金和收益的汇兑与转移、投资清算所产生的结余汇兑与转移作出担保;若因前述担保而产生争议,投资者母国将受让投资者权利并与东道国进行磋商,缔约国双方可将争议提交至国际法院或另行组成仲裁庭解决争议。④

三、关于投资安全的单边法治

德国作为欧洲地区经济最发达的国家之一,其早期投资条约实践对全球

---

① 《MIGA2021 年度报告》,第 17 页。
② 1959 年《德国—巴基斯坦投资协定》第一条至第二条。
③ 1959 年《德国—巴基斯坦投资协定》第三条。
④ 1959 年《德国—巴基斯坦投资协定》第四条至第五条、第十一条。

投资法律体系的发展产生了广泛影响。鉴于欧盟在2009年后依据《里斯本条约》以欧盟名义与第三国签署了经贸协定,因此,德国不再单独与其他国家签署投资协定,德国投资条约范本的最新版本仍为2008年版。2008年《德国投资协定范本》共有13个条款,主要包括投资者待遇、征收补偿、自由汇出、代位权、争议解决方面的规定。在投资者待遇方面,该范本要求东道国给予投资者及其投资以公平公正待遇、非歧视待遇、国民待遇和最惠国待遇;[1]此外,若缔约国根据当时或以后的国内法或国际义务应给予投资者更优待遇,那么更优待遇应予以适用。[2] 在征收补偿方面,该范本规定直接征收和间接征收均属于需要补偿的征收,补偿金额应与被征收投资相等价。[3] 在自由汇出方面,该范本规定因投资本金及其产生的所有收益均可按照汇出当天的市场汇率汇出。[4] 在代位权方面,该范本规定若一缔约方按照有关另一缔约方领土内的投资承诺而向投资者付款,该缔约方则代位享有向另一缔约方获得求偿的投资者权利。[5] 在争议解决方面,该范本规定缔约方之间可以将条约解释与适用方面的争议提交仲裁解决;投资者与东道国之间的争议亦可通过仲裁方式解决。与1959年《德国—巴基斯坦投资协定》相比,2008年《德国投资协定范本》赋予投资者更多的权利保护,但两者均未对国家安全及东道国规制权作出规定。

美国作为投资条约实践的后来者,曾极力主张以双边投资条约方式加强对投资者及其投资安全利益的保护,并以投资范本形式强化本国投资政策对国际投资法律秩序的影响。《美国双边投资协定范本》也经过多次更新,目前正在使用的是2012年版。2012年《美国双边投资协定范本》共包含37个条款,既包含投资者待遇、征收补偿、自由汇出、履行要求、透明度、争议解决等方面的规定,还包含环境、劳工、金融服务等新议题,也包含根本安全条款。该范本具有三个特征:一是强化投资自由化与投资保护;二是赋予东道国规制权,保障东道国为维护国家安全及其他价值追求所需的规制空间;三是禁止东道国采用降低劳工保护、污染环境等办法吸引外商投资。

在强化投资自由化与投资保护方面,2012年《美国双边投资协定范本》要

---

[1] 2008年《德国投资协定范本》第一条至第二条。
[2] 2008年《德国投资协定范本》第七条。
[3] 2008年《德国投资协定范本》第四条。
[4] 2008年《德国投资协定范本》第五条。
[5] 2008年《德国投资协定范本》第六条。

求给予投资者及其投资以国民待遇、最惠国待遇和最低标准待遇,其中的最低标准待遇不仅包含公平、公正内容,还包含与习惯国际法相符的待遇。① 应注意的是,国民待遇涵盖外商及其投资相关的企业设立、并购、扩张、管理、运营、销售或其他投资处置相关的各个环节。同时,该范本细化了征收补偿规定,不仅包含及时、充分、有效补偿之要求,还规定补偿应加算利息。② 此外,该范本不仅对缔约方的立法透明度、行政程序公正、审查和上诉程序救济提出要求,还要求给予投资者参与东道国相关标准制定的权利。③ 在争议解决方面,该范本既包含投资者起诉东道国的投资仲裁条款,也包括投资者母国与东道国之间关于投资协定解释与适用的争议解决程序。其中,"投资者—东道国仲裁程序"不同于私法意义上的一般商业仲裁,该范本要求仲裁程序透明,允许仲裁庭应当事人请求指定专家就环境、健康、安全或其他科学问题提交专家报告。④ 在赋予东道国规制权方面,2012年《美国双边投资协定范本》一方面要求东道国确保相关外商投资能够自由、及时汇出,另一方面也规定了自由汇出的例外条件,即东道国可基于公平、非歧视、善意原则禁止下述相关外资汇出:(1)破产、清算或债权人权利保护;(2)证券、期权、期货或衍生品的发行、贸易或交易;(3)刑事犯罪;(4)为协助法律执行或金融管理部门工作所必需的财务报告或转移记录保存;(5)确保符合司法或行政程序判决或命令。⑤ 此外,该范本"根本安全"条款还允许缔约方拒绝提供或拒绝他人获取有关本国根本安全利益的信息,允许缔约方为维持或恢复国际和平或安全或者为保护本国根本安全利益而采取该缔约方所认为的必要措施。⑥ 在与投资相关环境议题方面,该范本承认缔约方共同加入的多边环境协定对缔约双方具有约束力,同时明确指出通过降低或削减本国环境法之下的保护措施来鼓励外商投资的方式不具有正当性。⑦ 在与投资相关的劳工议题方面,该范本引入国际劳工组织相关规定,指出以降低或削减本国劳工法之下的保护来鼓励外商投资的方式不具有正当性。⑧ 总体而言,美国投资条约范本体

---

① 2012年《美国双边投资协定范本》第三至第五条。
② 2012年《美国双边投资协定范本》第六条。
③ 2012年《美国双边投资协定范本》第十一条。
④ 2012年《美国双边投资协定范本》第二十九条、第三十二条。
⑤ 2012年《美国双边投资协定范本》第七条。
⑥ 2012年《美国双边投资协定范本》第十八条。
⑦ 2012年《美国双边投资协定范本》第十二条。
⑧ 2012年《美国双边投资协定范本》第十三条。

现了发达国家基于其经济和社会发展水平所追求的法律设计。该范本一方面规定了发达国家作为资本输出国对投资自由化与投资保护的要求,另一方面为保护发达国家本土企业竞争力及本国劳动就业而纳入环境劳工保护要求。

值得注意的是,从最近若干年来缔结的国际投资协定发展来看,国际投资法治的主要变化是外资准入规则的变化。欧盟与加拿大2016年签署的《全面经济与贸易协定》(CETA)接受了准入阶段"国民待遇"条款,同时在协定的序言和实体条款中设置了诸多维护缔约国"投资规制权"条款,这代表了欧式、美式两大主要投资协定模式的协调与整合。美国主导与欧盟之间正在谈判的《跨大西洋贸易与投资伙伴协议》和涵盖环太平洋诸多国家的《全面与进步跨太平洋伙伴关系协定》(CPTPP)两大贸易投资协定,再次确立了自由化投资协定范式的地位。外资准入问题典型地体现了东道国经济主权与投资者条约权利之间的冲突和协调。为规制外资准入可能对国家经济安全所造成的挑战,CETA与CPTPP均含有安全例外条款,不同之处在于,CETA中的安全例外条款更接近1994年《关税与贸易总协定》中的安全例外规定,而CPTPP中的安全例外条款与2012年《美国双边投资协定范本》中的"根本安全"条款相差无几。

第三节 投资安全法治面临的挑战

一、我国海外投资面临的安全风险

随着中国经济发展与资金走出国境,其他国家投资法律政策与中国对外投资安全之间的联动关系更加紧密。美国曾是全球化的推动者与国际法治的积极构建者,曾引领WTO多边谈判及其法治建设,并借助WTO推动贸易全球化。然而,全球化同样对美国传统产业造成了冲击,削弱了美国劳动力在价格方面的竞争优势,加剧了美国国内收入分配的不均衡,这些影响导致美国对是否应继续推进全球化与国际法治建设持怀疑态度。与美国相比,中国自加入WTO以来经济方面获得了长足发展。然而,美国贸易代表办公室在《2018年中国WTO合规报告》中认为中国未能良好遵守WTO法律规则,中国的非市场经济体制与国家主导的经济发展模式对其他WTO成员造成了严重损害，并认为现行国际法律秩序未能有效约束中国的不当竞争行为、导致美国贸易利益受损。2018年，美国出台了FIRRMA，该法出台的部分原因是为了解决美国的贸易问题。结合美国政府近些年公然违反WTO多边法治而采取单边贸易制裁措施的一系列举动，不难推断美国政府已放弃对法治精神的坚守，不惜以任何手段维护美国利益优先。

FIRRMA是美国为了维护其全球霸权地位、加强自身安全感而采取的具有保护主义与歧视主义性质的立法，该法案违反了美国以前所倡导的法治精神。在立法目的方面，FIRRMA将是否威胁美国领先地位作为国家安全审查的要素之一，这具有较强的保护主义倾向。该法第一千七百零二条（c）款规定：若某项交易涉及应予以特殊注意的国家，该国家已被证明或自己声称具有获取影响美国国家安全领域领先地位的某项关键技术或关键基础设施的战略目的，则可将其作为审查国家安全风险的要素。根据该条中"领先地位"的措辞，可以推断美国将领先地位与国家安全相挂钩，其逻辑是威胁美国领先地位即具有威胁美国国家安全之嫌疑。因此，美国所谓的国家安全并非通常意义上的国家生死存亡之安全。另外，FIRRMA扩展了1950年美国《国防生产法》中"国家安全"的外延，将所有与美国国土安全及关键基础设施相关的议题均纳入"国家安全"范畴。美国对于"国家安全"定义的广泛性与不确定性减损了其立法的可预期性；同时美国给予外国投资委员会过于宽泛的自由决定权，可能导致外国投资委员会武断执法将部分正常投资纳入国家安全审查范围。

在立法原则方面，FIRRMA明确要求严格监控来自应予以特殊注意国家的投资、要求美国商务部部长原则上每两年向国会和外国投资委员会提交有关中国在美投资的详细报告，这违反了非歧视原则。一方面，哪些国家为美国所认定的"特殊注意国家"，美国采取何种认定标准，区别对待这些国家的理由是否充分，值得商榷。美国根据国家主权原则虽然有权自主认定哪些国家为"特殊注意国家"，但事实上一旦某些国家被列入该名单，来自这些国家的投资者在美投资即面临着更为严格的国家安全审查，这事实上造成了对这些投资者的歧视待遇。另一方面，FIRRMA不仅要求提交有关中国在美投资的详细报告，同时要求报告应分析中国在美投资与《中国制造2025》文件之间的关联情况，还要求报告应提供有关美国公司在中国投资的具体情况的做法，会导致相关投资者担心是否会因国家安全审查问题陷入投资失败。因

第十一章 投资安全法治

此,这不仅是对中国的歧视待遇,事实上也是对相关中国投资者和美国投资者的歧视待遇。

在立法内容方面,除了前面所述的保护性与歧视性条款,FIRRMA 还存在其他不符合法治精神的规定。一方面,FIRRMA 不仅要求对关键基础设施、能源资产、关键物质等"事物"影响方面进行安全审查,还要求对"人力资源可用性"方面进行审查。该法第一千七百零二条(c)款规定,若外商投资导致美国国防部、其他联邦部门或与美国国家安全促进部门可雇用的拥有与国家安全相关知识与技能的人力资源潜在减少,这可作为国家安全风险审查的要素之一。这意味着美国未来可能以国家安全为由限制美国高科技人才的就业选择,侵犯这些人员在人权方面应当受到保护的经济和社会权利。另一方面,FIRRMA 第一千七百零二条(b)款规定,美国总统将敦促美国盟友和伙伴建立与美国相似的外资国家安全审查机制,其实质是美国企图联合盟国共同建立歧视中国的审查机制、共同遏制中国在高科技领域的对外投资,这违反了"良法"与"善治"的要求。

近些年的案例表明美国已加紧对来自中国投资的国家安全审查,企图借此限制中国在美国的投资活动。2017 年"字节跳动"(ByteDance)公司收购"妈妈咪呀"(Musical.ly)公司即遭到美国国家安全审查。该案具体情况如下:2017 年,设立于开曼群岛的 ByteDance 公司收购了同在开曼群岛设立的 Musical.ly 公司,推出了"抖音国际版"(TikTok)应用软件。该收购实际上是一家中国控股公司收购另一家中国控股公司在美国运营的部分产业,也许是因为收购方与被收购方都不是美国公司,所以未就收购行为向美国外商投资委员会申请国家安全审查。TikTok 应用软件于 2019 年风靡美国,一度高居美国应用软件下载前列。2020 年 8 月,时任美国总统特朗普下令禁止 TikTok 应用软件在美国运营,除非它在规定期限内出售给美国公司。美国封禁 TikTok 应用软件的主要原因是美国认为该软件收集美国个人信息并可能将其交给中国情报部门,进而威胁美国国家安全。TikTok 曾在美国起诉特朗普政府,2020 年 9 月美国哥伦比亚地区法院判决暂缓实施美国政府关于将 TikTok 从美国移动应用商店下架的行政命令。2021 年 6 月,美国总统拜登撤销了特朗普政府对 TikTok 的禁令。

欧盟 2018 年出台了《欧盟外商直接投资审查条例》(简称《欧盟安审条例》),该法第六条、第七条规定了欧盟成员国之间、成员国与欧盟委员会之间将建立外资审查合作机制,旨在促进相关成员国适当考虑其他成员国及欧盟委员会的意见,统一欧盟外资审查标准。《欧盟安审条例》虽将外国政府直接或间接控制的外商投资纳入国家安全风险考量范围,但立法本身不具有明确的特定适用对象,因此尚不存在明显的歧视性。虽然该法并没有专门针对中国或其他国家的相关规定,但自 2000 年以来欧盟投资中的 60% 均来自中国政府控制的企业,这事实上会成为《欧盟安审条例》第四条第二款所要求的应予以特别考量的国家安全风险要素。该规定是否为中国量身制定、是否构成欧盟对中国政府直接或间接投资的歧视,值得商榷。应注意的是,欧盟内部的发展并不平衡,以德、法、意为代表的西欧国家强烈要求欧盟制定外资国家安全审查机制,从而避免本国高科技企业被中国企业所兼并。此外,中国与欧盟已于 2020 年 12 月完成《中欧全面投资协定》谈判工作,然而,欧洲议会于 2021 年 5 月冻结了该协定的批准。①

二、外资入境对我国造成的安全风险

在外资进入中国层面,早期的外商投资在中国主要采取的是"绿地投资"形式,对中国国家安全的影响并不明显。但是,随着中国加入 WTO 并进一步扩大允许外商投资的领域,外商掀起投资中国热潮并引发了外资垄断、国有资产流失、民族品牌丧失等问题,进而引起社会各界对产业安全和经济安全的担忧。② 可口可乐并购汇源案是其中的典型案例。2008 年 9 月 3 日,美国可口可乐公司以 24 亿美元作为交易向中国汇源公司发出收购其全部股份的要约;2008 年 9 月 19 日可口可乐公司向中国商务部提交了收购汇源公司的申请材料;③2009 年 3 月,中国商务部发布《关于禁止可口可乐公司收购中国汇源公司审查决定的公告》。该公告中称,若准许可口可乐公司收购,则导致可口可乐公司对果汁饮料企业产生排除、限制竞争效果,进而损害饮料消费者的合法权益;可口可乐公司通过控制"美汁源"和"汇源"两个知名果汁品

---

① MEPs Refuse Any Agreement with China Whilst Sanctions Are in Place,https://www.europarl.europa.eu/news/en/press-room/20210517IPR04123/meps-refuse-any-agreement-with-china-whilst-sanctions-are-in-place,2021 年 11 月 1 日访问。

② 郝倩:《中国外商投资国家安全审查制度的确立和最新发展》,http://fzzfyjy.cupl.edu.cn/info/1021/13397.htm,2021 年 11 月 1 日访问。

③ 管梅宏:《可口可乐并购汇源案例分析》,载《今日财富》2019 年第 5 期。

牌,对果汁市场控制力将明显增强,加之其在碳酸饮料市场已有的支配地位以及相应的传导效应,集中将使潜在竞争对手进入果汁饮料市场的障碍明显提高;挤压国内中小型果汁企业生存空间,抑制国内企业在果汁饮料市场参与竞争和自主创新的能力,给中国果汁饮料市场有效竞争格局造成不良影响,不利于中国果汁行业的持续健康发展。

第四节 投资安全法治建设与完善

一、投资安全法治建设的均衡逻辑

关于投资安全法治建设,应遵守均衡逻辑,兼顾东道国利益、外国投资者利益、投资者母国利益。投资安全法治建设应均衡处理外资准入中的"量"与"质"之间的关系。[1] 对于东道国而言,外商投资具有积极性和消极性双重属性。一般而言,外商投资有利于东道国的经济发展,可以为东道国带来资金、项目,可以扩大就业、丰富社会产品数量和种类。同时,外商投资可以带来先进技术和经营理念,对于东道国宏观经济长期发展和公司治理先进化等都有长远的影响。所以,世界各国均重视对外资的引进以便发展本国经济。但是,外商投资还具有消极性。所谓投资的消极性,指国际投资对于东道国的经济、社会发展具有不良影响。外商投资消极性首先是由资本的属性决定的,资本的目的在于逐利,收益是投资决定的根本驱动力。理论上,投资者可能为了追逐高额收益而无视东道国的经济社会发展,损害东道国的环境和劳工权利,甚至控制一国的经济命脉、影响该国国家安全。因此,无论是发展中国家还是发达国家,无论是以资本输入为主的国家还是以资本输出为主的国家,都不会无限制、无条件地接受国际投资。所有国家在做出投资保护承诺、准予一定投资待遇的同时,均会对国际投资施加不同程度的限制,以维护东道国的主权和规制利益,减少投资消极性的不良影响,引导国际投资促进东道国的经济社会发展。由于投资的双重属性,对于东道国而言,投资并非越多越好,而应"趋利避害",引导投资积极性的实现,减少投资的消极性。具体而言,东道国要在主权安全和平等互利的基础上缔结投资条约,做出国际承

---

[1] Xiuyan Fei and Zhenning Li, Host State's Logic of Balance in Applying the Right to Regulate Foreign Investment Admission, *US-China Law Review*, Vol. 17, 2020, p. 70.

诺,既要提供稳定的投资环境,也要保持东道国规制的灵活性和必要空间;既要对投资和投资者进行保护,也要保持对外资的规制、引导和监督;既顺应国际投资自由化的趋势,又要保证东道国的政策空间。

二、我国投资安全法治建设与完善

对于中国投资安全法治建设而言,完善国内相关立法是确保中国投资安全法治建设的基石。然而,投资安全法治建设既不限于投资方面的立法,也不限于中国的国内立法。在中国崛起的大背景下,以美国为首的部分西方国家对华采取经济制裁措施,这加剧了中国投资所面临的安全风险。毋庸置疑,中国投资安全法治建设应从国际与国内两个层面予以完善。

(一)我国参与国际层面的投资安全法治建设与完善

在国际层面,截至2021年1月1日,中国已同加拿大、瑞士、土耳其等国签署了145个双边投资协定,签署了24个含有投资条款的经贸协定。[①]总体而言,这些协定覆盖的地域范围广泛,为外商投资中国和中国资本走出去提供了可预期的法律环境。但是,中国与欧盟之间的《中欧全面投资协定》已暂时搁浅,中国与美国之间尚未达成投资协定或自由贸易协定,中国与印度之间的双边投资协定也已终止,这意味着中国与世界上几个重要的经济体之间的投资关系尚得不到有约束力的国际协定予以规制,任何一方均有可能滥用本国投资措施威胁对方的经济安全。在区域层面,中国参与的《区域全面经济伙伴关系协定》(RCEP)已于2022年1月1日生效。RCEP中的"投资"章含有"安全例外"条款,该条规定:"本章的任何规定不得解释为要求一缔约方提供或允许获得其确定披露会违背其基本安全利益的任何信息;或者阻止一缔约方为下列目的适用其认为必要的措施:(1)履行其维持或恢复国际和平或安全的义务;或者(2)保护其自身根本安全利益。"[②]实际上,"安全例外"条款本身是把双刃剑,任一缔约方都可能过度泛化解释本国的"安全利益"而采取歧视性措施,从而损害其他国家的投资安全。RCEP中的"安全例外"条款将如何得以适用或是否会被滥用,仍需实践检验。

---

① https://investmentpolicy.unctad.org/international-investment-agreements/countries/42/china? type=bits,2021年11月1日访问。
② 《区域全面伙伴关系协定》第十五条。

(二) 我国国内层面的投资安全法治建设与完善

在国内层面,无论是外资进入中国还是中国资本走向国外,投资活动既需遵守中国关于国家安全方面的法律规定,也需遵守有关投资与运营方面的特别规定。在国家安全领域,中国已出台了《国家安全法》《网络安全法》《数据安全法》《出口管制法》《反外国制裁法》等;在投资与运营方面,中国相关立法包括《外商投资法》《中华人民共和国外商投资法实施条例》《外商投资安全审查办法》(简称《2021年安审办法》)《境外投资管理办法》《中华人民共和国反垄断法》(简称《反垄断法》)、《公司法》《中华人民共和国会计法》(简称《会计法》)等。下文将阐释有关投资安全法治的几个重要法律规定。

在外资进入中国层面,2019年全国人大发布的《外商投资法》是有关外资进入中国的基础性立法。2020年1月1日《外商投资法》开始施行,《中华人民共和国中外合资经营企业法》《中华人民共和国外资企业法》《中华人民共和国中外合作经营企业法》即同时废止。《外商投资法》优化了中国投资环境,商务部副部长王受文就《外商投资法》相关问题答记者问时指出该法的三个亮点:第一,《外商投资法》确立了对外资的全面准入前国民待遇加负面清单的模式,这意味着中国外商投资环境更加开放、稳定和透明。原来中国对外资的管理是"逐案审批",每一项外资企业到中国来投资都要政府部门一个一个审批,经批准后方可设立,不批准就不能设立。党的十八大之后,中国进行了改革,这个改革成果体现在《外商投资法》里面,以法律的形式固定下来,具体的做法就是对所有的外资准入项目分类,在负面清单里面的需要进行审批,负面清单之外的,就享受和国内企业同样的待遇。对于无需审批的投资,企业只要到市场监督管理总局备案,到地方的分支机构注册即可。哪些需要审批、哪些不需要审批是透明的,负面清单对全国公布,是稳定的。[①] 第二,《外商投资法》确定了外资在中国进行公平竞争的环境。外资企业依法平等参与中国商品标准、服务标准、行业标准的制定和中国政府采购活动。第三,《外商投资法》进一步加强了对外资企业权益的保护,并强调对外资企业知识产权的保护;鼓励在外商投资过程中基于自愿原则和商业规则开展技术合作,技术合作的条件由投资各方遵循公平原则平等协商确定,禁止行政机关及其工作人员采用行政手段强制外商转让技术。国家若因公共利益而征收

---

① 《商务部副部长王受文就〈外商投资法〉相关问题答记者问》,http://www.mofcom.gov.cn/article/zhengcejd/bq/201912/20191202919325.shtml,2021年11月1日访问。

或征用外商投资企业,将依法及时给予公平、合理的补偿。外国投资者在中国境内的出资、利润、资本收益、资产处置所得、知识产权许可使用费、依法获得的补偿或者赔偿、清算所得等,可以依法以人民币或者外汇自由汇入、汇出。

国家发改委和商务部联合发布的《2021年安审办法》是中国在总体国家安全观指导下统筹发展和安全、开放和安全的重要举措。美国和欧盟已制定关于外商投资安全审查方面的单独法律,中国《2021年安审办法》是根据新时代外资进入中国的国际背景和中国国情所制定的。早在《2021年安审办法》公布之前,中国已有相关立法和实践。2007年全国人大常委会颁布的《反垄断法》第三十一条规定:"对外资并购境内企业或者以其他方式参与经营者集中,涉及国家安全的,除依照本法规定进行经营者集中审查外,还应当按照国家有关规定进行国家安全审查。"2015年《关于印发自由贸易试验区外商投资国家安全审查试行办法的通知》(简称《自贸区安审法》)即为中国关于外商投资国家安全审查方面最早的专门性立法。质言之,《反垄断法》和《自贸区安审法》为《2021年安审办法》的制定与实施奠定了基础。

《2021年安审办法》的适用对象既包括外商直接投资,也包括间接投资,具体包括三种情况:(1)外国投资者单独或者与其他投资者共同在境内投资新建项目或者设立企业;(2)外国投资者通过并购方式取得境内企业的股权或者资产;(3)外国投资者通过其他方式在境内投资。[1] 在审查工作机制方面,国家建立了外商投资安全审查工作机制(简称"工作机制"),负责组织、协调、指导外商投资安全审查工作。工作机制办公室设在国家发改委,由国家发改委、商务部牵头,承担外商投资安全审查的日常工作。[2] 在审查范围方面,《2021年安审办法》要求"外国投资者或者境内相关当事人(以下统称当事人)应当在实施投资前主动向工作机制办公室申报:(一)投资军工、军工配套等关系国防安全的领域,以及在军事设施和军工设施周边地域投资;(二)投资关系国家安全的重要农产品、重要能源和资源、重大装备制造、重要基础设施、重要运输服务、重要文化产品与服务、重要信息技术和互联网产品与服务、重要金融服务、关键技术以及其他重要领域,并取得所投资企业的实际控制权"[3]。除了当事人可以自行申报审查外,"有关机关、企业、社会团体、社

---

[1] 《外商投资安全审查办法》第二条。
[2] 《外商投资安全审查办法》第三条。
[3] 《外商投资安全审查办法》第四条。

公众等认为外商投资影响或者可能影响国家安全的,可以向工作机制办公室提出进行安全审查的建议"[①]。在审查类别方面,《2021年安审办法》规定了一般审查和特别审查两种形式,"经一般审查,认为申报的外商投资不影响国家安全的,工作机制办公室应当作出通过安全审查的决定;认为影响或者可能影响国家安全的,工作机制办公室应当作出启动特别审查的决定。"[②]关于审查结果,"工作机制办公室对申报的外商投资作出通过安全审查决定的,当事人可以实施投资;作出禁止投资决定的,当事人不得实施投资,已经实施的,应当限期处分股权或者资产以及采取其他必要措施,恢复到投资实施前的状态,消除对国家安全的影响;作出附条件通过安全审查决定的,当事人应当按照附加条件实施投资"[③]。

在中国资本走出国境层面,中国商务部于2009年公布了《境外投资管理办法》,2014年商务部修改了该办法。2014年《境外投资管理办法》共有39个条款,分为总则、备案和核准、规范和服务、法律责任、附则五个章节。其中,境外投资是指在"中华人民共和国境内依法设立的企业(以下简称企业)通过新设、并购及其他方式在境外拥有非金融企业或取得既有非金融企业所有权、控制权、经营管理权及其他权益的行为"[④]。关于境外投资的总体法律要求,该管理办法明确规定,"企业境外投资不得有以下情形:(一)危害中华人民共和国国家主权、安全和社会公共利益,或违反中华人民共和国法律法规;(二)损害中华人民共和国与有关国家(地区)关系;(三)违反中华人民共和国缔结或者参加的国际条约、协定;(四)出口中华人民共和国禁止出口的产品和技术"[⑤]。商务部和省级商务主管部门通过"境外投资管理系统"进行管理。企业境外投资涉及敏感国家和地区、敏感行业的,实行核准管理;对于其他情形的境外投资,实行备案管理。[⑥]"实行核准管理的国家是指与中华人民共和国未建交的国家、受联合国制裁的国家。必要时,商务部可另行公布其他实行核准管理的国家和地区的名单。实行核准管理的行业是指涉及出口中华人民共和国限制出口的产品和技术的行业、影响一国(地区)以上利益的

[①] 《外商投资安全审查办法》第十五条。
[②] 《外商投资安全审查办法》第八条。
[③] 《外商投资安全审查办法》第十二条。
[④] 2014年《境外投资管理办法》第二条。
[⑤] 2014年《境外投资管理办法》第四条。
[⑥] 2014年《境外投资管理办法》第六条。

行业。"① 值得注意的是,中央企业从事境外投资活动还需遵守《中央企业境外投资监督管理办法》的规定。《中央企业境外投资监督管理办法》由国务院国有资产监督管理委员会于 2017 年发布,共有 32 个条款。其中,"中央企业是指国务院国有资产监督管理委员会(以下简称国资委)代表国务院履行出资人职责的国家出资企业"②。"国资委按照以管资本为主加强监管的原则,以把握投资方向、优化资本布局、严格决策程序、规范资本运作、提高资本回报、维护资本安全为重点,依法建立信息对称、权责对等、运行规范、风险控制有力的中央企业境外投资监督管理体系,推动中央企业强化境外投资行为的全程全面监管。"③

近年来,中国企业境外投资步伐明显加快,规模和效益显著提升,为带动相关产品、技术、服务"走出去",促进国内经济转型升级,深化与相关国家互利合作,推进"一带一路"建设和开展国际产能合作发挥了重要作用。当前国际、国内环境正在发生深刻变化,中国企业开展境外投资既存在较好机遇,也面临诸多风险和挑战。为加强对境外投资的宏观指导,进一步引导和规范境外投资方向,推动境外投资持续合理有序健康发展,有效防范各类风险,更好地适应国民经济与社会发展需要,国家发展改革委、商务部、人民银行、外交部于 2017 年联合制定了《关于进一步引导和规范境外投资方向的指导意见》。该指导意见规定了限制开展的境外投资,包括(1)赴与中国未建交、发生战乱或者中国缔结的双多边条约或协议规定需要限制的敏感国家和地区开展境外投资;(2)房地产、酒店、影城、娱乐业、体育俱乐部等境外投资;(3)在境外设立无具体实业项目的股权投资基金或投资平台;(4)使用不符合投资目的国技术标准要求的落后生产设备开展境外投资;(5)不符合投资目的国环保、能耗、安全标准的境外投资。④ 其中,对于前三项境外投资,须经境外投资主管部门核准。禁止开展的境外投资是指禁止境内企业参与危害或可能危害国家利益和国家安全等的境外投资,包括(1)涉及未经国家批准的军事工业核心技术和产品输出的境外投资;(2)运用中国禁止出口的技术、工艺、产品的境外投资;(3)赌博业、色情业等境外投资;(4)中国缔结或参加的国际条

---

① 2014 年《境外投资管理办法》第七条。
② 《中央企业境外投资监督管理办法》第二条。
③ 《中央企业境外投资监督管理办法》第三条。
④ 《关于进一步引导和规范境外投资方向的指导意见》第四条。

约规定禁止的境外投资;(5) 其他危害或可能危害国家利益和国家安全的境外投资。[①] 为强化安全保障,中国有关部门定期发布《国别投资经营便利化状况报告》,加强对企业赴高风险国家和地区投资的指导和监督,及时警示和通报有关国家政治、经济和社会重大风险,提出应对预案和防范措施,切实维护我国企业境外合法权益。督促企业开展境外项目安全风险评估,做好项目安全风险预测应对,建立完善安保制度,加强安保培训,提升企业境外投资安全风险防范能力。[②]

关于中国企业境外发行证券和上市的投资行为,国务院于1994年就已经发布了《关于股份有限公司境外募集股份及上市的特别规定》(简称《特别规定》)。但随着国内外投资法律环境变化,《特别规定》已不能很好适应市场发展和高水平对外开放需要,于是中国证监会会同有关部门对《特别规定》实施情况进行了认真总结和评估,针对现行制度短板和市场发展实际需要,提出了全面修订《特别规定》、统一制定规范境内企业直接和间接境外上市活动法规的工作思路,并起草形成了《国务院关于境内企业境外发行证券和上市的管理规定(草案征求意见稿)》(简称《管理规定(草案)》)。《管理规定(草案)》内容共五章二十八条,主要内容如下:在适用范围方面,该《管理规定(草案)》适用于境内企业在境外发行股票、存托凭证、可转换为股票的公司债券或者其他具有股权性质的证券,或者将其证券在境外上市交易的行为。[③] 在国家安全方面,境内企业境外发行上市应当严格遵守外商投资、网络安全、数据安全等国家安全法律法规和有关规定,切实履行国家安全保护义务。涉及安全审查的,应当依法履行相关安全审查程序;国务院有关主管部门可以要求剥离境内企业业务、资产或采取其他有效措施,消除或避免境外发行上市对国家安全的影响。[④] 在公司治理方面,境外发行上市的境内企业应当根据《公司法》《会计法》等法律法规制定章程,完善内部控制制度,规范公司治理和财务、会计行为;应当严格遵守国家法律法规和有关规定,建立健全保密制度,采取必要措施落实保密责任,不得泄露国家秘密,不得损害国家安全和公共

---

① 《关于进一步引导和规范境外投资方向的指导意见》第五条。
② 《关于进一步引导和规范境外投资方向的指导意见》第六条第四款。
③ 《国务院关于境内企业境外发行证券和上市的管理规定(草案征求意见稿)》第二条。
④ 《国务院关于境内企业境外发行证券和上市的管理规定(草案征求意见稿)》第八条。

利益。① 在监管协作上,一方面明确国务院证券监督管理机构依法对境内企业境外发行上市活动实施监督管理,另一方面完善跨境证券监管合作安排,境内证券监管机构将与境外证券监管机构建立备案信息通报机制,加强跨境证券监管执法合作,共同打击跨境违法违规行为。应注意的是,截至2022年1月1日,该《管理规定(草案)》仍处在向社会公开征求意见阶段,最终法律文本包含哪些具体条目尚未确定。

---

① 《国务院关于境内企业境外发行证券和上市的管理规定(草案征求意见稿)》第九条、第十六条。

第十二章　贸易安全法治

贸易安全法治是指以法治手段处理与贸易相关的安全问题。就文字表述而言，"贸易安全法治"包含"贸易安全"和"法治"两个关键词。其中，安全包含国家安全、社会安全、公民安全三个维度，本章主要从国家安全角度阐释贸易安全法治。准确理解贸易安全法治需要首先理解贸易安全的概念和内容，然后结合法治知识理解贸易安全法治的内涵和外延。

第一节　贸易安全

一、贸易安全概念

贸易是指商品或货物的买卖，包括国内贸易和国际贸易两个层面。无论是国内贸易还是国际贸易，均需要和平的贸易环境、便利的贸易条件、公平的贸易制度为其可持续发展提供保障。同时，良好的贸易交往能够增进买卖双方之间建立友好、信任的贸易关系，良好的国际贸易往来能够促进不同国家之间的和平共处与繁荣发展。随着科技进步与全球化的发展，贸易不再局限于传统的货物贸易，而是涵盖服务贸易、技术贸易、数字贸易等领域，国际市场成为全球资源流通与配置的重要工具，跨境贸易日益频繁和复杂。

贸易安全，通常指一个国家的国际贸易发展所面临的国内外环境、参与国际竞争促进本国经济发展和提高本国人民生活水平的能力，及其为本国带来的相应的国际经济和政治地位。[①] 一个国家是否能够达到贸易安全，与该国的经济实力和所处的国际环境息息相关。对于发展中国家而言，由于经济实力和科学技术不发达，因此往往处于全球产业链低端而难以在国际贸易中获得较高利润。比较而言，发达国家处于全球产业链高端，能够依赖先进科技垄断国际贸易高端产品市场，更易获得高额利润。然而，无论是发展中国

---

① 匡增杰、孙浩：《贸易安全的理论框架：内涵、特点与影响因素分析》，载《海关与经贸研究》2016年第4期；何传添：《加入WTO有利于中国的贸易安全》，载《国际经贸探索》2002年第1期。

家还是发达国家,均面临着局部武装冲突、恐怖袭击、金融危机、国际公共卫生紧急事件等对正常国际贸易的影响。

二、国际社会关于贸易安全的思考演变

国际社会对贸易安全问题的思考,可追溯至第一次世界大战期间。一战严重损害了欧洲劳动力及其生产能力,战后的欧洲各国在仇恨和互不信任中坚持采取自利的经贸政策,关税措施被用来维持一战期间所产生的军工产业或刺激建立新的军工产业。《凡尔赛条约》所确立的种族边界、原材料供应与消费中心的分隔,不利于欧洲工业生产的有序恢复。1923—1924年间,欧洲工业生产水平仅恢复至战前的60%至70%。[①] 美国在一战之初采取"中立"政策,直至1917年对德宣战,其参与战争的一个重要原因是维持美国对英法两国出口贸易所带来的经济繁荣。[②] 一战促使美国出口贸易得以大幅增长,刺激了美国造船业、化工业、汽车产业、铁路业等蓬勃发展,同时催生美国成为世界工厂,由战前的债务国转变为战后的债权国。[③] 因此,战争和贸易之间有着微妙关系,战争可能危害一国对别国的出口贸易安全,也可能催生一国为捍卫本国贸易安全而采取武力措施。

一战后,德国经济受到巨大破坏,通货膨胀问题在1918—1923年间格外严重,德国无力偿还战争赔款。1924年,协约国制订了"道威斯计划",旨在通过恢复德国经济来提高德国的赔偿能力。[④] 美、英、俄怀着不同的经济目的扶植德国经济复苏,德国借此重振本国工业发展与对外贸易,积累了再次发动战争的工业基础。1929—1933年世界经济危机严重打击了德国通过外债和对外贸易所复苏的经济,德国统治阶级希望建立强有力的政府来摆脱凡尔赛条约体系对本国的束缚,这为希特勒上台提供了千载难逢的机会。[⑤]

二战的爆发促使人们思考如何实现持久和平。美国时任总统罗斯福和国务卿赫尔曾于1940年强调,自由贸易政策是奠定未来持久世界和平所不可

---

① Simon Litman, The Effects of the World War on Trade, *The Annals of the American Academy of Political and Social Science*, Vol. 127, 1926, p. 24.
② 邓兴普:《美国参加第一次世界大战的原因探析》,载《历史学习》2010年第1期。
③ 高芳英:《第一次世界大战对美国经济的影响》,载《苏州大学学报》1998年第3期。
④ 田洪远、赖宝成:《简析德国发动二战的经济因素》,载《社科纵横》2015年第5期。
⑤ 同上。

或缺的部分。① 国际经济学家詹姆斯·米德于1940年出版《持久和平的经济基础》,其中同样指出了自由贸易对世界和平的贡献。美国于二战后成为世界首屈一指的经济强国,领导并重塑战后的世界经济秩序。1944年布雷顿森林会议及1947年《哈瓦那宪章》将削减贸易壁垒、防止各国货币贬值、改善就业作为战后国际经济秩序重建的目标。战后所建立的国际货币基金组织旨在稳定国际汇率,通过提供短期贷款来缓解其成员国际收支平衡;世界银行成立的直接目的是为欧洲战后经济重建提供贷款援助,后来则成为不发达国家获取贷款的重要途径。战后所设想的国际贸易组织因未获美国批准而流产,但《关税与贸易总协定》作为削减贸易壁垒的临时机制得以长期存在。欧洲于二战后为防止战争冲突设立了欧洲煤钢共同体。法国时任外交部部长罗伯特·舒曼在1950年提议设立欧洲煤钢共同体时阐释:区域融合不仅将使战争变得无法想象,还将使战争在事实上变得不具有可能性,设立欧洲煤钢共同体将迈出区域融合的第一步。1957年,欧洲通过《罗马条约》创建了欧洲经济共同体,形成了欧洲"共同市场",并逐渐演变为欧盟。虽然二战之后局部战争仍时有爆发,但至今尚未爆发大规模的世界战争,这在一定程度上得益于国际贸易与经济融合为世界和平所做出的贡献。

二战结束后,国际社会形成了以苏联和美国为主导的社会主义和资本主义两大阵营。美国外交官乔治·凯南在1945年给同事的私人信函中指出,苏联在战争结束后将由盟国转变为对手,苏联将根据自己的安全观向欧洲西部扩张,美国应巩固其保护之下的西欧势力范围并赋予西欧足够的力量和凝聚力,以维护地缘政治平衡。② 此即美国在冷战期间的战略构想。1947年美国杜鲁门主义的出台,标志着冷战开始。贸易管制和贸易禁运成为冷战时期国际政治斗争的工具。1949年,美国提议成立"巴黎统筹委员会"(简称"巴统"),成员国为包括英国、日本、加拿大、法国、澳大利亚等在内的17个国家,目的是限制成员国向社会主义国家出口战略物资和高科技。其中,巴统将禁运物资分为四类:一是绝对禁运,如武器和原子能物资;二是数量管制物资;三是监视物资;四是朝鲜战争爆发后专门针对中国制定的禁运清单。③ 到

---

① 金卫星:《二战期间美国筹建战后世界多边自由贸易体系的历程》,载《史学月刊》2003年第12期。
② 〔美〕亨利·基辛格:《世界秩序》,胡利平、林华、曹爱菊译,中信出版社2015年版,第371页。
③ 李星:《冷战时代对社会主义阵营的遏制 巴黎统筹委员会的前世今生》,载《国家人文历史》2020年第4期。

1953年,美国向社会主义国家的出口贸易事实上已经停止。① 与之相对照,美国于二战结束后首先对德国、日本等国予以经济援助;随着"冷战"的发展,美国出台了马歇尔计划,旨在通过援助使西欧经济得到复兴,消除西欧经济壁垒,获得西欧市场,同时保证西欧政局稳定,以利用西欧抗衡苏联。② 1989年柏林墙倒塌,两德统一,这标志着苏联政策失败。1991年苏联解体,标志着冷战结束。

中华人民共和国成立伊始,面临着冷战背景下的西方国家对华贸易封锁压力。中华人民共和国设立的第一家全国性外贸专业总公司是中茶公司,该公司成立于1949年,在英、法、日等国设立茶叶贸易机构,开展茶叶商品的对外贸易,以民间贸易方式打破了中国同其他国家之间的隔阂,为中国积累了外汇储备,以出口换进口,为中国进口战略物资及引进机械设备提供了基础条件。③中华人民共和国成立初期的经济体制受苏联经济体制的影响,实行高度集中的计划经济体制,主要依靠国内积累优先发展重工业,同时通过农产品、矿产品等初级产品出口换取重工业建设所需的生产资料,因此,中华人民共和国成立初期的对外贸易并不发达。④ 而中国实施改革开放的前二十年,中国对外贸易主要集中在劳动力密集型产业,出口产品的技术含量不高。自2001年中国加入WTO以来,中国对外贸易产品结构更加优化,同时取得了瞩目成绩。2020年,中国贸易额达32.16万亿元人民币,成为全球外贸第一大国。值得注意的是,恐怖主义对国际贸易安全的威胁仍然存在;新冠疫情正在加剧全球产业链重构,贸易保护频发,全球贸易理念在贸易自由与贸易公平的基础上加入了更多的贸易安全元素。

第二节　贸易安全法治的双重维度

贸易安全法治要求贸易安全领域实施良法善治,而不是借贸易安全之名、行贸易保护之实。贸易安全法治与贸易安全息息相关,没有良好的贸易

---

① Herbert Schiller, Some Effects of the Cold War on United States Foreign Trade, *The Review of Economics and Statistics*, Vol. 37, 1955, p. 428.
② 徐煜:《马歇尔计划与战后西欧的联合》,载《理论月刊》2005年第5期。
③ 徐德顺:《中国共产党领导下的百年对外经贸重要事件述评》,载《对外经贸实务》2021年第8期。
④ 刘国光:《改革开放前的中国的经济发展和经济体制》,载《中共党史研究》2002年第4期。

安全法治,贸易安全则无法保障。贸易安全法治涉及国际和国内两个层面的法治建设。诚然,国际社会不存在类似主权国家这样拥有完备立法、执法、司法权限的超国家组织,对于是否存在国际法治尚存争议。但不可否认,WTO、区域贸易协定、双边贸易协定等构成了国际层面有关贸易治理的重要法治要素。同时,贸易安全法治深受各国贸易理念、贸易政策和对外贸易法律的影响。

一、关于贸易安全的国际法治

在国际立法方面,二战后的国际贸易条约对贸易问题和安全问题采取二分法予以规制,即贸易条约包含安全例外条款,对贸易问题和安全问题做出区分,缔约方仅在认为存在威胁自身安全的情况下方可采取贸易限制措施。[①] 1947年《关税与贸易总协定》(简称"GATT1947")第二十一条规定:"本协定不得解释为:1. 要求任何缔约国提供其根据国家基本安全利益认为不能公布的资料;或 2. 阻止任何缔约国为保护国家基本安全利益对有关下列事项采取其认为必须采取的任何行动:(1)裂变材料或提炼裂变材料的原料,(2)武器、弹药和军火的贸易或直接和间接供军事机构用的其他物品或原料的贸易,(3)战时或国际关系中的其他紧急情况;或 3. 阻止任何缔约国根据《联合国宪章》为维持国际和平和安全而采取行动。"该条中的"安全"概念主要是指与军事和战争相关的传统安全。之后,GATT1947第二十一条被1994年《关税与贸易总协定》(简称"GATT1994")吸收,成为其第二十一条。在WTO成立之后所达成的众多区域贸易协定中,多数协定都援引或借鉴了GATT1994第二十一条,如2017年生效的欧盟与澳大利亚之间的《全面经济与贸易协定》第二十八条第六款与GATT1994第二十一条规定相差无几。

在国际司法方面,国际争端解决机构是否有权对贸易安全争议做出裁判,仍是国际法学界存在争议的问题。贸易安全与国家安全息息相关,是国际贸易中的敏感问题。各国普遍认为,对于一项贸易措施是否因威胁国家安全而升级为安全问题,属于一国行使主权的自我判断范畴,其他国家或国际组织无权对其做出评判。在WTO成立之后的二十余年间,各WTO成员在援引GATT1994第二十一条安全例外方面一直采取克制态度,因为一旦广泛

---

① J. Benton Heath, The New National Security Challenge to the Economic Order, *The Yale Law Journal*, Vol. 129, 2020, pp. 1025-1026.

援引安全例外条款,则该条款即有被滥用的风险,"以邻为壑"的贸易限制措施可能因此盛行,这将重创各成员一直以来为削减贸易壁垒所做出的努力。2016年9月14日,乌克兰就俄罗斯限制其货物转运的措施诉至WTO争端解决机构,即"乌克兰诉俄罗斯与转运有关的措施"案。该案成为WTO历史上首个关于国家安全争议的贸易案件。2019年4月5日,WTO专家组就该案发布专家组报告;2019年4月26日,WTO争端解决机构通过了专家组报告。鉴于WTO法律体系下不存在普通法体系中的遵循先例原则,专家组对本案作出的裁定并不能约束WTO中的后续类似案件判决,但该案揭示了与贸易相关的国家安全问题在国际司法中的发展现状。

"乌克兰诉俄罗斯与转运有关的措施"案中的争议措施为:自2016年1月1日,俄罗斯要求乌克兰不得采用公路或铁路将乌克兰运至哈萨克斯坦的货物通过乌克兰与俄罗斯之间的边境运输,此等运输只能通过白俄罗斯与俄罗斯边境、俄罗斯与哈萨克斯坦边境的具体控制点转运,同时需接受额外认证检查;自2016年7月1日,俄罗斯完全禁止乌克兰通过公路和铁路转运特定农产品和原料至哈萨克斯坦;这些限制措施后来扩展至乌克兰向吉尔吉斯斯坦、蒙古、塔吉克斯坦、土库曼斯坦和乌兹别克斯坦等国的货物运输。乌克兰认为俄罗斯的这些限制措施违反其在GATT1994第五条及其在《俄罗斯入世议定书》中作出的相关承诺,同时认为俄罗斯对于这些限制措施的公布和实施方式不符合GATT1994第十条及其在《俄罗斯入世议定书》项下的承诺。俄罗斯并未具体反驳乌克兰所提出的法律问题和事实证据,而是援引GATT1994中的安全例外条款即第二十一条第二款第三项的规定,并认为有必要采取限制措施来应对2014年所发生的危害俄罗斯基本安全利益的突发事件,即2014年俄罗斯与乌克兰之间所发生的武装冲突;同时认为WTO专家组对与贸易相关的国家安全问题无管辖权,即安全例外条款属于各WTO成员"自主裁决"条款,WTO争端解决机构对其无管辖权。澳大利亚、巴西、加拿大、中国、欧盟、日本等十个WTO成员作为第三方参与了该案并提交了第三方意见。其中,仅美国认为专家组对安全例外条款无管辖权,其他第三方均认为专家组有管辖权。专家组认为安全例外条款不属于"自主裁判"条款,但成员对自身基本安全利益的判断属于"自主裁判"内容;然而,成员为保护基本安全利益而在采取贸易限制措施时应遵守"善意"原则,成员援引安全例外条款时是否满足具体款项规定需由专家组作出客观判断。① 最终,专家组认定2014年俄罗斯与乌克兰之间的武装冲突属于安全例外条款第二十一条第二款第三项所规定的国际关系中的紧急情况,俄罗斯采取的各项转运限制措施符合第三项规定,同时满足第二十一条的序言规定。

二、关于贸易安全的国内法治

在国内法方面,多数国家和地区的贸易立法均含有国家安全方面的规定。美国是较早对贸易相关的国家安全问题进行立法的国家之一,限制出口或限制进口是美国用以维护国家安全而惯常采用的贸易管制措施。但是,这些措施或相关立法是否具有正当性,尚存较大争议。早在一战期间,美国国会就于1917年通过了《对敌贸易法》(Trading with the Enemy Act),该法旨在限制与敌国之间的贸易往来,赋予总统在战争期间监督或限制与敌国之间进行贸易往来的权力。② 二战期间,美国国会于1940年通过了《特定物品出口限制法》(Exportation Restrictions on Certain Articles),该法授权总统为国防目的而禁止或减少军事武器及相关物资的出口。③ 1949年,美国国会通过了《出口管制法》(Export Control Act),从国家安全和经济供给两个视角限制稀有物资出口,特别是限制战略物资或军事物资向苏联阵营国家出口。④ 冷战期间,美国曾出台1962年《贸易扩展法》(Trade Expansion Act),旨在刺激美国经济增长、维持并扩大美国农业、工业、矿业和商业产品的海外市场,通过在资本主义国家开放与非歧视性的贸易发展来加强美国与其他国家之间的经济关系,阻止共产主义经济渗透。1974年,美国出台了系统完整的《贸易法》,虽然该法的立法目的包括建立公平公正的国际贸易关系,但其中的第三百零一条至第三百一十条(简称"301条款")存在滥用风险,进而容易威胁到

---

① 徐程锦:《WTO安全例外法律解释、影响与规则改革评析——对"乌克兰诉俄罗斯与转运有关的措施"(DS512)案专家组报告的解读》,载《信息安全与通信保密》2019年第7期。
② Trading with the Enemy Act of 1917, https://www.govinfo.gov/content/pkg/USCODE-2011-title50/html/USCODE-2011-title50-app-tradingwi.htm,2021年10月15日访问。
③ Press Release Issued by the Department of State, July 17, 1941, https://history.state.gov/historicaldocuments/frus1941v06/d313, 2021年10月1日访问。
④ Paul H. Silverstone, The Export Control Act of 1949: Extraterritorial Enforcement, *University of Pennsylvania Law Review*, Vol. 107, 1959, p. 332.

其他国家的贸易安全。① 特朗普执政时期,美国贸易政策被注入了更多的安全竞争因素,并将"经济安全就是国家安全"作为国家战略原则。②

《中华人民共和国对外贸易法》(简称《对外贸易法》)于 1994 年通过,该法为中国贸易安全规制提供了总体法律框架。1994 年《对外贸易法》规定,对于危害国家安全的货物、技术或服务,国家可以实施进口与出口管制措施,包括限制或禁止相关进出口贸易。③ 之后,《对外贸易法》历经 2004 年、2016 年两次修改,现行《对外贸易法》在完善原有规定的基础上增加了贸易安全预警规定,要求国务院对外贸易主管部门和国务院其他有关部门应当建立货物进出口、技术进出口和国际服务贸易的预警应急机制,以应对对外贸易中的突发和异常情况,维护国家经济安全。④ 2014 年 4 月,习近平总书记在国安委第一次全体会议上首次正式提出"总体国家安全观",指出经济安全是国家安全的重要内容之一。2015 年 1 月,中共中央政治局审议通过《国家安全战略纲要》,指出要把法治贯穿于维护国家安全的全过程。⑤ 2015 年 7 月,全国人大常委会修订并发布《国家安全法》,其中明确指出国家安全工作应当坚持总体国家安全观,经济安全是国家安全工作的基础。⑥ 随着国际经济形势演变及美国政府对华实施贸易制裁措施,中国为维护贸易安全于 2021 年分别公布了《阻断外国法律与措施不当域外适用办法》和《中华人民共和国反外国制裁法》。

第三节 贸易安全法治面临的挑战

贸易安全法治涉及 WTO 多边贸易机制、区域贸易协定、国内贸易法律等各个层面,但凡其中一个层面的法律规定或法律运行出现问题,就可能损害某个国家甚至整个国际社会的贸易安全法治。改革开放以来,中国经济建设取得了举世瞩目的成就,但同时也引发了以美国为代表的西方国家对中国崛

---

① 冯雪薇:《美国对中国技术转让有关措施的"301 条款调查"与 WTO 规则的合法性》,载《国际经济法学刊》2018 年第 4 期。
② 孙昭:《在安全竞争背景中回归权力导向的国际贸易秩序——美国贸易政策转向对国际贸易规则的影响》,载《武大国际法评论》2020 年第 4 期。
③ 1994 年《对外贸易法》第十六条至第十七条、第二十四条至第二十五条。
④ 2016 年《对外贸易法》第四十九条。
⑤ 《中共中央政治局召开会议 审议通过〈国家安全战略纲要〉》,http://cpc.people.com.cn/n/2015/0123/c64094-26440906.html,2021 年 10 月 1 日访问。
⑥ 2015 年《国家安全法》第三条。

起的焦虑。自 2017 年以来,美国不仅对中国实施贸易制裁措施,同时还阻碍 WTO 上诉机构法官选任,导致 WTO 争端解决机构无法运行。此外,美国还有意联合其他国家在区域协定中推行含有排斥中国的贸易条款。这一系列措施都在挑战中国的贸易安全法治。

一、贸易安全法治在多边层面面临的挑战

在多边层面,WTO 争端解决机构因美国破坏而陷入瘫痪,这阻碍了 WTO 成员以和平方式解决国际贸易争端,同时削减了多边国家贸易法律规制的确定性和可预期性,不利于贸易安全法治建设。美国曾于奥巴马执政时期阻止上诉机构法官连任,该职位在由 WTO 成员一致同意后得以补选。特朗普执政后,美国继续阻挠上诉机构法官选任,最终导致上诉机构法官人数少于法定最低名额而于 2019 年 11 月彻底陷入瘫痪。拜登执政后,美国并未改变阻挠上诉机构法官选任的做法,WTO 争端解决机构也因上诉机构停摆而一直不能发挥其定纷止争功能。对于一直阻挠上诉机构法官选任,美国给出的主要理由是上诉机构越权。美国对上诉机构的批评包括:(1) 上诉机构未遵循审理期限限制;(2) 上诉机构不应允许任职期限已满的法官继续审理先前尚未审结的案件;(3) 上诉机构不应审查专家组就事实争议所得出的结论;(4) 上诉机构不应超出当事人诉求而在上诉机构报告中出具咨询建议;(5) 上诉机构不应将先前裁决作为对后续裁决有约束力的先例;(6) 对于专家组设立后而终止的争议措施,上诉机构不应拒绝对这些措施的 WTO 合规性作出裁决;(7) 上诉机构侵蚀 WTO 其他机构的权限。[①] 值得注意的是,自多哈回合谈判以来,WTO 各成员就面临难以就新的贸易议题谈判达成一致意见的情况,这导致 WTO 在立法方面停滞不前,不能有效回应科技与社会进步所出现的新贸易议题。因此,WTO 确实存在体制性缺陷。美国阻挠上诉机构法官选任的做法虽然能够加强各成员改革 WTO 的决心,但美国对上诉机构的批评失之偏颇,对 WTO 上诉机构的破坏损害了 WTO 权威,更不能从

[①] Nina M. Hart and Brandon J. Murrill, The World Trade Organization's (WTO's) Appellate Body: Key Disputes and Controversies, https://crsreports.congress.gov/product/pdf/R/R46852, 2021 年 11 月 1 日访问。

根本上解决 WTO 体制问题。①

国际突发事件同样对贸易安全法治提出挑战,恐怖分子袭击、公共卫生紧急事件等均会影响贸易的安全性与流通性,同时挑战贸易安全法治建设。自"9·11 事件"以来,各国转变了贸易安全仅受市场波动影响的认识,将其与跨国犯罪等共同视为对贸易安全的首要威胁,②此类威胁公然挑战了贸易安全法治建设。恐怖主义已成为所有贸易活动的潜在威胁。各国为应对恐怖活动不得不采取更严格的过境安检措施,这不仅使自然人跨境活动变得不那么便利,更增加了跨境贸易的交易成本。③而关于公共卫生紧急事件,2020 年初新冠疫情暴发,国际卫生组织随即于 2020 年 1 月 30 日宣布新冠疫情构成国际公共健康紧急事件。全球陷入医疗资源紧缺状态,口罩、防护服、疫苗等医用物资列入一些国家贸易管制范畴。数量限制是疫情期间常见的出口限制措施,此类措施是否符合 WTO 规定尚存争议。但毋庸置疑,这些限制措施是本国利益优先的产物,损害了国际贸易的可预期性,加剧了各国及其人民对医用物资短缺的担忧。对于疫苗生产而言,这种措施不仅会使得用于生产疫苗的进口原材料受到限制,也会使临床试验面临着试剂和设备不足问题,其中所涉的审批程序也会因受到影响而迟延,这阻碍了疫苗的快速生产及其跨国流通,严重威胁缺乏疫苗生产能力国家的公共安全。④

二、贸易安全法治在区域层面面临的挑战

在区域层面,某些区域协定中会含有国别歧视条款或不公平贸易措施条款,这些条款威胁了国际贸易的顺利进行,对贸易安全及其法治建设造成挑战。《美墨加协定》即是典型例证。⑤《美墨加协定》第三十二条第十款专门针

---

① 何勇、柯欢怡:《WTO 多边贸易体制的困境与解决方案研究——以 USTR〈上诉机构报告〉为切入点》,载《经贸法律评论》2021 年第 3 期;Henry Gao, Disruptive Construction or Constructive Destruction? Reflections on the Appellate Body Crisis, in Chang-fa Lo, Junji Nakagawa, Tsai-fang Chen (eds.), *The Appellate Body of the WTO and Its Reform*, Springer, 2020, pp. 215-238.
② 陈苏明:《全球供应链管理与国际贸易安全》,上海人民出版社 2016 年版,第 206 页。
③ Daniel Mirza and Thierry Verdier, International Trade, Security and Transnational Terrorism: Theory and a Survey of Empirics, *Journal of Comparative Economics*, Vol. 36, 2018, p. 180.
④ Indicative list of Trade-Related Bottlenecks and Trade-Facilitating Measures on Critical Products to Combat COVID-19, https://www.wto.org/english/tratop_e/covid19_e/bottlenecks_update_oct21_e.pdf, 2021 年 10 月 31 日访问。
⑤ 2017 年,美国、加拿大、墨西哥重启"北美自由贸易协定"谈判;2018 年,三国签署《美墨加协定》;2020 年,该协定生效。

对缔约方与非市场经济国家之间签署自由贸易协定作出规制：(1) 谈判通知义务，即任一缔约方应在与非市场经济国家进行自贸协定谈判开始前的至少三个月内通知其他缔约方。而对于非市场经济国家的界定是，只要其中一个缔约方依据本国贸易救济法而将其认定为非市场经济国家，且与之没有自贸协定，即可将该国家认定为《美墨加协定》项下的非市场经济国家。(2) 信息披露义务，即一经申请，缔约方应尽可能提供其与非市场经济国家开展自贸协定谈判目的的相关信息；同时，该缔约方应尽早且于新协定签署之日起的30日之前，向其他缔约方提供所涉自贸协定的文本全文，包括任何附件和附文，供其他缔约方审查并评估其与非市场经济国家即将签署的自贸协定对《美墨加协定》可能造成的影响。(3) 赋予其他缔约方退出《美墨加协定》并以双边协定取代的权利。一旦任何缔约方与非市场经济国家签署自贸协定，其他缔约方在 6 个月通知后即可终止《美墨加协定》，并以双边协定取代《美墨加协定》。双边协定将包含《美墨加协定》内容，但双边协定缔约方可以排除其认为不适用于两者之间的内容；一旦双方对排除内容达不成一致意见，即面临着经贸关系破裂的风险。[①] 第三十二条第十款规定一方面加重了缔约方与非市场经济国家进行自贸协定谈判的负担，另一方面对非市场经济国家的认定具有武断性。有学者认为，该条款的设置目的并非追求缔约方之间的共同福利和相互利益，而是美国为防止中国对国际经济关系的影响而有意针对中国设计的，其实质是美国意图实现地缘经济与地缘政治的工具。[②]

三、贸易安全法治在单边层面面临的挑战

在单边层面，经济强国的经济政策或贸易措施具有较强的溢出效应，能够直接或间接影响国际贸易安全及其法治建设。美国是实施单边经济制裁最为活跃的国家。由于这些制裁措施未获得联合国或 WTO 等多边国际组织授权，因此在合法性和正当性方面存在疑问。自特朗普执政后，美国奉行"美国优先"政策，对中国许多企业、个人和军队部门实施单边经济制裁，这些措施正在挑战国际贸易安全法治与中国贸易安全法治。其中，美国依据"301 条

---

① 孙南翔：《〈美墨加协定〉对非市场经济国的约束及其合法性研判》，载《拉丁美洲研究》2019 年第 1 期。
② Geraldo Vidigal, A Really Big Button That Doesn't Do Anything? The Anti-NME Clause in US Trade Agreements Between Law and Geoeconomics, *Journal of International Economic Law*, Vol. 23, 2020, pp. 46-47.

款"对中国实施贸易制裁措施的行为,引发了美中贸易摩擦。"301 条款"授权美国贸易代表就其他国家的法律、政策、行为进行调查,一旦认定被调查国家违反某一贸易协定或不公正地损害或限制美国商业,贸易代表则需寻求被调查国家为美国商业损失提供补偿或请求被调查国家取消相关贸易措施;若贸易代表与被调查国家不能达成解决方案,美国即可对被调查国家实施制裁措施。WTO 成立后,美国鲜少采用"301 条款",而是会将相关贸易争议提交至 WTO 争端解决机构。然而,特朗普政府背离 WTO 多边机制,采取了"301 条款"实施单边制裁措施。2017 年 8 月,特朗普指示美国贸易代表对中国进行调查。2018 年 3 月,特朗普签署《与 301 调查相关的美国行动备忘录》,其中认为中国实施"经济侵略",具体指控包括:(1) 中国利用企业合资要求、行政审查、许可程序强制或迫使美国企业将技术转让给中国实体;(2) 中国采取不公平专利许可行为,阻碍美国公司获取以市场为基准的专利汇报;(3) 为支持中国产业政策目标,中国鼓励那些能够产生大规模技术和专利转移所实施的投资和并购行为,或为此等行为提供便利;和(4) 为获取有价值的商业信息,中国开展并支持对美国计算机网络实施网络入侵。[①] 随后,美国对价值 500 亿美元的中国进口产品加征 25% 关税。实际上,美国对中国有关强制知识产权转让的指控,缺乏证据支持,不过是美国为了对中国发起贸易战而制造的借口。[②]

第四节　贸易安全法治的建设与完善

一、我国国内层面的贸易安全法治建设与完善

关于中国贸易安全法治建设,习近平总书记曾指出:"国际经济合作和竞争局面正在发生深刻变化,全球经济治理体系和规则正在面临重大调整,引进来、走出去在深度、广度、节奏上都是过去所不可比拟的,应对外部经济风

[①] Presidential Memorandum on the Actions by the United States Related to the Section 301 Investigation, https://trumpwhitehouse.archives.gov/presidential-actions/presidential-memorandum-actions-united-states-related-section-301-investigation/,2021 年 10 月 1 日访问。

[②] 孙昭:《在安全竞争背景中回归权力导向的国际贸易秩序——美国贸易政策转向对国际贸易规则的影响》,载《武大国际法评论》2020 年第 4 期。

险、维护国家经济安全的压力也是过去所不能比拟的。现在的问题不是要不要对外开放,而是如何提高对外开放的质量和发展的内外联动性。"①为应对国际经贸格局转变,中国从2015年起逐步修改并制定了一系列贸易安全方面的立法,包括《国家安全法》《对外贸易法》《出口管制法》《阻断外国法律与措施不当域外适用办法》《反外国制裁法》等。这些立法以国际贸易法治为视域,是基于中国国情来完善中国涉外贸易安全法治建设的重要举措。

(一)《国家安全法》:我国国家安全法治建设的基石

2015年《国家安全法》是中国总体国家安全观立法体系中的基本法,该法规定了国家安全法治建设的方针、道路、任务、制度等内容,是中国贸易安全法治建设的基石。《国家安全法》规定,中国坚持总体国家安全观,以人民安全为宗旨,以政治安全为根本,以经济安全为基础,以军事、文化、社会安全为保障,以促进国际安全为依托,维护各领域安全,构建国家安全体系,走中国特色国家安全道路。国家安全不仅包括传统国家安全的内容,即国家政权、主权、统一和领土完整,还包括人民福祉、经济社会可持续发展和国家其他重大利益的安全。贸易安全作为经济安全的内容之一,其法治建设应遵守《国家安全法》规定。在安全法治建设的体制方面,中国共产党负责领导国家安全工作,建立集中统一、高效权威的国家安全领导体制;中央国家安全领导机构负责国家安全工作的决策和议事协调,研究制定、指导实施国家安全战略和有关重大方针政策,统筹协调国家安全重大事项和重要工作,推动国家安全法治建设。在安全法治建设的战略方面,国家将全面评估国际、国内安全形势,明确国家安全战略的指导方针、中长期目标、重点领域的国家安全政策、工作任务和措施。无论是总体国家安全法治建设还是具体的贸易安全法治建设,都不能脱离国际和国内两个大局,应始终坚持统筹国际法治和国内法治建设。中国作为负责任的大国,不仅应不断完善自身的经济发展和贸易法治建设,还应坚持互信、互利、平等、协作,积极同外国政府和国际组织开展安全交流合作,履行国际义务,促进共同安全。

(二)《对外贸易法》:我国贸易安全法治建设的总体性立法

2016年修改的《对外贸易法》是中国贸易法治建设的重要立法,确立了中国对外贸易法治建设的基本制度,明确了贸易安全法治建设的框架。首先,

---

① 中共中央文献研究室编:《十八大以来重要文献选编(中)》,中央文献出版社2016年版,第826页。

该法确立了贸易自由和贸易安全之间的关系。一方面,国家鼓励发展对外贸易,维护公平、自由的对外贸易秩序;另一方面,为了实现贸易安全,国家在一定情况下将采取贸易管制措施,根据实际情况采取限制或禁止进出口措施。贸易自由和贸易安全之间是辩证统一的关系,追求贸易自由价值不应损害贸易安全价值,对贸易安全的追求不能过度限制贸易自由价值;只有贸易自由和贸易安全之间达到契合的平衡关系,二者才能共同促进贸易秩序的良性发展。其次,在货物或技术贸易方面,《对外贸易法》第十六条明确允许国家基于下列原因,可以采取限制或禁止进出口措施:(1) 为维护国家安全、社会公共利益或者公共道德,需要限制或者禁止进口或者出口的;(2) 为保护人的健康或者安全,保护动物、植物的生命或者健康,保护环境,需要限制或者禁止进口或者出口的;(3) 为实施与黄金或者白银进出口有关的措施,需要限制或者禁止进口或者出口的;(4) 国内供应短缺或者为有效保护可能用竭的自然资源,需要限制或禁止出口的;(5) 输往国家或者地区的市场容量有限,需要限制出口的;(6) 出口经营秩序出现严重混乱,需要限制出口的;(7) 为建立或加快建立国内特定产业,需要限制进口的;(8) 对任何形式的农业、牧业、渔业产品有必要限制进口的;(9) 为保障国家国际金融地位和国际收支平衡,需要限制进口的;(10) 依照法律、行政法规的规定,其他需要限制或者禁止进口或者出口的;(11) 根据我国缔结或者参加的国际条约、协定的规定,其他需要限制或者禁止出口的。再次,在服务贸易方面,《对外贸易法》规定了六项可以采取限制或禁止有关的国际服务贸易的原因,其中的第一项、第二项、第五项、第六项原因与前述限制或禁止货物或技术进出口的第一项、第二项、第十项、第十一项原因相同,剩余两项原因包括:为建立或者加快建立国内特定服务产业和为保障国家外汇收支平衡。再次,国家对与裂变、聚变物质或者衍生此类物质的物质有关的货物、技术、服务进出口,以及与武器、弹药或者其他军用物资有关的进出口,可以采取任何必要的措施,以维护国家安全。在战时或者为维护国际和平与安全,国家在货物、技术、服务进出口方面可以采取任何必要的措施。最后,为保护本国贸易利益及贸易安全,《对外贸易法》允许中国政府相关部门采取报复措施。该法第七条规定,任何国家或地区在贸易方面对中华人民共和国采取歧视性的禁止、限制或者其他类似措施的,中华人民共和国可以根据实际情况对该国家或者该地区采取相应的措施。

(三)我国贸易安全法治建设的专项立法

2020年制定的《出口管制法》和2021年制定的《阻断外国法律与措施不

当域外适用办法》《反外国制裁法》是中国遭受美国贸易制裁后,在反思当前国际经贸关系基础上制定的维护本国贸易安全的法律武器。其中,《出口管制法》整合了先前分散的《监控化学品管理条例》《核出口管制条例》《军品出口管理条例》《核两用品及相关技术出口管制条例》《导弹及相关物项和技术出口管制条例》和《生物两用品及相关设备和技术出口管制条例》6 部有关出口管制的行政法规,并借鉴了其他国家出口管制立法。该法的立法目的在于维护国家安全和利益,履行防扩散等国际义务,加强和规范出口管制,为相关产品的进出口贸易提供可预期的营商环境。在立法思路方面,《出口管制法》在制定过程中坚持四个原则:一是坚持总体国家安全观,统筹国内国际两个大局;二是不改变现行管理体制和职责分工,与有关法律、行政法规做好衔接,确保出口管制工作平稳、有序;三是准确把握新情况、新问题,有针对性地完善制度措施、填补立法空白,确保出口管制手段充足、灵活高效;四是落实"放管服"改革要求,处理好严格管制与简政便民的关系,尽可能减轻企业负担,进一步优化营商环境。① 在管制内容方面,该法对两用物项、军品、核以及其他维护国家安全和利益、履行防扩散等国家义务相关的货物、技术、服务等规定了出口管制措施。在管制方法方面,国家出口管制管理部门会同有关部门制定、调整了管制物项出口管制清单,可以禁止相关管制物项的出口,或禁止相关管制物项向特定目的国家和地区、特定组织和个人出口;对于允许出口的管制物项,实行出口许可制度;出口经营者应建立出口管制内部合规制度,向国家管制部门提交管制物项的最终用户和最终用途证明文件;管制物项的最终用户应承诺,未经国家出口管制部门允许,不得擅自改变相关管制物项的最终用途或者向任何第三方转让。

《阻断外国法律与措施不当域外适用办法》是中国商务部于 2021 年 1 月发布的行政命令,是《国家安全法》的下位法。该办法是中国域内设置的阻断立法,是中国为维护国家主权、安全、发展利益,保护本国公民、法人或者其他组织合法权益的防御型立法。在适用范围方面,该办法第二条规定:"本办法适用于外国法律与措施的域外适用违反国际法和国际关系基本准则,不当禁止或者限制中国公民、法人或者其他组织与第三国(地区)及其公民、法人或

---

① 钟山:《关于〈中华人民共和国出口管制法(草案)〉的说明——2019 年 12 月 23 日在第十三届全国人民代表大会常务委员会第十五次会议上》,http://www.npc.gov.cn/npc/c30834/202010/fb877d7e54814c6b91845f2b4dded83b.shtml,2021 年 10 月 1 日访问。

者其他组织进行正常的经贸及相关活动的情形。"值得注意的是,并非所有具有域外效力并损害中国公民、法人或其他组织利益的外国法律措施均属该办法的规制范畴,而是违反国际法和国际关系基本准则的域外措施并损害中国相关主体利益的,才属于该办法阻断范畴。尊重国际法及其基本原则,是该办法实施的要件之一;然而,不违反外国本国法不意味着不违反国际法,不能以外国本国法作为本法不予适用的理由。在主管部门方面,国家建立由中央国家机关有关部门参加的工作机制,工作机制由国务院主管部门牵头,具体事宜由国务院商务主管部门、发展改革部门会同其他有关部门负责。工作机制包括以下五个方面内容:(1)及时报告。中国公民、法人或其他组织遇到外国法律与措施禁止或限制其与第三国(地区)及其公民、法人或者其他组织正常经贸及相关活动情形的,应在 30 日内报告。(2)评估确认。关于外国法律与措施是否存在不当域外适用情形,工作机制将结合各种因素,进行评估确认。(3)发布禁令。经评估确认有关外国法律与措施存在不当域外适用情形的,工作机制可以决定由国务院商务主管部门发布禁令。(4)司法救济。因外国法律与措施的不当域外适用遭受损失的,中国公民、法人或其他组织可在国内法院起诉,要求予以赔偿。(5)处罚制度。对违反如实报告义务和不遵守禁令的行为,给予相应处罚。①

《反外国制裁法》是全国人民代表大会常务委员会于 2021 年 6 月通过的立法,是针对一些国家利用香港、新疆、疫情等问题对中国实施不法制裁而进行反制的防御型立法,是中国反对霸权主义、单边主义的立法体现。该法在制定过程中,遵循以下原则:一是坚持服务大局,运用法治思维和法治方式应对重大风险挑战,协调推进国内治理和国际治理,服务国内国际两个大局;二是坚持急用先行,根据实践和形势需要,采取专项立法形式,增强反外国制裁立法的针对性和可操作性;三是坚持依法依规,总结我国实践经验,借鉴国外相关做法,健全完善反制裁、反干涉、反长臂管辖法律法规制度,提高依法管控风险、依法应对挑战的能力。②《反外国制裁法》共十六条,主要为框架性立法,为中国采取反制裁措施提供立法依据。在立法目的方面,第一条阐明旨

---

① 《商务部条约法律司负责人就〈阻断外国法律与措施不当域外适用办法〉答记者问》,http://www.mofcom.gov.cn/article/zwgk/zcjd/202101/20210103029877.shtml,2021 年 10 月 1 日访问。
② 沈春耀:《关于〈中华人民共和国反外国制裁法(草案)〉的说明——2021 年 4 月 26 日在第十三届全国人民代表大会常务委员会第二十八次会议上》,http://www.npc.gov.cn/npc/c30834/202106/99804919249244e593383c9da4e39ddf.shtml,2021 年 10 月 1 日访问。

在维护国家主权、安全、发展利益,保护本国公民、组织的合法权益。在合法性方面,第二条表达了中国坚持独立自主的和平外交政策,维护国际秩序,推动构建人类命运共同体的意愿。在中国反制裁措施适用的情况方面,第三条指明该法适用于干涉中国内政或是非法打压、制裁中国及其公民、组织的歧视性限制措施。在主管机关方面,该法规定,国务院有关部门将直接或间接参与制定、决定、实施该法所规定的反制裁措施适用对象;国家设立反外国制裁工作协调机制,负责统筹协调相关工作。在反制裁措施适用的具体对象方面,该法规定,除了该法列入反制清单的个人、组织以外,还包括列入反制清单个人的配偶和直系亲属、列入反制清单组织的高级管理人员或实际控制人、由列入反制清单个人担任高级管理人员的组织、由列入反制清单个人和组织实际控制或者参与设立、运营的组织。在采取的反制措施方面,该法规定可以根据实际情况采取以下措施:(1) 不予签发签证、不准入境、注销签证或者驱逐出境;(2) 查封、扣押、冻结在中国境内的动产、不动产和其他各类财产;(3) 禁止或者限制中国境内的组织、个人与其进行有关交易、合作等活动;(4) 其他必要措施。

二、我国国际层面的贸易安全法治建设与完善

中国积极参与国际层面的贸易法治建设,包括积极参与 WTO 多边层面和区域层面的贸易法治建设。习近平总书记曾指出,多边贸易体制和区域贸易安排一直是驱动经济全球化向前发展的两个轮子。[①] 中国贸易法治建设不能独善其身,不能脱离全球化背景下的多边和区域贸易法治建设。在多边层面,中国于 2001 年加入 WTO,积极践行承诺与义务。中国进口关税已低于当时承诺的 9.8% 进口关税税率,且已接近发达国家关税水平。[②] 此外,对于中国与其他 WTO 成员之间的经贸纠纷,中国始终坚持以和平方式解决,诉诸 WTO 争端解决机构是中国寻求争议解决方案的重要途径。在区域层面,中国商务部下设"中国自由贸易区服务网",其中列明了中国已签署的自贸区协议、正在谈判的自贸区协议和正在研究的自贸区协议。截至 2021 年底,中国已与新加坡、东盟、澳大利亚等国家和地区签署了自贸区协议,正在与挪威、

---

① 习近平:《加快实施自由贸易区战略 加快构建开放型经济新体制》,http://fta.mofcom.gov.cn/article/zhengwugk/201412/19394_1.html,2021 年 10 月 1 日访问。

② 董蓓:《中国"入世"承诺已全部实现》,载《法治日报》2021 年 10 月 29 日第 13 版。

以色列、斯里兰卡等国进行自贸协议谈判,同时与加拿大、蒙古、尼泊尔等国家正在研究讨论自贸协议。这些自贸协议有利于区域贸易法治建设,促进区域和平与安全。其中,中国已与东盟十国、澳大利亚、日本、韩国、新西兰于2020年11月15日签署了《区域全面经济伙伴关系协定》(RCEP),这标志着东盟达成了迄今为止最大的自由贸易协定。RCEP共有二十个章节,既包含传统自由贸易协定所涉的货物贸易、原产地规则、贸易救济等规定,也包含具有时代特征的电子商务规则,同时兼具充满人文关怀的中小企业规则。①RCEP于2022年1月1日生效,该协议对于整合区域产业链、加强区域整体贸易安全具有重要作用。

---

① 费秀艳、韩立余:《〈区域全面经济伙伴关系协定〉的包容性评析》,载《国际商务研究》2021年第5期。

第十三章 国际金融安全法治

　　超越城邦、民族和国家的界限,将法治扩大到全人类的思考古已有之。国际金融领域的法治是指在全球化深入发展的背景下,为实现国际共同利益和促进公平与发展,多元治理主体以世界各国普遍接受的国际金融法律规范促进全球范围内更有效地实现金融治理的过程。然而,当前国际金融安全法治仍面临着诸多困难与挑战。金融全球化固然有利于国际金融的发展和资源的有效配置,但同时也产生了贫富分化、环境恶化和经济动荡等诸多问题。金融风险的内生性也使金融从诞生之日起就与风险相伴相随。自布雷顿森林体系解体以来,特别是从20世纪80年代至90年代起,金融自由化观念在全球蔓延,发达国家和部分发展中国家逐步放松管制,由此引发了数次金融危机,如1997年爆发的亚洲金融危机和2008年爆发的国际金融危机。上述危机造成全球经济衰退、国家社会和政治局面动荡,也使国际金融体系的安全问题愈加突出。因此,世界各国都高度重视金融安全问题,金融行业已经成为世界上监管最为严格的行业之一。如今,国际金融安全问题成为国际安全研究领域的一个重要议题,也是全球金融治理的核心目标。

第一节　国际金融安全及其法治的内涵

一、国际金融安全的含义

　　厘清国际金融安全的定义是界定国际金融安全观的前提。在经济学研究中,金融安全通常被理解为货币资金融通的安全,并常常与金融危机和金融风险等相近的概念联系在一起,但这一界定方式对安全的实质缺乏关注。在国际关系研究中,通过安全指涉对象的核心或既有价值面临的威胁来考察安全状况是较为通用的安全界定思路。基于这一安全界定思路,有学者将国际金融安全定义为:国际金融(货币和信贷)体系稳定而不受威胁的状态。[①]

---

① 张发林、姚远:《国际金融安全观的演进与评估》,载《国际安全研究》2021年第6期。

从全球视角出发,可将国际金融安全描述为:在公平、公正、包容、有序的国际金融秩序下,国际金融环境相对稳定,货币资金融通流动安全,能够承受区域性甚至全球性金融危机的冲击;各国平等和独立地参与金融活动,并具备完善的金融管辖和处罚机制以维护国家金融安全。对此,可作以下阐释:

国际金融安全以能识别和抵御各种金融风险为前提。传统国际领域的金融风险多由一国金融体系的脆弱性而引发,如个别国家的金融危机带来的传染性。从20世纪上半叶的大萧条,到20世纪下半叶的石油危机、亚洲金融危机,以及21世纪的次贷危机,世界深受金融危机之苦。国际货币基金组织、国际清算银行等金融组织在过去几十年里一直致力于帮助各国建立现代化的金融体系,努力降低金融抑制和金融脆弱,并取得卓越成效。但是,科技的飞速发展,尤其是互联网金融的低准入,催生了多种新型金融风险,如加密货币的潜在漏洞、利用互联网实施的新型恐怖主义融资行为、洗钱行为,以及其他各类跨境网络金融犯罪等。这些金融风险很难依靠传统的国际金融机构或单个国家的力量来实现精准打击或根除。

国际金融安全,以公平、公正、包容、有序的国际金融秩序为保障。很多发展中国家的金融风险甚至危机的产生,不仅源于内在经济的失衡,还源于当前国际金融体系的内生性缺陷。现有的国际金融体系是自1976年起持续至今的牙买加货币体系,它由西方发达国家主导制定,货币体系中美元一家独大,缺乏有效的国际金融监管和治理机制;国际货币基金组织(IMF)、世界银行等国际金融机构长期由美国等发达国家把持,国际金融标准西方化。这种金融秩序无法确保发展中国家独立地制定金融政策并享有公平的金融资源;发展中国家面对发达国家的金融制裁和不法侵犯缺乏自卫能力,对于跨国金融机构的非法行为缺乏管辖权力和有效的处罚措施。因此,维护金融安全,需要从本质上改变现有不合理的国际金融秩序,建立公平、公正、包容、有序的国际金融秩序,维护发展中国家的金融安全。

国际金融安全,以维护各国金融主权安全为目标。金融主权是一国享有独立自主地处理一切对内对外金融事务的权力,表现为国家对金融体系的控制权与主导权。国家必须保证对金融资源的绝对控制,尤其在关系到国家发展战略、经济命脉和基本金融制度时,如果一国不能自主决定其货币政策和财政政策,则难以实现金融的充分稳定发展,金融安全也无从谈起。国家要充分发挥金融的资源配置作用,按照本国意图进行有效调控;同时,要能支配并充分调动各种力量,防范金融风险、抵御外部冲击、维护金融安全,对于不法侵犯具有自卫权,对于不法交易具有管辖权。因此,一切金融安全指标、措施和制度的设计都必须满足金融主权安全的要求。[1] 在当前的全球经济体系中,每个国家的经济和金融均扮演着各自的角色,各国要能充分实施金融主权,保持自身金融体系的有序、稳定,并且长期保持对全球发展带来益处,这也是当下国际金融安全想要达成的核心目标。

二、国际金融安全法治的含义

经济学者通常关注国际金融安全的实际效用,国际关系学者则主要从国际体系的宏观视角探讨国际金融秩序或相关机制的权力结构与利益分配。[2] 而探讨国际金融安全法治的概念,需要站在法学视角,从理解"法治是什么"这一基础性问题开始。在理念层面上,法治主要是指一种统治和管理国家的理论、思想、价值、意识和学说;在制度层面上,法治主要是指一种在法律基础上建立或形成的概括了法律制度、程序和规范的各种原则;在运作层面上,法治则主要是一种法律秩序和法律实现的过程及状态。[3] 如果对法治的这一界定是准确的话,那么法治的实现当有两个基本的前提,即:存在着某一共同体(国家)和以公平的法律保障共同体成员的利益的需要。这样一来,在国际社会中也存在着实现法治的可能,因为国际社会也是由一定的社会成员(国家)所组成的共同体,而且国际社会也需要以公平的法律(国际法)来保障各成员的利益。因此,国内法治与国际法治可以有共同的目标,即接受公平的法律治理。但两者的实现方式却存在差异:国内法治侧重于限制公共权力的滥用,国际法治则侧重于限制个别成员滥用优势。[4] 基于此,国际金融安全法治可表述为:国际金融领域通过接受国际金融法律规范对国际金融关系进行的规范调整而实现的公正和序列化的状态。具体而言,第一,国际金融的基本方面接受公正的国际金融法的治理;第二,国际金融法高于个别国家的意志;第三,各国在国际法面前一律平等;第四,各国的权利、自由和利益非经法定程序不得剥夺;第五,针对国际金融风险或危机,应建立全球协调、有序的处

---

[1] 李兵、周晓松:《G20机制下的国际金融安全》,载《红旗文稿》2010年第16期。
[2] 孙忆:《国际金融规则摇摆与中国政策选择》,载《国际政治科学》2018年第2期。
[3] 李林:《法治的理念、制度和运作》,载《法律科学》1996年第4期。
[4] 车丕照:《法律全球化与国际法治》,载高鸿钧主编:《清华法治论衡》,清华大学出版社2002年版。

置机制。它的形成,是国际法与国际社会的政治、经济、文化等多种因素相互影响、相互促进和相互制约的结果。国际法是形成国际金融安全法治的核心和基础,也是变革国际金融法律秩序的工具和途径;国际关系、国际政治、世界经济等则是影响国际金融安全法治的状态和走势的重要因素。

根据上述理想模式来审视当下的国际金融安全治理体系,会发现这一体系存在一定的问题。它是以1944年布雷顿森林协议为基础、以IMF为核心而形成的,突显了发达国家的意志和利益,从本质上讲是英美等金融大国政治妥协的结果。半个多世纪以来,受经济全球化、政治多极化等诸多因素的影响,特别是国际金融危机的频繁冲击和推动,国际金融安全治理一直处于变化改良之中,但仍然具有明显的恃强凌弱的原始性和不公正性,在国际金融的某些领域甚至没有建立起为世界各国普遍认同的、有利于发达国家和发展中国家共同发展的法律秩序,某些国际金融关系仍然游离于国际法治轨道之外。实现国际金融安全的紧迫任务是限制投机行为和改变现有金融政策的原则,即资金应当服务于国内经济发展的需要,而非全球(主要是投机性)市场的需求。不过,这需要大多数国家重新获得财政自主权,这对全球的投机者和发达国家来说是不可接受的。作为现行体系的主要受益者,美国和其他发达国家很难针对现在的全球金融体系进行改革——对该体系的任何根本性优化都会直接伤害这些国家的既得利益。[①]

得益于近些年多边贸易政策的改革,宽松的国内贸易、投资和金融环境以及技术的发展,中国、印度、巴西、墨西哥及南非等发展中国家的经济与金融加速增长,在全球经济中的重要性也与日俱增。新兴市场国家在经济与金融治理方面有着共同的诉求,即提高此类国家在各国际金融机构的地位和投票权,改变当前由发达经济体主导制定国际贸易规则、金融监管规则,赋予新兴经济体与之经济实力相当的发言权。次贷危机的爆发为国际金融安全法治的重大变革提供了历史契机。新兴经济体在被动地遭受次贷危机的冲击后,客观上要求在国际金融治理中获得与其经济地位相适应的发言权,直接参与国际金融体系改革及相关金融监管规则的制定;而深陷次贷危机及其后爆发的主权债务危机的美欧等主要发达国家,也迫切需要与新兴经济体携手合作,拯救世界经济并参与改革既有国际金融体系。在八国集团(G8)、IMF

---

① 〔俄〕M. 杰里亚金、赵隆:《二十国集团与国际金融体系改革》,载《国际展望》2011年第4期。

和世界银行等诸多治理主体难以有效处置金融危机时,将既有的二十国集团(G20)财长和央行行长会议升级为首脑峰会并使其作为一种制度形式出现,成为治理当前金融体系的最优选择。G20峰会不仅最大程度地节约了制度建设成本,也满足了传统工业大国和新兴经济体的各方利益需求,适应了进入21世纪以来国际经济权力结构的重大变化,同时也高度契合了惨遭危机肆虐的世界各国政府和人民要求金融稳定和发展的共同愿望。在G20的主导下,国际社会拉开了国际金融安全治理重构的序幕。总体来看,G20峰会适应了全球金融形势和挑战的变化,并在此基础上达成了诸多共识,取得了重大的实质性突破,体现了传统大国与新兴经济体联合重构国际金融新秩序的意愿与努力。①

随着金融危机逐步消退,国家之间、国家与国际经济组织之间紧密联系的因素也在消失,G20峰会机制的政治重要性也在降低。但它已在近些年的全球金融安全治理中发挥了主导性作用。中国作为最具增长潜力和最有经济活力的主要新兴经济体,自G20华盛顿峰会以来,一直与G20其他成员携手合作,共克时艰。G20峰会机制为中国更好地参与全球金融治理,力促金融新秩序的建立提供了有利契机,让中国从原来国际金融安全法治的"旁观者"或"被动适应者"转变为"构建者"或"积极推动者"。

第二节 国际金融安全存在的挑战

当今时代发展已经使国际金融安全所涵盖的范围发生了很大的变化,国际金融安全不再局限于传统的防范金融危机等,而是已经表现为多领域、多层次。其突出特点就在于这些安全问题既具有体制内生性,也具有微观突发性。

一、金融全球化产生的金融风险

国内金融市场的自由化以及管制的放松,与技术创新、金融创新的力量相结合,有力深化了金融全球化这一进程。金融资本正超越货物贸易和服务贸易,以更加快捷的速度跨境流动。金融全球化在促进资本流动、提供获利

---

① 李仁真、王进:《G20峰会:全球金融治理的主导机制》,载《武大国际法评论》2012年第2期。

机会的同时,也弱化了国家监管权的权威性和控制性,给市场带来了前所未有的新风险,这主要突显在三个方面:一是监管套利。20 世纪 70 年代,固定汇率制的瓦解开启了金融风险由公共部门向私人部门转移的先河,随着微观金融主体跨国金融业务的扩展,金融风险跨国传播的可能性急剧上升,即便是间接的跨国金融联系也成了风险传播的渠道。由于不同类型和不同地区的金融机构和金融产品面临不同的监管规则和制度,同类金融活动套利现象严重。投机者可以灵活地参与海外金融市场交易,通过离岸市场从事套利活动。当金融机构不满意本国的法规与政策时,也可以逐步将资本转移至监管较松的国家以增殖资本或从事复杂的金融交易活动。二是恶性监管竞争。由于政府部门缺乏相应的信息和技术,对个体风险的监管往往需要通过微观金融主体的自我监管实现,由此导致全球金融治理领域出现了"规制俘获"现象,即微观金融主体组成的政策共同体凭借专业的金融知识和技术主导了国内和国际层次的金融监管规则制定。① 此外,金融全球化促使监管者之间相互恶性竞争以吸引外资。为扩大和繁荣本国的资本市场,监管者可能以放弃有效监管原则来吸引特定企业或资本,这种挑战底线的竞争不仅会损害投资者的利益,同样会危及国际金融市场的安全。三是全球系统性风险。系统性风险是指由于金融体系整体或局部受到破坏导致金融服务中断、对实体经济具有潜在负面影响的风险。② 基于自我高估、认知偏见或非理性的行为,市场参与者难以正确认识此类风险,尤其是在经济繁荣期。因此,通常认为对市场的干预是有必要的,监管机构应审查信息披露系统和重要的金融机构。但现行金融监管主要侧重于微观审慎监管,关注单个金融机构的稳健性、盈利能力和清偿能力,往往忽略了金融机构的经营模式变化、金融业的相互关联性、宏观经济变量对金融体系稳健性的影响以及由此产生和累积的系统性风险。

二、各国金融法制选择的利己性

国家之间的合作与协调有助于对金融立法标准和监管标准集思广益,达成最优规则,使各国分享相同的优惠,从而有效降低金融全球化时代的各种

---

① 张发林、姚远:《国际金融安全观的演进与评估》,载《国际安全研究》2021 年第 6 期。
② Guidance to Assess the Systemic Importance of Financial Institutions, Markets and Instruments: Initial Considerations, https://www.bis.org/publ/othpo7.pdf,2021 年 11 月 30 日访问。

市场风险。然而,各国金融法制和政策选择的利己性是实现这些监管蓝图的主要障碍。首先,基于改革成本的考量,有效遵从一项新的国际标准可能要求本国法律法规或政策较之于他国有更大的改变,这无疑增加了相关国家的改革成本,当立法者和监管机构安于现状时,或牵涉体系内的权力和利益再分配时,可能会反对上述改革。不发达国家在资金与人力资源方面的缺乏也制约其转变,他们的企业因难以履行上述要求,可能遭受更多的冲击。其次,基于市场竞争力的考量,国家监管机关为使他们的金融市场更有竞争力,对于选用特定标准有不同的观点。一些监管者认为,严格的规则和监管制度是吸引外资的有效方法,而另一些监管者可能发现降低监管标准有助于吸引企图避免高监管压力的小企业和经纪人。最后,基于博弈的考量,国际金融法的实施是一种保证博弈,一方必须确信其他方会遵守该机制,否则这些法律规则难以发挥效力。但基于历史、文化、习惯和综合国力的差异,国家之间立场难以统一,利益获取也存在着严重的不对称,这使国际合作与协调变得更加复杂和困难,尤其在涉及各国的根本经济制度和政策时。与金融不发达的小国相比,大国拥有的市场权力和强制性权力使其在国际议价中更具优势。国际金融体系中的规范性权力分配并不平衡,结构性改革的话语权集中在少数享有制度性金融权力的发达国家手上,发展中国家改变现状的需求和倡议难以得到有效的回应和满足。即使双方有意愿,协调也难有成果甚或失败。例如,多哈回合谈判举步维艰,而早年经济合作与发展组织成员国制订多边投资协定的努力也以失败而告终。事实上,在国际经济和金融领域,当情势对一方明确有利时,就创造了一个协调困境,在同时适用某个机制时,没有任何一方有足够的意愿去接受其他方的机制。

三、国际金融法实施的现实障碍

尽管国际社会在金融领域已达成一些统一的原则和规则,国际金融法却并不总能发挥功效。监督缺失是首要原因。国际金融法的效力很大程度上取决于监管者执行普遍接受的审慎监管标准的能力。有效的监督体系具有重要的威慑力,还应包括对政府信誉、履行规则能力的监督和评估。然而,当前可以监督政府遵守国际金融法律规范的方式有限。政府做出的承诺,或通过国际金融峰会发布的公报,由谁来监督其履行、通过何种标准和工具来评估其履行程度均存疑问。IMF可以监督各国的汇率机制,但其监督领域有限，即使在汇率制度领域，仍存在监督缺失和标准难以认定的现象。监督也是一项高成本的行为，资金和人力资源的匮乏是不发达国家监督缺失的一个重要原因。因此，监督机构不仅需要深谙国际金融法律规范的内容和目标，还需有奉献精神，尤其体现为对上述国家在技术、法律和管理项目上的援助。信息与数据的失真也是妨碍国际金融法实施的重要原因。无论是政府还是市场参与者，其公布的信息均可能存有瑕疵，因为交给国际监督机构的数据是由国家机关自己汇报的，而它们所依靠的信息通常由某些实体，如信用评级机构等提供，这些实体本身几乎不受监管，其信息真实性难以保证。而且很多国家，尤其是发展中国家，不具有充足的资源来准确地自我评估，因此监管机构发布的数据难以准确反映依据国际监管准则履行义务的真实水平。[1]

国际金融法实施困难的另一个原因是国际社会在金融安全方面的观念分歧和竞争日趋激烈，全球金融治理的共识基础被削弱。国际金融安全观竞争的激化既缘于全球金融危机带来的理念冲击，也是全球金融权力转移的结果。全球金融危机严重冲击了"盎格鲁-撒克逊"金融模式的国际合法性。尽管宏观审慎安全观为危机后的全球金融治理提供了理念指引，但在此基础上产生的共识仅停留在危机应对的层面，并未形成具有全球共识性的金融规范。随着全球金融危机影响的消散和国际金融权力格局的变化，各大经济体之间的金融安全观分歧逐渐凸显。在中美战略竞争加剧的背景下，美欧等国的金融安全观已逐渐超出经济范畴，政治化倾向不断加强，原本围绕经济问题的国际金融安全观竞争越来越向权力竞争的轨道靠拢。自特朗普政府上任以来，美国对华金融政策中的政治化色彩明显增加，金融被当作权力竞争的工具，愈加频繁地与国家安全和意识形态联系在一起。可见，一方面，全球金融危机导致美欧之间的金融监管理念分歧进一步扩大，增加了发达国家进行国际金融监管合作的难度；另一方面，危机造成的全球权力转移加速，使发达国家与新兴市场国家间的金融安全观分野更加清晰。随着世界经济和全球治理格局的"南升北降"，以中国为代表的新兴市场国家改革国际金融体系以消除国际金融风险的结构性根源的要求日益强烈，而发达国家偏好的微观层次的金融安全观显然无法满足新兴市场国家的诉求，由此导致的观念分歧和竞争增加了国际金融体系中的不稳定因素。中美战略竞争的加剧则使国

---

[1] Chris Brummer, How international financial law works (and how it doesn't), *Georgetown Law Journal*, Vol. 99, 2011, pp. 40.

际金融安全观竞争更具浓厚的政治色彩,也给全球金融治理带来了更大的不确定性。①

四、信息科技革命带来的挑战

现代互联网信息技术极大地缩短了全球金融市场的时空距离,实现了国家间、地区间金融活动的互联互通,形成了全天候和全球化的在线金融市场运作体系。任何单个的经济体都不再是"孤岛",而是全球金融网络的一个节点和有机组成部分。随着大数据、人工智能、区块链等新兴技术的兴起,金融业更是迎来了全新的发展热潮,科技赋予了金融业以新的面貌,以金融科技为代表的新型互联网金融产业正改变传统金融格局,不断衍生新业态。金融科技不仅深刻地改变着金融业务的形式、技术和流程,成为金融业发展的重要发力点,而且也重新塑造了整个国际金融体系的结构格局。信息科技革命在为金融自由化和全球化推波助澜的同时,也使得国际金融体系原本固有的风险特质与现代金融科技条件下国际金融体系运行的许多新特点结合在一起,给国际金融安全带来了新的考验与挑战。

第一,加剧金融活动的复杂性和隐藏性。科技创新丰富了金融产品和金融工具的种类,交叉性金融产品涉及的金融机构和产品嵌套层次越来越复杂,各参与主体的权利义务关系不清晰,缺乏充足的风险补偿安排。资金在跨市场、跨机构、跨产品主体、跨地域之间的流动,在这一过程中产生了期限错配、流动性转换、信用转换以及杠杆层层叠加等潜在风险。而资本的逐利性使全球性金融机构热衷于这类交易性业务,并在激烈竞争的刺激下从事高风险的投资活动,容易加大跨境金融机构的脆弱性,并使得风险由单体机构、单个产品向外扩散传染,甚至引发系统性风险,进而导致国际金融体系的内在不稳定,威胁国际金融安全。

第二,便利金融风险传播。科技创新推动了金融业务电子化、网络化和虚拟化,线上交易呈现出远程和即时的特征,金融活动范围更加广泛,连接更为畅通,金融市场也正变得极为依赖信息技术和互联网,即金融体系的各个组成部分、各个交易主体之间的关联程度不断提高、风险和收益日益紧密地联系在一起,从而形成国际金融体系内的风险"捆绑效应"。互联网的技术漏

---

① 张宝玲:《国际秩序主导国稳定金融体系理论与国际金融安全机制构建》,载《金融与经济》2019年第8期。

洞、人为的网络攻击、金融工具的不断创新、跨境金融业务的多层嵌套、他国金融体系的风险传染等各种潜在不稳定因素，均可能触发金融风险，并引发国际金融体系内不同机构、不同市场、不同子系统之间的风险共振，从而放大金融风险，导致系统性风险的积聚，进而危及国际金融安全。①

第三节　近年来国际金融安全法治的发展

实现国际金融安全法治，是治理国际金融领域各种威胁的根本方法。近年来，在一系列金融危机和各种金融威胁的刺激下，国际金融安全法治也在不断改进。尤其是 2008 年全球金融危机爆发以来，全球金融安全法治在理念革新和制度改革方面已取得了突出的进展。

一、国际货币体系制度

健全、有效的国际货币体系应能促进世界贸易发展，创造国际投资机会和化解国际风险与冲击。但现行的牙买加货币体系存在诸多缺陷，不能满足国际社会对它的角色期待。近十年来，改革国际货币体系的呼声不绝于耳，相关的措施在全球性和区域性层面均有反映。从全球层面来看，G20 在改革国际货币体系中发挥了重要作用。该集团将国际货币体系改革作为历次峰会的重要议题，承诺通过改善全球经济，努力构筑更为稳定和更有弹性的国际货币体系以确保全球经济的系统稳定。G20 确定的国际货币体系改革至少包括四个方面的内容：遏制资本流动的剧烈波动、充分反映经济平衡的变化和新国际货币的浮现、强化处理危机的能力、强化 IMF 的监督能力。② 从区域层面来看，国际货币体系改革主要体现为区域性货币合作程度的深化。建立区域货币合作制度既能促进区域经济稳定和发展，也有助于国际储备货币的多元化选择。欧洲货币联盟是区域货币一体化的先进和典范。自 1999 年欧元被引入该联盟之后，这种单一的欧洲货币消除了汇率风险，降低了交易成本，增加了市场的透明度，促进了欧洲金融市场的一体化。与此同时，亚洲

---

① 羌建新：《金融全球化、全球金融治理改革与国际金融安全——基于信息科技革命的视角》，载《国际安全研究》2015 年第 6 期。

② 2011 年 G20《戛纳峰会公报》，https://finance.ifeng.com/news/special/jjgfh/20111105/4998053.shtml，2021 年 11 月 30 日访问。

货币合作正如火如荼地进行。《清迈倡议》的签署和亚洲债券基金的建立是东亚区域货币金融合作的两个标志性事件。可以预见,亚洲的货币金融合作将有助于加强亚洲的货币一体化,提升其世界经济金融地位,同时对形成未来三足鼎立的国际经济金融秩序具有重要意义。

二、国际金融监管制度

国际金融监管应能消除或最大限度地避免国际商业行为中的内在风险。[①] 但是,由美国次贷危机引发的全球性金融危机以极端的方式拷问了现行国际金融监管制度,同时也催生了新一轮的金融监管法制变革。美国、英国及欧盟三大主要经济体开始反思金融监管存在的疏漏,并相继出台多项金融监管立法改革措施,力图建立更严格但又具有灵活性的金融监管体系,防止金融危机再次上演。例如,2010年7月,美国时任总统奥巴马正式签署了大萧条时期以来规模最大、严厉程度最高的金融改革法案——《多德—弗兰克华尔街改革与消费者保护法》。除主要经济体以外,以G20为协调中心,IMF、金融稳定理事会(FSB)、巴塞尔银行监管委员会(BCBS)、国际证监会组织(IOSCO)及国际保险监督官协会(IAIS)等国际组织和标准制定机构也相继出台了众多金融监管改革方面的建议和方案,努力构建更强有力、更具全球一致性的监管框架。例如,BCBS主导了关于银行资本与流动性方面的国际监管改革进程,并于2010年9月正式推出了《巴塞尔协议Ⅲ》,体现出宏观审慎与微观审慎兼顾、资本监管与流动性监管并重、资本数量和资本质量同步提高的监管改革思路,代表了国际金融监管制度的变革方向。总体来看,后危机时代国际金融监管制度的变革摒弃了新自由主义的监管理念,强调宏观审慎监管和全方位监管,注重保护金融消费者权益和防范系统性风险。

三、国际金融机构改革

基于《国际货币基金协定》《国际复兴开发银行协定》等多边国际公约而成立的IMF、世界银行等国际金融机构,在战后国际金融法律秩序的形成和变革中扮演着重要的角色。作为一类特殊的国际行为体,国际金融机构通过倡导和推动有关金融的国际法律原则、规则和标准的制定,促进了成员国有

---

① Rolf H. Weber, Douglas W. Arner, Toward a New Design for International Financial Regulation, *University of Pennsylvania Journal of International Law*, Vol. 29, 2009, pp. 392, 415.

关货币金融政策措施的协调并督促了成员国履行其权利与义务,在维护全球金融安全与稳定、促进各国经济社会的可持续发展等方面发挥了不可替代的积极作用。可以说,国际金融机构的发展及其活动是国际金融秩序走向法治化的重要表征。

但是,由于经济全球化和政治多极化的不断深化,既有的国际金融体系正在发生前所未有的深刻变化和重大转型。以 IMF 为核心的国际金融机构因受制度设计先天不足、指导思想僵化等因素的制约,难以反映国际经济金融格局的变迁,不能满足国际社会对它的角色期待,也不能肩负时代赋予的重任。金融危机的发生和蔓延,充分暴露出国际金融机构在代表性和合法性以及在全球金融监管、金融危机预警与救助等方面存在着诸多缺陷。为了让国际金融机构更有效地防范和管理危机,并使他们在全球经济中能够更加充分反映不断变化的经济权数,增强其长期相关度、执行效力与合法性,国际社会就国际金融机构改革做出了多方面的努力,并达成了一些基本共识和进展,突出体现在以下两个方面:一是份额与投票权改革。考虑到当前主要国际金融机构的构架是以份额为基础的,份额分配应客观反映各成员经济在世界经济中的比重,而随着新兴市场国家的崛起,这一比重已发生重大变化。因此,新的改革措施确定了 IMF 和世界银行等机构的份额从高估国向低估国转移,并保护最贫困成员的投票权。此项改革使国际金融体系中最为核心的机构正在逐渐适应世界经济版图的多极化发展趋势,有力地促进了国际金融法治的公平性与合理性。二是管理制度改革。G20 呼吁国际金融机构在内部引入动态机制,从根本上反映各国不断变化的经济权重和机构自身发展目标,并继续在管理、运作、效率和选举制度上加大改革力度,致力于通过公开、透明、择优进程,遴选国际金融机构负责人和高层管理人员,以提升国际金融机构的有效性和合法性,让国际金融机构成为更强大的国际机构并以此来促进全球金融稳定和增长。

第四节 晚近国际金融安全法治演进的特征

进入 21 世纪以来,国际金融安全领域的治理规范和内容都有了实质性的变化,在原有基础上有了深入发展,整体呈现出国际金融治理主体多元化、权利义务规则化和法的价值取向稳定化的特征。

一、治理主体多元化

在全球金融治理中,存在一个由不同层次的行为体构成的多元化和多样性的复杂结构。国家、国际金融机构、非政府组织等相互影响、相互竞争又相互合作,共同治理全球金融市场。国家金融监管当局是全球金融治理的最基本主体,包括中央银行、证券监督机构、保险监督机构等,它们既可能是立法者,也可能是监管者,或同时行使上述职能。通常而言,这些主体的活动范围仅限于本国境内,但在一些特定情况下,其相关金融立法及监管权具有域外效力。国际金融机构主要通过三种方式来参与全球金融治理:一是融资,即向国际收支发生困难的国家或需要发展的经济体提供短期或中长期的资金融通;二是监督,即通过多边或双边监督,查明政策的优势和弱点以及潜在的脆弱性,如有必要,还将向各国提供适当的修正建议;三是协调,即通过协调各国的行动以加强在国际货币和金融领域的合作,促进世界经济一体化进程。近年来,为适应全球金融化和金融新秩序的发展趋势,国际金融机构分别对其组织结构做出了适当的改革,并对其制定的国际规范做出了相应的调整。尽管还存在诸多不足,但毫无疑问,国际金融机构的改革与发展丰富了国际金融法治的内容,推动了国际金融法治的演进和国际货币金融秩序的稳定。非政府组织治理全球金融的主要形式则为交换信息和制定国际金融规则与标准。其中,比较著名的就有BCBS,它通过交流各国国内监管安排的信息、加强国际银行监管的效力、确立资本充足率的最低标准及审视其他领域确立标准的必要性来实现其宗旨和目标。IOSCO通过交流信息、制定共同的准则、建立有效监管机制来促进全球证券市场的健康发展。IAIS致力于逐步取消不同国家保险监管制度发展的不平衡,推动各会员国保险监管制度向一致性方向发展。此外,国际支付结算体系委员会、国际会计标准理事会等主体也积极参与了全球金融治理,推进了国际金融法治进程。

二、国际金融法治的规则化

从20世纪末至今,国际金融安全法治发展的最显著特征当属国际规范体系的发展。考虑到安全有效的金融体系对经济的运行具有重要的意义,早在1996年,七国集团就在法国里昂峰会上指出,国际金融机构和国际金融组织,尤其是IMF、世界银行和BCBS,应在国际监管领域的规则和标准的发展上做出更大的贡献,这些规则应能考虑到发达国家、发展中国家、新兴经济体和过渡经济体的实际需要,并能得到较普遍的适用。此后,众多国际金融机构,包括 IMF 和世界银行及一系列不同形式的国际金融组织,在各金融领域创设了大量的国际规则。此外,其他正式的国际组织,如经济与合作发展组织和 WTO 在某些规则制定中也涉及了国际金融领域。

综合来看,近年来国际金融法在规范数量和实质内容上均发生了深刻的变化,在已有的基础上获得了突飞猛进的发展。从内容上看,一是其涉及面更广,几乎涵盖了国际金融的各个领域,二是各项具体的国际金融法制度内容更为丰富,规则更为健全。总之,无论是国际统一立法、国际惯例还是国内立法,国际金融法的规则化进程均取得了实质性进展。

三、国际金融法治的稳定化

自 1995 年墨西哥金融危机之后,国际金融安全法治关注的焦点突出表现为"金融稳定",也成为防范金融危机和严重系统性风险的主要目标。金融稳定并没有明确的定义,但一般认为,它是指金融系统内核心中介运行的稳定和市场运行的稳定。[①] 为实现这一目标,2009 年 4 月 2 日 G20 峰会决定,创立一家全新的机构——金融稳定理事会(FSB),作为金融稳定论坛(FSF)的继承性机构,来制订和实施促进金融稳定的监管政策和其他政策,以解决金融脆弱性问题。它的成立,为系统开展国际金融稳定工作提供了组织保障,为有效加强国际金融监管的合作提供了协调平台,为统一实施国际金融监管标准提供了机制保证。[②] 同时,国际社会在金融监管理念上也更加注重宏观安全与稳定。此外,IMF 和瑞典、中国等国家的央行定期发布《金融稳定报告》,这些报告集中关注于世界或本国金融市场的系统性和结构性缺陷,监测和防范系统性金融风险,做好金融稳定评估工作。近年来,尤其在本次金融危机之后制定的国际金融标准规范及相关文件均体现出金融监管理念已从原先宽松监管逐步过渡到严格监管和全面监管;从主要关注单个金融机构的稳健运营逐步过渡到宏观审慎管理与微观审慎监管相结合;从单纯的维护金融稳

---

① Garry J. Schinasi, Responsibility of Central Banks for Stability in Financial Markets, *IMF Working Paper*, Vol. 121, 2003.
② 李仁真、刘真:《全球金融稳定法律机制的理论构想》,载《法学杂志》2011 年第 2 期。

定转变为维护金融稳定与维护实体经济、资产价格稳定与商品、服务的稳定并重。

第五节 国际金融安全法治的演进趋势

建立稳定、有序的国际金融秩序是国际社会的长期愿望。不可否认,二战后,国际金融安全法治在短短几十年内取得了令人瞩目的成就。然而,形成健全与完善的国际金融安全法治仍有很长一段路要走。在价值取向上更注重公平与发展,在国际金融监管模式上加强集中化与统一化,并进一步增强国际金融法规范的约束力,应是今后国际社会努力的方向,也是最终实现国际金融法治的关键所在。

一、价值取向上更注重公平与发展

国际金融安全法治应遵从人本主义,强调和谐共存与持续发展。当前,在国际金融安全法治领域,各国都把安全与稳定作为其战略目标的最高诉求,并促使国际金融法近年来的发展呈现出稳定化的特征。但从长远来看,基于全球金融发展的现状,公平与发展将成为国际金融安全法治未来发展的重要方向。

国际金融法的发展趋势总是与经济、金融基础相适应。在金融全球化与自由化的时代,国际金融法的发展一度服务于金融效率的价值目标,表现为放松金融管制、促进金融服务贸易自由化。但金融危机迫使国际与国内层面更加注重安全与稳定,反思追求效率、过度自由化所带来的负面恶果,并为此构建相关的法律稳定机制。

然而,当前国际金融发展严重失衡,发展中国家的利益和诉求均难以得到实现。因此,可以预见,国际金融安全法治的价值取向将更注重公平与发展。与贸易法领域的多哈回合谈判一样,未来国际金融规则的制定也将以公平与发展为己任,从而在法律制度层面保障和促进全球金融发展。国际金融机构的改革也将朝着职能明确、更加透明、公平和富有代表性的方向前进。世界银行、区域性发展银行等国际金融机构和其他国际金融组织需建立更合理的资助方式与贷款机制,为不发达国家的金融发展提供更为便捷和充分的资助与服务。正如胡锦涛同志在 G20 金融市场和世界经济峰会上所说的,

"在所有利益攸关方充分协商的基础上,对国际金融体系进行必要的改革。国际金融体系改革,应该坚持建立公平、公正、包容、有序的国际金融新秩序的方向,努力营造有利于全球经济健康发展的制度环境。"①

二、国际金融监管集中化

国际金融安全法治客观上要求规则的统一化和监管的集中化。当前的国际金融机构和国际金融组织均在不同领域负有一定程度的监督和管理职能,但都难以单独负担起国际金融监管的重任。2008年金融危机的爆发和蔓延使各国充分认识到当前国际金融监管所存在的诸多弊端,且单个国家无法单独防范和处置危机。危机爆发后,国际社会广泛呼吁将监管规则及标准的制定进一步移至全球或区域层面,建议通过加强国际金融监管架构建设,统一监管标准和措施,提高各国金融监管水平,在世界范围内更有效地确认和防范潜在的金融风险。大多数国家在原则上同意赋予 IMF 等国际金融机构更多的金融监管职能,也同意将原有的 FSF 升级为 FSB 以加强其在国际监管体系中发挥的作用。G20 伦敦峰会宣言提出,同意确保在本国推行强有力的监管系统;同意建立更加具有一致性和系统性的跨国合作;创立全球金融系统所需的、通过国际社会一致认可的高标准监管框架。综合来看,在可预见的未来建立一个超越国家边界、有直接监管权力的国际机构的模式并不可行,但逐步协调和集中国际金融监管职能,实现国际金融机构和金融组织等监管职能的集中化和国际金融法律规范的统一化,以及建立国际金融监管合作机制,将是国际社会需努力实现的目标与任务。

三、国际金融安全法治的"硬"效力逐步增强

国际金融安全法治要求在立法、守法、执法和司法各个方面都要遵守法律规定,按照法律要求行使权利,履行义务。因此,国际金融安全法治的"硬"约束力应得到增强。在国际金融法的渊源中,国际金融条约和国内金融立法具有明显的法律约束力,其法定义务为国家和市场参与者所遵守,可被理解为"硬法"。而由国际金融组织或非政府组织所制定的大量宣言、建议、意见、指南、标准、原则等,虽不具有法律约束力,但在实践中却会产生某种法律效

---

① 胡锦涛:《通力合作 共度时艰——在金融市场和世界经济峰会上的讲话》,https://www.zqb.cyol.com/content/2008-11/16/content_2433031.htm,2021 年 11 月 30 日访问。

果或者有法律效力,可被称为"软法",如 BCBS 发布的《巴塞尔协议》及其修正案、《有效银行监管核心原则》等。在当前国际金融发展严重不平衡的背景下,"软法"具有一定的优势:一方面,它吸纳多元化的全球治理主体,包括各国政府机构、专家、企业代表参与立法,并通过多元主体间的技术、能力援助和帮助收集信息来提升立法进度;另一方面,国际金融"软法"的适应性强,它减少了国家的承诺,降低了国家义务标准,却又规定了详细的内容,列明具体的国际金融行为标准供各国自愿采纳,留给主权国家充分的掌控权。[①] 但是,"软法"的适用范围过于狭窄,且没有有效的法律救济手段,其约束力需得到加强。

为此,国际金融安全法治的"硬"效力可以通过两个途径加强:第一,"软法"的"硬化",包括法律上的"硬化"和事实上的"硬化"。前者是指"软法"转化成具有法律约束力的国际条约或被采纳为国内法,后者是指运用事实上的强制力或政治、经济方面的影响力保证国际社会对"软法"的遵守。第二,国际金融监督机制的构建。当前已有国际金融机构通过监督机制确保国际金融法的实施,如 IMF 对汇率安排的监督。未来国际金融法可参照联合国就特定人权条约所建立的负责该条约实施的人权委员会的模式来建立其相应的协会或组织。如 BCBS 不仅出台关于银行监管的规则和文件,还负责监督此类文件在各国的实施。此外,建立普遍性的国际监督机构和争端解决机构也是增强国际金融安全法治效力的有效方式,应为未来发展所期待。

---

① Kenneth W. Abbott, Duncan Snidal, Hard and Soft Law in International Governance, *International Organization*, Vol. 54, 2000, p. 422.

第十四章　海外利益保护法治

海外利益保护是在当今复杂的国际环境与形势下我国需要讨论的一个重要战略议题，也是总体国家安全观中的一个关键组成部分。21世纪以来，我国海外利益进入了全面、均衡、快速发展的历史新阶段，经济、政治、文化、安全等领域的海外利益在发展速度、地理分布、地位比重等方面均有了显著进步，已然成为支撑经济社会发展与综合国力提升的重要保障。2014年11月29日，习近平主席在中央外事工作会议上发表重要讲话，指出"要切实维护我国海外利益，不断提高保障能力和水平，加强保护力度"。近年来，我国逐步形成了"中央、地方、驻外使领馆、境外企业和公民个人"共同参与的海外利益保护体系，在面对境外重大突发事件时，有力地维护了境外中国公民和企业的权益，特别是在撤侨等问题上的表现更是十分突出。但是，与近年来海外利益拓展的规模和速度进入"快车道"相比，我国海外利益保护的能力还存在一些差距。海外利益保护工作面临着巨大的现实和潜在压力，在法律法规的完善、体制机制的健全以及经验和资源的丰富程度等方面都有待进一步完善。构建海外利益保护体系，事关我国新时期的战略部署，是统筹发展和安全，确保国家经济安全的重要内容。

第一节　国家海外利益保护的概念辨析与界定

2004年，在巴基斯坦、阿富汗等地发生针对中国公民的恐怖袭击事件。之后，我国首次提出海外利益保护这一战略概念。① 自此，海外利益一词逐渐走入媒体以及学术界视野，海外利益以及海外利益保护开始被频繁使用。但值得注意的是，该类词汇在新闻媒体等社会语境以及学术语境中使用的规则和内涵需要加以区分，不可一概而论。在社会语境中，海外利益一词主要描

---

① 2004年8月，胡锦涛在第十次驻外使节会议上做出了"增强我国海外利益保护能力"的指示。《胡锦涛：增强中国海外利益保护能力健全预警机制》，http://www.chinanews.com/news/2004/2004-08-30/26/478396.shtml，2021年11月30日访问。

述和指代境外国民(包括法人和非法人实体)及资产的客观存在,强调的是具体表现形式。① 在学术语境中,该概念的使用则常与研究目的联系在一起,暗含着使用者提出问题和解决问题的思路。② 总体而言,目前的学术语境对"海外利益"一词并无统一明确的概念界定,本节将在分析该词特征与属性的基础上对其进行概念辨析和界定。

一、海外利益一词的递进式解读

在递进式解读中,现有学术文献常常在境外企业、公民的财产和人身安全保护与新型国家利益建构这两个层面上使用海外利益一词。伴随近几年来"走出去"战略的实施和中国对外贸易、投资和劳务的增长,相关企业和公民在海外遭遇战乱、恐怖主义、暴力犯罪侵害的风险相应上升,其利益容易受到损失,以企业与公民的财产和人身利益保护为主要内容的海外利益保护成为政府关注的重点之一。近年来,我国政府及有关部门通过设立涉外安全事务司,强化领事机构职能、开展警务合作③以及启动重要航道护航④等形式保护境外企业与公民的财产及人身安全。外交保护、军事保护、领事保护、投资保护等都属于此类海外利益保护的具体形式。⑤ 而新型国家利益建构语义下的海外利益则指的是,近年来,随着我国综合国力的增强,我国在国际事务中扮演愈加重要的角色,并通过金砖国家峰会、G20、"一带一路"倡议等机制推进我国在国际舞台上的话语权,参与以及影响国际规则制定,并以此方式来建构我国的海外利益。国际规则制定权、国际话语权以及国际组织的角色转换等都属于此类海外利益保护形式。⑥

二、海外利益一词的特征式解读

第二种解读方式则是通过海外利益的几个属性特征,即在地域上具有境外性、在表现形式上具有国际契约性、在主体上具有多元性和全球性来对其

---

① 刘莲莲:《国家海外利益保护机制论析》,载《世界经济与政治》2017年第10期。
② 同上。
③ 刘奕湛、史竞男:《公安部深化国际警务执法合作打击境外犯罪》,http://www.gov.cn/jrzg/2013-03/07/content_2348419.htm,2021年11月30日访问。
④ 熊争艳、荣燕:《军舰索马里护航彰显中国维护世界和平》,http://news.sina.com.cn/w/2008-12-24/073514928270s.shtml,2021年11月30日访问。
⑤ 刘莲莲:《国家海外利益保护机制论析》,载《世界经济与政治》2017年第10期。
⑥ 同上。

概念进行界定。① 毕玉蓉认为,中国的海外利益包括海外公民、侨民的人身及财产安全,国家在境外的政治、经济及军事利益,驻外机构及驻外公司企业的安全,对外交通运输线及运输工具安全等。② 张宏将中国公民在海外的人身安全保护、中国企业在海外资产的保护统称为中国海外利益的保护;从更广的范围上理解,他认为海外利益还包括国家海外资源供应线以及企业的海外市场拓展。③ 张曙光认为国家的海外利益有多重等级区分,包括核心海外利益、重要海外利益和边缘海外利益等。核心海外利益指的是国家安全利益的延伸,重要海外利益是国家对外发展利益的延伸,边缘海外利益是国家对外文化利益的延伸。④ 需要指出的是,此种语境下海外利益具体内容的界定是和国家所处的不同发展阶段和战略地位有关。具体来说,对于国家开放程度有限、在区域或全球范围内影响力一般的国家而言,其海外利益重点指的是海外公民人身和财产安全;而对于开放程度高、区域乃至全球影响力大的国家而言,其海外利益的内容不仅是海外公民或企业的人身和财产安全,还涉及政治、经济以及文化等诸多方面,⑤ 与新型海外利益有相类似之处。

三、海外利益一词的地域性解读

第三种解读方式是把海外利益视为国家利益在海外的延伸,主要强调"海外"这个地域性特点。傅梦孜等人认为,中国海外利益是在中国领土之外的中国国家利益,包括海外政治利益、海外经济利益与海外文化利益,以及为维护这些利益相伴而生的海外安全利益。⑥ 陈伟恕认为,中国海外利益是指在有效的中国主权管辖范围之外的地域存在的中国利益,包括"狭义中国海外利益"和"广义中国海外利益",前者主要指中国机构和公民在海外的财产、生命和活动的安全,而后者还包括在境外所有与中国政府、法人和公民发生利益关系的有效协议与合约,在境外所有中国民间和官方所应公平获得的名

---

① 祝宁波、李新广:《中国海外投资利益、风险与保护状况分析》,载《东岳论丛》2016年第4期。
② 毕玉蓉:《中国海外利益的维护与实现》,载《国防》2007年第3期。
③ 张宏:《捍卫海外利益刻不容缓》,载《中国企业家》2007年第6期。
④ 张曙光:《国家海外利益风险的外交管理》,载《世界经济与政治》2009年第8期。
⑤ 汪段泳:《海外利益实现与保护的国家差异——一项文献综述》,载《国际观察》2009年第2期。
⑥ 傅梦孜、刀书林、冯仲平:《中国的海外利益》,载《时事报告》2004年第6期。

誉、尊严和形象。① 近年来,我国国家利益在海外的延伸最显著的表现方式是经济利益的扩展。21 世纪以来,世界经济进入了自由化和全球化时期,尤其是在我国加入 WTO 以后,在不断自由化和全球化的世界经济中,我国各类对外投资在规模与数量上都逐渐增大,成为我国海外经济利益的重要组成部分。从统计数据上看,商务部、国家统计局和国家外汇管理局在 2019 年 9 月联合发布的《2018 年度中国对外直接投资统计公报》显示,中国对外直接投资流量和存量稳居世界前三,两项所占比例均创历史新高。截至 2018 年底,中国对外直接投资存量达 1.98 万亿美元。

此外,海外中资企业的规模和数量近年来增速明显,也扩大了我国海外利益的范围和数量。商务部网站 2019 年 12 月 5 日对外投资备案核准信息发布的数据显示,经商务主管部门备案设立的境外中资企业(机构)已达 56222 家,在"一带一路"沿线国家设立的境外中资企业数量超过 1 万家,中国在海外约有 3 万余家企业正在开展各项业务,经济体量达到 6 万亿美元;中央企业在"一带一路"沿线国家建设的 3 千余个项目,约占项目总数的 60%。由此可见,随着我国对外经济交往的增多,海外经济利益的不断扩展,国家利益也随之在海外不断扩大。

四、海外利益一词的不同时代阶段解读

海外利益这一议题是全球化的产物,对其内容的解读是伴随历史进程不断变化发展的。从历史上看,海外利益问题源自海外商业拓展,世界各国尤其是大国都非常关注海外利益的维护与拓展,将海外利益视为大国崛起战略选择的核心要素。② 早在 17 世纪,当时的西方强国就开始讨论海外利益这一议题,并开始系统思考英国海外利益的范围和来源,这推动了英国重商主义思潮的兴起,使得海外开拓成为英国的战略选择。③ 美国在崛起过程中,尤其重视获取原料和开拓海外市场,"门户开放"政策由此而来,其国际主导地

---

① 陈伟恕:《中国海外利益研究的总体视野——一种以实践为主的研究纲要》,载《国际观察》2009 年第 2 期。
② 门洪华、钟飞腾:《中国海外利益研究的历程、现状与前瞻》,载《外交评论(外交学院学报)》2009 年第 5 期。
③ 〔英〕托马斯·孟:《英国得自对外贸易的财富》,李琼译,华夏出版社 2006 年版。

位与海外利益的寻求密切相关。① 而对领土狭小且资源贫乏的日本来说,其二战后的经济崛起与海外利益的拓展密切相关,出现了以"雁行模式"②为代表的海外经济利益战略部署。③ 中国历史上也不乏海外利益维护与拓展的事例,"张骞通西域"以及"郑和下西洋"等历史事件,都代表了当时的中央王朝对海外利益的重视,朝贡体系实际上也是维护和拓展海外利益的核心路径,它强调了文化和经贸利益的共享性,追求"达则济天下",表明了中国在海外利益的维护与拓展上与西方国家截然不同的路径。④

中华人民共和国在成立后的一段时期内,将谋求政治承认、维护主权与安全作为国家利益维护的着眼点。当时,经济利益从属于政治和安全利益,中国国家利益主要局限于本国疆域的保护。1955年,中国代表团出席了第一次亚非会议,成功打破外交僵局,提出了"求同存异"的方针,代表中华人民共和国政府在国际舞台发声,这可被视为中华人民共和国国家利益海外拓展的最早尝试。1971年中华人民共和国恢复在联合国的合法席位、1978年改革开放等一系列历史事件,都标志着中国逐渐融入世界并走上影响、塑造世界的大国崛起之路,经济利益开始与政治、安全利益并驾齐驱,进而居于更为重要的地位,国家利益的地理界限不断被突破,日益呈现出国内利益国际化和国际利益国内化的趋势,维护和拓展海外利益已经成为重大战略议题。⑤

总体而言,在具体内容上,中国学者对改革开放以后中国海外利益内容的界定未有统一阐述。海外人员生命及财产安全、海外投资与贸易等经济利益、海外金融安全、海外能源安全以及中国的国际制度能力等都是新时代中

---

① Joseph A. Frey, From Open Door to World Systems: Economic Interpretations of Late Nineteenth Century American Foreign Relations, *The Pacific Historical Review*, Vol. 65, 1996, pp. 277-303; H. W. Brands, The Idea of the National Interest, *Diplomatic History*, Vol. 23, 1999, pp. 239-261.

② "雁行模式"是日本经济学家赤松要在1935年提出的理论,最初用来解释日本的产业变迁,后扩大运用到解释亚洲经济发展模式。根据他的研究,日本的产业经历了进口、当地生产、开拓出口、出口增长四个阶段并呈现循环状态。扩大到整个亚洲地区,日本作为"雁头",先是从欧美等技术先进国家引进技术生产的商品,再进一步向周边不发达国家转移,形成了日本到"亚洲四小龙",再到中国与东盟国家的产业转移。

③ 门洪华、钟飞腾:《中国海外利益研究的历程、现状与前瞻》,载《外交评论(外交学院学报)》2009年第5期。

④ 同上。

⑤ 张志:《关于维护和拓展中国海外利益问题的思考》,载《社会科学论坛(学术研究卷)》2008年第12期。

国海外利益所涵盖的内容。①

五、海外利益概念界定的国别差异

通过对各国官方文件的考察和梳理可以发现，不同类型国家对海外利益的界定呈现出一种类似"马斯洛需求层次"的层级关系。这种差异，反映出各国对自身国家利益、国际定位的认识不同，根源则在于国家实力、国际化程度和对国际事务参与深度和广度的级差。保护海外人员、企业和驻外机构及组织的人身财产安全，以及它们的各项合法权益几乎是各个国家都认同的海外利益保护内容。促进并推动海外投资和贸易，并将其作为本国经济发展的重要助推力，是全球化开始以来越来越多谋求发展的国家努力追求的海外利益。争取本国在区域和全球范围内的话语权、积极参与地区或者国际规则的塑造，争取一定范围内的领导力，是在区域乃至全球范围内有影响力的大国竞逐的海外利益。② 近年来，我国积极参与《区域全面经济伙伴关系协定》等区域性协定的磋商，也都体现了在新时代下，随着综合国力的增强，我国对新型海外利益的竞逐。

综上，目前学术界对海外利益一词并未有严格的解释，对其具体内容和范围有多种理解。鉴于目前我国所处的发展阶段以及外部环境等因素，本书将海外利益定义为：我国在与国际社会的互联互通交往中，产生的各种政治、经济、文化等利益的总和，以及在国际规则制定中的影响力和话语权。

第二节　国家海外利益保护产生的国际法理论基础和现实需求

国家海外利益保护的产生是建立在一系列前提之上而非自然产生的。首先，海外利益相对于国内利益，在空间范围上是有界定的。其次，人员和财产的跨境迁移，导致国家利益发生地理空间上的变化，产生海外利益。因此，由于国家基于领土国境行使的传统保护模式失灵，需要对保护手段和模式创

---

① 门洪华、钟飞腾：《中国海外利益的研究历程、现状与前瞻》，载《外交评论（外交学院学报）》2009 年第 5 期。
② 汪段泳：《海外利益实现与保护的国家差异——一项文献综述》，载《国际观察》2009 年第 2 期。

新,才产生了海外利益保护这一议题。①

一、海外利益保护产生的国际法理论基础

1. 海外利益保护产生的政治基础:国家身份与属地、属人权利

1648 年,《威斯特伐利亚和约》的签订打破了教廷的外在权威和领主的内在特权,确立了国家对外独立和对内至高无上的主权。② 此后,国家间地位独立平等、国家享有主权并不得随意干涉他国主权等原则和理念逐渐被确立,并得到国际社会的普遍认同。③ 国家独立主权原则从规范上对外构建了一种以国家为单元的平面式国际治理格局,对内也让国家基于主权对其国民享有治权,规范人民行为以及保护人民权益,并以这样的形式确保国家设计的秩序顺利运行。④

国家的独立身份与地位衍生出国家的治权,这种治权对外独立平等不受他国干预,对内则至高无上,通过社会秩序的规范和治理,对人民产生影响并同时对其进行保护。因此,国家的身份地位带来了治权,进而衍生出属地性和属人性的双重内涵。⑤ 其中,国家领土范围的划定,属地性的产生,与海外利益保护中的地域性相关。可以将海外利益视为国家领土之外的国家利益,强调了海外利益的地域性和延伸性特点。国家独立身份带来的属人性,在国际维度便构成了国家对其国民的权利主张,成为国家的属人权利,使国家可以要求他国做出或者停止某种行为。⑥ 属人权利是国家主权对内维度的自然延伸,具有天然的正当性。尽管实践中国家的属人权利常常受到其他国家属地权利的制约,但这种制约是对国家权利行使方式的限制,而非对属人权利本身的削弱或否定。⑦ 总体而言,国家的独立身份,以及由此衍生出的国家属地权力与属人权利,是海外利益以及海外利益保护这两个议题产生的政治

---

① 刘莲莲:《国家海外利益保护机制论析》,载《世界经济与政治》2017 年第 10 期。
② 同上。
③ 余敏友:《对国家主权的反思》,载《学习与探索》1996 年第 5 期。
④ 刘莲莲:《国家海外利益保护机制论析》,载《世界经济与政治》2017 年第 10 期。
⑤ 同上。
⑥ Alex Mills, Rethinking Jurisdiction in International Law, *The British Yearbook of International Law*, Vol. 84, 2014, p. 187; Christopher L. Blakesley, *Terrorism, Drugs, International Law and the Protection of Human Liberty*, Transnational Publishers, 1992, pp. 127-128; Paul Arnell, The Case for Nationality Based Jurisdiction, *The International and Comparative Law Quarterly*, Vol. 50, 2001, p. 50.
⑦ 刘莲莲:《国家海外利益保护机制论析》,载《世界经济与政治》2017 年第 10 期。

基础。

2. 海外利益保护产生的国际合法性：国际正义观念中的正当性

《威斯特伐利亚和约》所产生的威斯特伐利亚体系确立了国家享有的独立身份以及国家主权原则。在人员和财产跨境流动频繁、国际贸易和国际投资数量剧增的时代背景下，海外利益保护从一定程度上"挑战"了威斯特伐利亚体系所确立的国家主权原则，产生了理论真空：一方面，一国海外利益规模的增加必然带来安保需求的增加，然而东道国可能受制于治理水平、文化隔阂等因素，不能很好地保护境内以别国公民、企业法人等为载体的海外利益。另一方面，即便国家拥有充足的跨境执法资源，但根据威斯特伐利亚体系所确立的国家主权原则，如果将此类安保资源直接适用于海外事宜，则可能侵犯他国主权，违反不干涉原则。[①] 海外利益保护需求和安保资源供给权限之间的矛盾突出。从历史上看，一些大国主要通过建立全球性机制、缔结多边条约，来为保护跨境流动的人员和财产创造合法性和合理性基础。例如，二战以后美国推崇多边自由贸易并积极促进布雷顿森林体系的建立，即具有明显的海外利益保护取向。[②]

尽管上述手段可以为海外利益保护提供合理化的依据和相对稳定的框架，但由于建立多边机制成本较高且其保护力度有限，因此不能满足海外利益保护的差异化需求。由于大国的海外利益通常规模和数量较大、结构复杂，且在经济发展中呈不断变化的态势，因此保护力度以及保护手段等都需要相应变化调整，上述手段无法提供及时的变化，具有相对滞后性。因此，在多边机制之外，还需要通过单边或双边渠道进行手段创新，以军事基地、警务合作、警民合作等形式对海外利益实行多层次、因地制宜的保护。实际上，国家通过单边或双边渠道开展的海外利益保护行动本质上是国家在国际社会存在秩序真空的领域所采取的自助性措施，常常以效用为导向，而未考虑其合法性问题。[③] 如今，国际法治有了长足发展并得到了国际社会的普遍认同，一国采取单边行动跨越国境保护海外利益的做法，并不必然具有合法性，需

---

① 刘莲莲：《论国家海外利益保护机制的国际合法性：意义与路径》，载《太平洋学报》2018年第6期。
② 舒建中：《关贸总协定的建立与美国对外政策》，载《世界历史》1999年第2期。
③ 刘莲莲：《论国家海外利益保护机制的国际合法性：意义与路径》，载《太平洋学报》2018年第6期。

要在国际层面接受合法性评价。①

在国际法层面,对于合法性的讨论通常包括两层含义,即正当性和合规性。正当性指的是行为对正义观念的符合性,合规性则是行为对法律规则的符合性。② 在国际层面讨论海外利益保护手段的合法性,讨论正当性比合规性更为恰当和实际,这是由国际法的特性决定的。③ 国际法和国内法一样,属于社会规则的范畴,且很大程度上是社会正义观念的体现。④ 但与国内法不同的是,国际法的系统化和精细化程度远不及国内法,大多以零散、非强制性的形式出现,若从合规的角度来考察国际法的合法性,则缺乏可操作性。⑤ 因此,从正当性即海外利益保护是否符合国际正义观念这一维度入手,考察海外利益保护是否具有国际正当性才是现实可行的做法。

尽管对于什么是国际正义观念未有统一清晰的定义,但可以大体上从社会正义观念的定义上进行考量。社会正义观念是指社会成员在交往合作中形成的关于权利义务分配方式的共同期待,它体现了特定社会的普遍道德原则和公共理性。⑥ 正义观念的形成和发展与人类社会认识世界和改造世界的能力是联系在一起的。人的能动性使得人类在本能应对环境压力的同时能积极适应,形成"当为"与"不当为"的观念意识,进而发展为社会公共理性和普遍道德原则。⑦

国际正义观念还具有时代性和相对性,不断回应人类社会生活的变化,并非一成不变的。例如,在17世纪至18世纪,国际社会生产力相对低下,国际秩序尚未发展,人们为了生存而发动战争一度被视为是合法行为。国际正义观念的内容被局限于战争发动理由、战争手段等细节性问题上。⑧ 工业革命以及随后国际贸易的发展,使得人们生存的权利不再具有竞争性,而交通、通讯的发展也使各国政要可以沟通观点、凝结共识,战争的正当性逐渐受到

---

① Ian Clark, *Legitimacy in International Society*, Oxford University Press, 2005, pp. 11-30.
② 〔加〕大卫·戴岑豪斯:《合法性与正当性:魏玛时代的施米特、凯尔森与海勒》,刘毅译,商务印书馆2013年版,第1页.
③ 刘莲莲:《论国家海外利益保护机制的国际合法性:意义与路径》,载《太平洋学报》2018年第6期.
④ 潘德勇:《论国际法的正当性》,载《法制与社会发展》2011年第4期.
⑤ 冯寿波:《论条约解释中的国际法体系之维护》,载《太平洋学报》2015年第2期.
⑥ 〔土〕库苏拉蒂:《正义:社会正义和全球正义》,赵剑译,载《世界哲学》2010年第2期.
⑦ 〔荷〕胡果·格劳秀斯:《战争与和平法》,何勤华等译,上海人民出版社2013年版,第34—36页.
⑧ 同上.

质疑、限制和否定。① 同理,判断海外利益保护的手段是否符合国际正义观念,也需要放在时代的语境中检视。例如,外交保护曾是一国保护海外利益的重要合法手段,但在如今的国际社会,其正当性已式微。② 实践中,美国以外交保护为由对格林纳达和巴拿马进行干预的行为曾受到国际社会的一致谴责。③

国际正义观念的相对性指的是由于经济、文化和社会治理状况的巨大差异,各国对"正义"的解读存在不同标准。西方发达国家已完成了工业化,对环境、人权等后现代问题给予更多的关注,而发展中国家则常常将解除贫困、发展、就业视为核心价值诉求。④ 此外,在文化以及意识形态传统上的差异(例如西方崇尚个体主义,传统亚洲国家则推崇集体主义)也都导致了各国对何为"正义"的不同理解。因此,在设计海外利益保护措施时,为创造合理性基础,应当考虑到国际正义观念的国别差异性,在双边协作时求同存异。

在当代世界,由于跨境人员以及财产流动的频繁,以及国际贸易、国际投资活动的大幅增加,大多数国家都有海外利益保护的诉求。在国际合法性的框架内,以国际正义观以及正当性为原则,是各个国家在进行海外利益保护时必须遵循的基础。脱离了这个前提的任何海外利益保护手段都难以获得认同并存续。

二、海外利益保护产生的现实需求

1978年改革开放以来,中国打开国门,采取了一系列开放措施。自此,跨境人员流动不断增加,跨国商业活动愈加频繁。随着我国加入WTO、提出"一带一路"倡议等,我国与世界的联系更加紧密,国家间的贸易、投资与人文交流不断增多,我国海外利益的规模和数量也不断扩大。相应地,随着交流的增多,海外公民或企业在他国遭遇商业风险、自然灾害、交通事故、恐怖袭击甚至军事政变的风险也在上升。

---

① 刘莲莲:《论国家海外利益保护机制的国际合法性:意义与路径》,载《太平洋学报》2018年第6期。
② 贾晓盼:《试析外交保护制度的人本化转向》,载《外交评论(外交学院学报)》2012年第1期。
③ 张磊:《论新时期外交保护的价值定位——兼论中国保护海外公民的对策》,载《学术探索》2012年第6期。
④ 刘莲莲:《论国家海外利益保护机制的国际合法性:意义与路径》,载《太平洋学报》2018年第6期。

1. 海外公民人身财产安全需要保护的现实需求

2013年以来,中国在"一带一路"沿线国家的企业数量和劳工人数不断上升,中资企业、法人、劳工海外利益保护的工作量也急剧增加。以2018年为例,外交部和驻外使领馆在当年就会同各有关部门妥善处理领事保护和协助案件85439起。其中,咨询报案类案件43943起,领事保护与协助类案件41496起,平均每天约234起,相当于每6分钟就有1起,共涉及中国公民141577人。[1]

以非洲为例,近年来中国与非洲的人员、贸易以及投资等往来日益频繁。有大量中国人员、企业在非参与当地的基础设施建设和商贸活动。总体而言,当前非洲整体进入了战后和平重建时期,战争和武装冲突所带来的安全威胁只在较小范围内存在。但在部分地区,尤其是撒哈拉以南地区,治安状况欠佳,甚至存在恐怖主义活动的迹象。在非洲之角、几内亚湾以及萨赫勒地区,有6个国家被列为存在恐怖活动程度高的地区,涉及人口达3.46亿,面积达559万平方公里。并且当地大量的恐怖活动并非特意针对某国公民或特定人群,而只是针对外国面孔。[2]

其中,有两类人员易受到治安和恐怖主义活动的威胁,一类是我国派驻当地的大中型企业人员,另一类是在当地从事个体经营的民间商人。值得注意的是,我国公民在当地受到的主要人身财产安全威胁并非仅来自普通犯罪分子或其他非法势力,而是更多地来自掌握合法治理权的各级、各类政府部门,它们会进行"合法"敲诈勒索。[3] 2020年新冠疫情暴发以来,由于公共卫生基础设施较差等原因,撒哈拉以南国家经济出现严重衰退,这一现象恐会使当地的治安状况进一步恶化,公民人身财产受到威胁的可能性激增。

2. 海外投资、贸易利益需要保护的现实需求

进入21世纪以来,特别是2008年金融危机发生以后,我国对境外的直接投资迅速增长,已成为中国海外利益的重要组成部分。《中国对外投资发展报告2019》显示,尽管国际外部环境发生变化,中美经贸摩擦频发,世界经济发展速度放缓,但我国对外投资量仍从2018年度的全球排名第三位重回全球

---

[1] 胡仁杰:《"一带一路"背景下中国企业海外利益保护策略研究》,载《时代经贸》2020年第14期。

[2] 汪段泳:《撒哈拉以南非洲中国公民安全风险调查——以刚果(金)为例》,载《复旦国际关系评论》2015年第1期。

[3] 同上。

第二位,占全球比重 14.1%。

尽管如此,我国企业海外投资仍面临诸多风险,例如政治风险、法律风险以及文化风险等。以中国企业在矿产能源、基础设施领域的海外投资为例,根据统计,其中有 70% 的投资是失败的,且权利受损后中国企业往往维权无门。① 2014 年,由中国铁建公司牵头的国际联合体中标墨西哥城至克雷塔罗高速铁路项目,但墨西哥方面在接受项目计划的 3 天后宣布取消了这项中标结果,并决定重新招标,给我方造成了高达数十亿美元的经济损失。② 这类事件的发生,与我国企业不熟悉东道国的法律制度、司法环境、政治体系以及商业文化传统等都有密切关系。

(1) 东道国的政治风险

以东道国的政治动荡风险为例,中国对外直接投资大量分布在非洲、中东和东南亚等发展中国家和地区。由于历史和政治原因,这些地区民族矛盾突出、政治局势混乱,很多国家经常政权更迭,社会动荡不安,这使得跨国投资面临很大的政治风险。例如,2011 年利比亚爆发内战。受其影响,中国各大公司在利比亚总部及各项工程基础设施、设备和材料完全处于失控状态,国家动用陆海空交通工具将中国所有在利比亚人员接回国内安置,专家估计相关损失超过 200 亿美元。③

除了政权动荡所引发的政治风险外,征收和国有化也是一项值得注意的政治风险,可能会给我国企业带来巨大损失。征收是指政府为了公共利益需要,依法将私人的财产永远地收为公有,且不给予任何补偿的一种措施。国有化则是一个主权国家根据本国的法律,按照本国经济发展的需要,将原本属于私人的某些或者某项财产收归国有的一项措施。实际上,20 世纪 90 年代以后,随着国际法治水平的提升以及各国国内法治建设的进展,直接征收与大规模的国有化已经较为鲜见,但仍值得警惕,尤其是在投资一些法治水平以及营商环境相对落后的国家时,应当充分预见征收和国有化可能给海外利益带来的损害。例如,2016 年 3 月,津巴布韦时任总统穆加贝宣布,津巴布

---

① 冯军:《国企海外维权难:70% 对外投资失败》,https://finance.qq.com/zt2014/focus/gqwq.htm,2020 年 11 月 30 日访问。
② 段红彪:《中铁建牵头财团就墨西哥取消高铁项目提出索赔》,https://world.huanqiu.com/article/9CaKrnJHKFp,2021 年 11 月 30 日访问。
③ 马宁:《利比亚动荡,中国企业利益损失几何?》,载《北京青年报》2011 年 3 月 25 日。

韦的所有钻石矿都收归国有,其中就包括中国人管理的安金投资。① 相较于传统的征收和国有化,目前间接征收是各国使用得更为普遍的一种手段,具体措施包括任意性征税或增税、禁止解雇员工、原材料供应禁止及拒绝颁发重要进出口许可证等。② 东道国通常以公共福利为借口,行间接征收之实而不对外国投资企业进行补偿。比较典型的间接征收的例子是 2007 年,中国平安保险有限公司(简称"平安集团")陆续向比利时的富通集团投资共计 238 亿元,持股比例达到 4.99%,成为该集团的最大股东。但 2008 年,比利时政府以公共利益为目的,在未行补偿的情况下,将富通集团强行拆分,在一系列操作之后富通集团贬值严重,平安集团作为股东,蒙受巨大损失。此后,比利时政府又在股东的强烈抗议下,转售集团股东,以获得溢价利益,但却强行把利益的分享权限制在欧盟股东内,平安集团被排除在外。③

(2) 东道国的法律风险

比较典型的东道国的法律风险通常包括市场准入法律风险、投资法律风险、劳工法律风险以及环境法律风险等。其中,市场准入法律风险是企业对外投资在东道国遭遇的第一道风险。东道国基于国家利益考虑,对外国投资的准入领域、准入条件等会作出种种限制性规定,并据此进行国家安全审查,由此产生对外投资的市场准入风险。与以军事为核心的传统安全观不同,如今所指的国家安全审查涵盖诸多非传统安全因素。④ 以美国为例,凡外国投资涉及国有企业、能源、金融、先进技术和基础设施等敏感领域,均要进行严格的国家安全审查。典型的一个例子是 2005 年中海油收购美国优尼科失败。2005 年,美国先是以众议院压倒性的票数通过决定,要求美国政府中止这一收购计划,并对收购事件本身进行调查。然后通过新增《清洁能源法案》条款,要求政府在 120 天以内对中国能源状况进行分析研究,并表示只有在研究报告出台 21 天之后,才可以批准中海油对优尼科的收购。这相当于排除了中

---

① 子衿:《津巴布韦宣布将钻石矿国有化》,http://www.cs.com.cn/xwzx/hwxx/201603/t20160304_4916859.html,2021 年 11 月 30 日访问。
② 王兰、王若晨:《中国企业对外直接投资风险及其防范》,载孔庆江主编:《国际法评论(第七卷)》,清华大学出版社 2016 年版。
③ 梅新育:《平安集团投资折戟的惨痛教训》,https://www.guancha.cn/MeiXinYu/2011_11_14_61828.shtml,2021 年 11 月 30 日访问。
④ 王兰、王若晨:《中国企业对外直接投资风险及其防范》,载孔庆江主编:《国际法评论(第七卷)》,清华大学出版社 2016 年版。

海油竞购成功的可能。① 事实上,有分析认为,中海油收购失败,最大的原因是触及了美国"国家安全",当美国国内经济形势不乐观的时候,它对于来自海外的收购就相当抵触。为"安全"起见,美国认为当前的收益必定小于未来的损失,所以要力阻收购,保护美国的能源安全。②

东道国的环境法律风险通常是投资海外时我国投资者需要重点考量的。中国企业对外投资涉及很多大型基础设施建设项目,如果在建设或运营过程中,不能遵守当地环境保护法规,妥善应对环境保护问题,很容易引起当地居民的强烈反对,由此迫使东道国政府采取措施,对企业进行规制。③ 2011年,缅甸时任总统吴登盛迫于密松大坝会毁坏缅甸生态环境的舆论压力,不得不暂停由中国电力投资集团公司投资建设的密松水电站工程。④

东道国的劳工法律风险也是一个需要重点关注的问题,处理不慎则易给投资者带来损失。2004 年的"上汽—双龙案"就是这方面的典型案例。2004年,上海汽车工业集团(简称"上汽")与韩国双龙汽车株式会社(简称"双龙")达成协议,以将近 5 亿美元的价格收购了双龙 48.92% 的股份,成为其最大的股东。之后,上汽又继续通过二级市场收购等,总共取得双龙 51.3% 的股份,成为拥有绝对控制权的大股东。但从上汽开始收购双龙伊始,与双龙工会之间的关系就一度紧张,工会还曾组织过大规模的罢工活动。由于中韩企业文化、工会角色的差别,以及中国投资者对此预估不足等原因,导致劳资关系极度紧张。⑤ 2009 年,在国际相关汽车产业环境不景气的情况下,双龙进入破产重组程序,但其经营状况并未因此得到改善。双龙工会由此组织部分工人暴动,采用武装手段占领工厂,在很大程度上导致了企业破产重组计划的失败。由此,上汽的投资以失败告终。⑥

---

① 甘培忠、王丹:《"国家安全"的审查标准研究——基于外国直接投资市场准入视角》,载《法学杂志》2015 年第 5 期。
② 常志鹏、黄蕙:《中海油竞购失利反思:"走出去"还须拓展渠道》,http://www.chinanews.com/news/2005/2005-08-09/26/609843.shtml,2021 年 11 月 30 日访问。
③ 王兰、王若晨:《中国企业对外直接投资风险及其防范》,载孔庆江主编:《国际法评论(第七卷)》,清华大学出版社 2016 年版。
④ 高美:《密松之痛:中资企业在缅甸赢取认可的艰难故事》,http://star.news.sohu.com/20160118/n434903863.shtml,2021 年 11 月 30 日访问。
⑤ 梅新育:《汽车业海外并购为何面临劳工关系难关》,https://auto.ifeng.com/news/special/shougou/20100329/248936.shtml,2021 年 11 月 30 日访问。
⑥ 方亮:《上汽豪赌韩国双龙 工会和民族情绪成变数》,https://biz.163.com/40805/0/0T100QJE00020QC5.html,2021 年 11 月 30 日访问。

第三节 国家海外利益保护的有关措施建议

随着我国综合国力的继续提升、改革的深入,以及对外开放的扩大,海外利益保护的重要性愈加凸显。无论是从理论基础,还是现实需求来看,建构完整的国家海外利益保护体系都是十分迫切的。在设计海外利益保护的总体架构和具体措施时,应当设定并遵循一切海外利益保护手段都尽量要遵守国际合法性这一基本原则,针对面临的挑战和存在的问题,提出相应的路径与手段。

一、海外利益保护措施设计的基本原则:遵循和坚持法治

我国作为崛起中的大国,也是最大的发展中国家,需要在海外利益保护等对外战略中妥善处理好当前国际社会对和平安定、发展繁荣和人权保护的向往与以国家主权原则为基础建立的国际法体系之间的对立统一关系。此外,我国作为世界第二大经济体,需要在海外利益保护等对外战略中处理好我国在国际社会的传统价值立场与当代中国需要更具有进取性的外交政策之间的对立统一关系。我国和广大发展中国家维护国家主权原则和不干涉原则的目的在于使之成为保护弱小国家利益、抵御强权政治的武器,而不是社会发展、国际合作和自身利益的桎梏。[①]

具体来说,在新的时代背景下,我国应当对国家主权原则和不干涉原则进行弹性解读,探寻该原则在新的历史语境下的重新表达。首先,我国应当遵循上述两项原则的基本底线,坚持国际交往应尊重各国的文化传统和发展阶段,反对将一国的价值观强加于人的霸权主义。[②] 因此,在设计海外利益保护机制时,我国也应当充分遵循这条底线原则,不干涉他国的内政。其次,我国作为经济全球化的受益者,始终认同并且支持构建自由、公平的国际经济秩序,反对贸易保护主义。因此,在设计海外利益保护具体机制时,我国应当主张兼容全球经济一体化的时代价值,将国家主权和不干涉原则解释为国家

---

① 刘莲莲:《论国家海外利益保护机制的国际合法性:意义与路径》,载《太平洋学报》2018年第6期。

② 周桂银:《中国、美国与国际伦理——对冷战后人道主义干涉的一项比较研究(1991—1999年)》,载《国际政治研究》2003年第4期。

本着自身利益最大化的目的处分自身权利、创新合作机制的自主权,在国家间协商一致、互利共赢中去阐述国家间合作正义。[①] 再次,构建人类命运共同体,是我国遵守的外交原则之一,这也被写入党章以及宪法中。实践中,我国先后加入 20 多个国际人权公约和议定书,并于 2017 年 3 月在联合国人权理事会第 34 次会议上代表 140 个国家发表了题为"促进和保护人权,共建人类命运共同体"的联合声明,将人权保护与人类命运共同体的构建联系在一起。[②] 因此,我国在设计海外利益保护的具体路径措施时,也应当以人权保护,构建人类命运共同体为基本原则,赋予国家海外利益保护更多内涵。最后,作为崛起的大国,我国还应当在海外利益保护中体现出大国在国际社会事务中的担当,在国际金融体系改革、全球气候变化治理等事项中积极发挥领导力,贡献中国智慧。[③] 因此,制定海外利益保护的措施,既是为了保护本国利益,也是积极参与全球治理、贡献中国智慧的一个途径。

二、海外利益保护面临的挑战

我国的海外利益保护工作面临的挑战主要包括主观和客观两部分。主观上,我国的国际制度建设方面仍有待提高。历史上看,我国在改革开放之后才开始参与国际制度建设,缺乏宽广的国际制度建设路径,对国际制度具体规则、规范也了解不够、运用不足。近年来,我国进一步积极参与国际制度建设,国际制度能力有了一定程度的提高。但总体而言,作为国际制度的"后来者",我国的国际制度实践经验以及能力不及西方国家。此外,我国在国际制度建构中,更多的是参与者的身份,而非国际制度议程的制定者,我国通常对别国提出的议程做出的是被动反应。相较西方大国,我国缺乏国际制度内的主导权、决策权,而这不仅与综合实力、国际地位不相符,也阻碍了我国海外利益的维护。[④] 因此,提升我国的国际制度能力,对设计和完善我国的海外利益保护机制至关重要。

---

① 李志永:《规范争论与协商介入:中国对不干涉内政规范的重塑》,载《当代亚太》2015 年第 3 期。
② 聂晓阳、施建国:《中国代表 140 个国家发表关于促进和保护人权共建人类命运共同体的联合声明》,http://world.people.com.cn/n1/2017/0302/c1002-29117286.html,2021 年 11 月 30 日访问。
③ 王帆:《全球治理的中国智慧与中国方案》,http://theory.people.com.cn/n1/2018/0130/c40531-29794512.html,2021 年 11 月 30 日访问。
④ 王发龙:《中国海外利益维护路径研究:基于国际制度的视角》,载《国际展望》2014 年第 3 期。

在客观因素上，我国海外利益面临的经济、安全、政治、社会、法律等风险和挑战相当复杂，经济性、政治性和社会性动态交织，也给我国海外利益保护工作带来困难和挑战。尤其在近年来，受长期经济低迷和贫富差距扩大的影响，西方主要发达国家的民粹主义支持率上升，加剧社会分裂并对主流政策产生干扰，要求改变全球化利益分配格局和打压战略竞争对手的图谋，成为一股强大的反全球化力量。新冠疫情开始以后，商品、服务、人员、资本的流动受阻，地区和全球产业链被迫调整，反全球化力量开始发展为去全球化行动。此外，全球传统安全和非传统安全问题紧密交织。随着我国对外人员、经济以及文化交流的频繁，覆盖的区域愈加广泛，海外利益保护关注的安全问题变得复杂多样。例如，对在非洲的海外利益进行保护而言，恐怖主义以及治安问题是首要关心和考虑的问题。而在欧美等发达国家，社会治安状况相对稳定，政局动荡可能性低，经济安全等就成为海外利益保护的重点。例如，某些国家存在针对中资企业、项目和人员的双重标准。为遏制我国发展，2016年以来，部分国家以国家安全问题为借口对其国内相关政策进行了大幅修改，采取了包括外资审查和出口管制等保护主义措施，对中国企业、项目和人员进行了有针对性的审查，使包括我国投资者在内的国际投资者的投资充满了不确定性。①

三、推进我国海外利益保护的思路和措施

在设计并落实我国海外利益保护具体措施与路径之前，应当力争得到国际社会和多数国家的理解，对传统的国家主权原则和不干涉原则加以调整和创新，赋予海外利益保护措施合理性与正当性。② 总体而言，在海外利益保护的路径设计上，应当遵循"总体原则——顶层架构——具体措施"的思路。

1. 完善我国海外利益保护的政策法规

继续支持以联合国、WTO等为核心的多边国际体系，坚持通过多边的方式解决国际投资与贸易争端，致力于实践相互尊重、公平正义、合作共赢的新型国际关系准则。③ 同时，应根据海外利益拓展的实际需要和中国国情的实

---

① 高凌云、程敏：《统筹推进和加强我国海外利益保护》，载《中国发展观察》2021年第5期。
② 王逸舟：《创新不干涉原则，加大保护海外利益的力度》，载《国际政治研究》2013年第2期。
③ 高凌云、程敏：《统筹推进和加强我国海外利益保护》，载《中国发展观察》2021年第5期。

际情况,建章立制,加快制定海外利益保护有关的法律法规;①继续健全保护海外利益的法律、政策和服务体系建设,加快制定和完善海外投资法、国家安全法等涉及海外利益保护具体事项的法律法规,做到海外利益保护有法可依。此外,还应当加快中国法域外适用的法律体系建设,赋予国内法域外适用效力,并适度进行国内法的域外适用,这样才能够更好地保护海外中国公民和企业的合法权益,完善我国海外利益法律保障体系。②

2. 加强我国海外利益保护的内部协同

我国海外利益保护涉及外交部、国家发展和改革委员会、商务部、国家安全部等多个国家部委,也涉及人民军队和武装警察。在海外利益保护中,这些机构应当根据职能分工负责,明确权责,做好内部协同并形成合力。在协同模式上,应形成"纵向上自上而下,横向上平行铺开"的局面,实现高效协同,消除多头管理产生的内耗。在境内应实现由国安委下属专门机构牵头、在境外由驻外使领馆按管辖地域牵头,相关单位分工协作、由国安委负总责的海外利益保护机制,直接处理重要海外利益和一般海外利益的保护问题。③

3. 增强海外利益保护的硬件资源和实力

海外利益保护需要强大的硬件资源作为支撑。我国需要在境外应急救援能力以及情报搜集能力等方面下大力气。情报信息是海外利益保护工作中不可或缺的重要资源,各部门应当及时掌握我国海外利益所面临的具体风险等信息,及时开展风险评估,为驻地企业、经济商务部门、外交机构和安保机构及时采取有效措施做好准备。④ 并建立起多层次、覆盖面广的情报信息来源,扫除情报盲点,对不同国家和地区的不同风险,有针对性地构建情报采集系统。在应急救援能力建设上,应当制定并完善应急救援管理制度,从法治上保障海外应急救援。同时,还应当储备应急救援物资,在人力资源、财力资源以及物质资源上做好充分准备,在硬件上保障应急救援的进行。

4. 提升我国海外利益保护的软实力

我国海外利益的保护不仅需要强化海外军事力量的运用,还要以日益提

---

① 陶满成:《提升出海企业海外利益保护能力的几条路径》,https://www.investgo.cn/article/yw/tzyj/202004/483191.html,2021年11月30日访问。
② 陈文婧:《加快推进我国法域外适用的法律体系建设》,载《学习时报》2020年7月1日。
③ 陶满成:《提升出海企业海外利益保护能力的几条路径》,https://www.investgo.cn/article/yw/tzyj/202004/483191.html,2021年11月30日访问。
④ 同上。

升的综合国力以及集中力量办大事的制度优势为依托,把经济实力转化为外交影响力和制度感染力。① 作为世界第二大经济体,我国应当积极参与国际事务,推动国际制度的发展,讲好"中国故事",这也是提升我国海外利益保护软实力的重要途径。此外,在全球治理中贡献"中国智慧",也是提升我国软实力的重要方法。在过去的若干年里,中国逐步落实"一带一路"倡议、筹办亚洲基础设施投资银行并在 2015 年《巴黎协定》的达成中发挥领导力,这表明我国正在日渐成为新时代国际经济格局的塑造者和发展方向的引领者。② 在未来,我国的国际制度能力和叙事能力还应当继续加强,以提升国际话语权和影响力,为海外利益保护奠定坚实的软实力基础。

---

① 高凌云、程敏:《统筹推进和加强我国海外利益保护》,载《中国发展观察》2021 年第 5 期。
② 王彬彬、张海滨:《全球气候治理"双过渡"新阶段及中国的战略选择》,载《中国地质大学学报(社会科学版)》2017 年第 3 期。

后　　记

经济安全是国家安全的一个重要领域,包括经济主权安全、经济制度安全、经济要素安全、经济秩序安全、海外经济利益安全等。总体国家安全观、国家安全战略、"十四五"规划都对经济安全作出重要战略部署。党的十八大以来,经济安全法治建设也取得重要进展。

本书是集体攻关的成果,编写人员全部为华东政法大学科研智库经济安全研究团队人员。党东升负责组建团队、拟定提纲、制订写作计划和最后统稿;窦鹏娟和费秀艳参与了提纲和研究计划的讨论以及部分统稿工作。各章节作者如下:

党东升:第一章、第二章

陈文婧:第三章、第十四章

窦鹏娟:第四章、第六章

王泽群:第五章、第十章

费秀艳:第七章、第十一章、第十二章

周海源:第八章、第九章

王进:第十三章

本书受到华东政法大学校领导的高度重视,华东政法大学科研智库、中国法治战略研究中心、华东政法大学发展规划处(学科办)为本书编写提供了诸多帮助和支持。北京大学出版社为本书的编辑、出版给予了大力支持,在此一并表示感谢。

经济安全是一个内涵极为丰富的安全领域,经济安全法治建设意义重大、任重道远。限于作者们的研究水平,本书难免存在各种不足,敬请读者批评指正。

党东升

2022年3月